AF572970

ALBERTO VILLOLDO

Das Weisheitsrad

ALBERTO
VILLOLDO

DAS WEISHEITS RAD

Die schamanische Heldenreise
für Transformation und Heilung

Aus dem amerikanischen Englisch
von Jochen Lehner

arkana

Die englische Originalausgabe ist 2022 unter dem Titel
»The Wisdom Wheel – A Mythic Journey through the Four Directions«
bei Hay House, Inc., in New York, USA, erschienen.

Penguin Random House Verlagsgruppe FSC® N001967

1. Auflage
Deutsche Erstausgabe

Originally published in 2022 by Hay House Inc. US
Lektorat: Ralf Lay
Umschlaggestaltung: ki 36 Editorial Design, München, Daniela Hofner,
nach der Vorlage des Originaldesigns
Umschlagmotiv: © Jordan Wannemacher
Layout Kapitelaufmacher: © Nick C. Welch
Satz: Buch-Werkstatt GmbH, Bad Aibling
Druck und Bindung: GGP Media GmbH, Pößneck
Printed in Germany
ISBN 978-3-442-34295-2

www.arkana-verlag.de

Für Marcela, meine Frau,
und für unsere vier Kinder
Ian, Alexis, Kelly und Meric

Inhalt

Einleitung

Die Lehren des Medizinrads sind in dieser oder jener Form auf der ganzen Welt verbreitet und wurden vom Beginn der Zeit an von einer Generation an die nächste weitergegeben. Bei dieser altehrwürdigen Wegbeschreibung handelt es sich um eine indigene »spirituelle Technologie« des Heilens durch die Anbindung an Mutter Erde, die Kräfte der Natur und den Kosmos.

Das Medizinrad ist außerdem ein Rad der Weisheit, so etwas wie ein raffiniertes Werkzeug oder ein Verfahren für die persönliche Transformation und die der Erde. Durch den Umgang mit dem Weisheitsrad heilen wir nicht nur unsere persönliche Traumatisierung, sondern auch die der Menschheit und des Planeten. Wir haben es da mit realen Energien zu tun, wir bahnen biologische und spirituelle Evolution an.

Wo wir das Erforderliche tun, werden uns die Gaben des Weisheitsrads zuteil, wir steigen aus absehbaren Lebensverläufen aus und schmieden uns miteinander ein neues Schicksal. Da haben wir dann mehr Möglichkeiten, als nur die Lecks in unserem Leben zu stopfen, die uns veranlassen, an anderen herumzumäkeln, zu viel zu trinken und gegen die Leute zu polemisieren, die aus unserer Sicht an allem schuld sind. Es kann hier zu radikaler Ehrlichkeit uns selbst gegenüber kommen. Wenn wir uns auf Wachstum einlassen, kann es ungemütlich werden, aber wo es um echten Wandel geht, führt kein Weg am Rad der Weisheit vorbei.

Bei unserer Arbeit mit dem Weisheitsrad werden wir es auch mit den Krafttieren der vier Himmelsrichtungen zu tun bekommen, die uns helfen können. Wenn wir uns der evolutionären Herausforderung des Rades stellen, können wir den inneren Meister wecken – unsere Anlage, Hüter der Weisheit, Wissende und Visionäre zu werden. Hier lernen wir, nicht allein uns selbst zu helfen, sondern allen Hilfsbedürftigen sowie Mutter Erde und ihren Lebewesen.

Das Weisheitsrad kann zahlreiche Formen annehmen. Ich verwende und lehre die Form, die ich im Laufe vieler Jahre bei den Schamanen der Anden kennengelernt habe. Der erste Durchgang durch den Zyklus des Rades dient der Selbstheilung. Wenn Traumata aufgearbeitet sind und der Körper wiederhergestellt ist, findet man den Platz am heiligen Feuer, der einem von jeher bestimmt ist und den man jetzt einnimmt: den des Schamanen oder der Schamanin.

Moderne Schamanen

Schamanismus ist wissende Machtausübung mit dem Ziel, der gesamten Schöpfung mitfühlend zu dienen. Das in den indigenen Gesellschaften über Jahrhunderte gehütete Geheimnis des schamanischen Wissens wird heute zunehmend einer Welt bereitgestellt, die dafür empfänglich ist und dieses Wissen auch dringend benötigt. Da es sich um eine spirituelle Tradition und nicht im engeren Sinne um Religion handelt, lässt sich dieses Wissen ohne Weiteres der heutigen Zeit anpassen; und weil die Überlieferung eher weiblich geprägt ist, vermag sie sich auf die Bedürfnisse der Schutzlosen ebenso einzustellen wie auf die der Mächtigen.

Für uns moderne Schamanen kommt es darauf an, mehr zu tun, als einfach die äußere Form der schamanischen Tradition zu übernehmen. Vielmehr müssen wir ein neues Paradigma schaffen, das die wissenschaftlichen Erkenntnisse aller Epochen miteinander verbindet und unsere Verantwortung für die Erde sowie für die Gesundheit des Einzelnen und der Gemeinschaft zur Grundlage hat. Die in der von mir begründeten Four Winds Society vermittelten Lehren und die in diesem Buch dargestellten Unterweisungen des Medizinrads haben über 25 Jahre der Zusammenarbeit mit Schamanen der Andenregion (den als Seher bezeichneten Chimú und Mochica in Peru sowie den Aymara am Titicacasee), aber auch mein Studium der Psychologie, Neurowissenschaft und Anthropologie zum Hintergrund.

Vor vielen Jahren habe ich es zur Belustigung meines Lehrers Don Manuel Quispe verbissen darauf angelegt, alles genau richtig hinzubekommen. Wenn es beispielsweise darum ging, ein Gebet zu rezitieren, musste ich mich so dringend als respektvoll gegenüber den alten Weisheitslehren erweisen, dass ich mich schließlich in den Einzelheiten verhedderte und die Bedeutung des Rituals auf eine Formel reduzierte. Wenn wir zu sehr im Kopf sind, verstolpern wir den Übergang in eine neue Wahrnehmungsform, auf die alle Zeremonien abzielen, eine alles zusammenführende und einschließende Wahrnehmung des Heiligen.

Es ist ganz wichtig, dass wir uns den Traditionen, von denen wir lernen, mit Respekt und Wertschätzung nähern, ohne die geheiligten Praktiken eines indigenen Volks zu vereinnahmen. Es ist auch wichtig zu erkennen, ob unsere Erfahrung und Deutung in sich selbst einen Wert hat. Für Schamanen ist der Geist die letzte Autorität, nicht die Worte, die in einem Buch stehen oder von Priestern gesprochen werden.

Wahre Meisterschaft

Von den Schamanen der Andenregion, bei denen ich gelernt habe, bekam ich dies zu hören: Erst wenn wir ein stimmiges Bild unserer selbst und der Ereignisse in unserem Leben und unserer Beziehung zu anderen gewonnen haben, können wir anfangen, uns eine neue Welt zu erträumen: sie ins Sein zu träumen. Dazu müssen wir lernen, mit den Energien der unsichtbaren Bereiche umzugehen, die uns weitaus stärker prägen und beeinflussen als unser Wille, unsere Intentionen und unser Tun.

Hier kommt es aber darauf an, die Wahrnehmung nicht auf mich und meine Belange zu beschränken. Natürlich ist es verständlich, dass wir Lösungen für unsere persönlichen Probleme suchen, aber es ist auch dringend nötig, Heilsames für die Erde zu unternehmen. Wenn wir nämlich die Erde heilen, wirkt das auf unser persönliches Leben zurück, und das Schicksal der Erde ist auch unser Schicksal.

Als jemand, der Menschen zu modernen Schamanen ausbildet, ist mir bewusst, wie schnell es dazu kommt, dass wir uns selbst allzu wichtig nehmen. Das kann die Beweggründe der Leute verschwimmen lassen, sodass sie dann allzu sehr damit beschäftigt sind, die Dinge »richtig« zu machen. Wissen kann uns dazu verführen, hauptsächlich den denkenden Verstand zu füttern und die Ernährung der Seele zu vernachlässigen. Die Schüler, die sich einseitig von ihren persönlichen Interessen leiten lassen, statt dem Werk der Linderung von Leiden zu dienen, erliegen leicht dem Bann des Egos.

Der Wunsch nach Bestätigung von außen lässt uns nach alten Regeln leben, ob sie uns dienen oder nicht. Jedenfalls sind wir dann nicht aufgeschlossen für unsere Bestimmung, sondern halten an der Vergangenheit fest und klammern uns an unseren Ruf und unsere Glaubenssätze und suchen darin Trost. Wahre Meisterschaft hat keinen größeren Feind als diesen Wunsch, etwas Besonderes zu sein. Halten wir uns also offen für eine Weisheit, die weit über das hinausgeht, was unser Alltagsbewusstsein erfassen kann. Die Schamanin* möchte sich auf eine höhere Ebene der Weisheit und des Wirkens erheben – und zwar nicht für sich selbst allein, sondern zum Wohl aller.

Die vier Himmelsrichtungen und ihre Herausforderungen

Sie werden in diesem Buch den Umgang mit dem Weisheitsrad und seinen vier Himmelsrichtungen erlernen. Süden, Westen, Norden und Osten sind jeweils mit einem archetypischen Tier und einer Heldenreise verbunden. Sie werden Zeremonien zur Verkörperung der Weisheitslehren abhalten, in die auch neue Energien einfließen können, nämlich die der vier Richtungen und der vier Krafttiere.

Während Sie nach dieser uralten Wegbeschreibung Ihre Schritte setzen, werden Sie Ihr Leben mit der Zeit immer weniger als stressigen Kampf sehen und immer mehr als Teil einer übergreifenden mythischen Geschichte, die überall auf der Welt erzählt wird, eine Geschichte, die von der Erde und ihren Bewohnern handelt. Sie streifen die Fesseln der Zeit und der

---

* In diesem Buch spreche ich einzelne Schamanen durchgehend als weiblich an, und zwar im Hinblick auf die weibliche Energie von Mutter Erde und auf die Tatsache, dass Heilerinnen im Lauf der Geschichte immer in der zweiten Reihe gestanden haben. Natürlich können Menschen jeder geschlechtlichen Identität Schamanen sein.

Kausalität ab und betreten die Zauberwelt der Synchronizität*, in der Sie einen neuen Traum träumen, der den Lauf Ihres Schicksals ändern wird – bis hinunter zur Expression Ihrer DNA. Dadurch können Sie Ihre Gesundheit in ungeahnter Weise steigern und werden ein ganz anderes Leben haben als noch Ihre Eltern.

Das tiefere Werk des Weisheitsrads besteht darin, sich den von jeder Himmelsrichtung bereitgehaltenen Lehren zu stellen und die damit verbundenen Herausforderungen anzunehmen, um sich ihre heilkräftigen Energien zu erschließen. Alle diese Herausforderungen bestehen darin, dass man aus einem tristen alten Leben aussteigt, in dem man nicht zu seiner Bestimmung findet, und sich auf die Evolution zum *Homo luminosus* einlässt (lat. *luminosus* [lichtvoll]). Damit ist eine neue Spezies von Menschen gemeint, die im Einklang mit der Erde und miteinander leben.

- Die Herausforderung des *Südens*, der Schlange, besteht darin, das genetisch und durch unsere Lebensweise vorherbestimmte Altern und Sterben abzustreifen, wie eine Schlange ihre Haut abstreift. Wenn Sie die Prüfung bestehen, erwartet Sie eine neue Zukunft, in der Ihre Lebens- und Gesundheitsspanne nicht mehr von Ihrer Vergangenheit diktiert werden, sodass Sie die Möglichkeit bekommen, Ihren Körper zu erneuern und die tiefste Form der Heilung zu erfahren.
- Im *Westen* erwartet Sie die Herausforderung des Jaguars, und hier geht es darum, aus einem Psychoroman auszusteigen, indem Sie ganz unter dem Einfluss der Urangst stehen. Sie eignen sich Jaguar-Weisheit an und sind dann in der Lage,

* Unter »Synchronizität« versteht man das sinnvolle, in etwa zeitgleiche, kausal aber nicht erklärbare Zusammentreffen von psychischen wie auch physischen Vorgängen (nach dem Schweizer Psychologen und Psychiater C. G. Jung [1875 – 1961]). (Anm. d. Red.)

die Furcht vor dem Tod und vor dem Verlust Ihrer Identität und Ihrer Erinnerungen (die Ihre Identität ausmachen) zu überwinden. Sie kommen sogar über Verrat in der Liebe und alle damit verbundenen Leiden und Tragödien hinweg. Dann werden Sie wie der Jaguar zu einem unerschrockenen Entdecker. Sie stoßen auf Möglichkeiten, die Ihnen unsichtbar blieben, solange Sie von Furcht beherrscht waren. Für Ihre Beziehungen sind dann nicht mehr wie bisher Kränkung, Betrug, Verlust und Konflikt typisch.

- Im *Norden* erwartet Sie die Herausforderung des Kolibris, und hier lernen Sie eine wichtige Unterscheidung zu treffen: zwischen Ihrem Job und dem heiligen Werk, für das Sie gekommen sind und durch das Sie auch Bekanntschaft mit dem Wissen der Weisen schließen wollten. Nach dem Muster der vom Kolibri angetretenen mythischen Reise können auch Sie bewusst Ihrer Bestimmung entsprechen und zu Harmonie und Frieden auf der Erde beitragen. Kolibri-Weisheit bedeutet, dass wir Bewegungslosigkeit im Flug erleben, ein klares Urteilsvermögen entwickeln und uns nicht mehr mit unnötigen Anstrengungen zermürben. Wie die Wissenden der fernen Vergangenheit gewinnen wir Herrschaft über die Zeit, indem wir sogar aus der Zukunft wirken, um Harmonie in der Gegenwart zu stiften; und durch »Ayni«, die Beziehung des Gebens und Nehmens zwischen uns und der Natur, zwischen uns und den Ahnen, erlernen wir die Kunst der Unsichtbarkeit.
- Die Herausforderung des *Ostens* liegt in der Weisheit des Adlers, und hier geht es darum, sich von nicht hinterfragten Glaubenssätzen und von Einengungen unseres spirituellen Wesens zu befreien. Wir müssen einerseits der Versuchung widerstehen, uns vor den täglich an uns gestellten Anforderungen in ein Wolkenkuckucksheim zu flüchten, und zugleich

> das alte Schulddenken zurückweisen, das uns Religion, Wissenschaft und Kultur vererbt haben. Adler-Weisheit gibt uns die Freiheit, Visionäre zu werden, um dann bewusst an der Evolution zum *Homo luminosus* teilzunehmen – frei von abgetragenen Ideen, die sich zu nicht mehr hinterfragbaren Lehren verhärtet haben. Mit diesem Weisheitsgeschenk können wir uns natürliche Instinkte einer höheren Art neu erschließen und in unsere spirituelle Bestimmung als Mitschöpfer des Kosmos hineinwachsen. Nach dem Bild des Adlers, der hoch genug fliegt, um die Krümmung des Horizonts wahrzunehmen, während er gleichzeitig die Maus am Boden erkennen kann und sich auch den Dingen zuwendet, die in den Niederungen zu tun sind, ist es uns gegeben, das Spirituelle und das Diesseitige zusammenzuführen.

Als Schamane bin ich davon überzeugt, dass selbst ein einzelner Mensch unter tausend anderen, der die vier Herausforderungen bewältigt und die vier Prüfungen bis zur Meisterschaft besteht, zur Entstehung einer neuen Lebensform im Einklang miteinander und mit der Erde beiträgt.

Ich stelle mir diesen Weg zur Meisterschaft als Experiment mit einer Gruppengröße von n = 1 vor; n ist bei wissenschaftlichen Studien das Symbol für die Anzahl von Teilnehmern. Bei solchen Studien hat man n gern sehr groß, um eine möglichst hohe statistische Aussagekraft zu erreichen. Aber bei dem anstehenden großen Evolutionsexperiment sind wir alle als Einzelne gefragt. In meinem Fall heißt das Experiment »Alberto«. Und Sie, wenn Sie nicht an der Evolution zum *Homo luminosus* teilnehmen, gehören einfach zur Kontrollgruppe der Menschen, die keine Transformation erleben, sondern bleiben, wie sie sind. Das ist die unbewusste Mehrheit der Menschen, die

die Erde missbrauchen und dabei auch den eigenen Körper mit Giften überlasten und so ihrer Gesundheit schweren Schaden zufügen. Die Zukunft ist nicht sehr verheißungsvoll für alle, die im Bereich der Normalverteilung bleiben. Legen Sie es lieber darauf an, ein Ausreißer zu sein und Ihr eigenes Schicksal selbst in die Hand zu nehmen.

Das Rad der Weisheit weckt in uns die Kraft, über all das hinauszuwachsen, was wir bisher als unsere Grenzen wahrgenommen haben. Die Beziehung zu uns selbst und zu anderen wird sich wandeln und entwickeln, Konflikte, Leiden und Enttäuschungen werden weniger werden. Selbstüberhebung und Kleinmut werden nach und nach verblassen und uns in eine neue Leichtigkeit entlassen, in der wir über uns selbst und sogar die Widerwärtigkeiten des Lebens lachen können.

Eben jetzt ist es wichtiger denn je, eine neue Wirklichkeit zu erträumen, eine neue Art menschlichen Daseins. Es gilt, aufzuwachen und die Meisterschaft zu erlangen, die uns schon immer bestimmt war. Steigen wir aus dem, was wir bislang als Schicksal wahrgenommen haben, aus, um von jetzt an unsere neue individuelle und gemeinsame Bestimmung zu leben.

Die Hüter der Weisheit

Um selbst Meisterschaft zu erlangen, ist es erstrebenswert, einen Meister zu haben, der einen anleiten kann. Ich hatte das Glück, bei wunderbaren Meistern lernen zu können und auch praktische Anleitung von ihnen zu bekommen. Sie werden sie alle im weiteren Verlauf dieses Buchs kennenlernen: Don Manuel Quispe, Joan Halifax, Rolling Thunder und Amchi Tenjing Bista. Durch ihren Einfluss musste ich mich dem Dunkeln in mir stellen, bekam aber auch Gelegenheit, das Lichte in mir zu umarmen. Die Weisheit dieser Menschen, so hoffe ich, wird auch Sie dazu auffordern, sich all das genau anzusehen, was Sie bereits zu wissen und zu beherrschen glauben, um dann ganz ehrlich neu einzuschätzen, welchen Herausforderungen Sie sich noch zu stellen haben.

Don Manuel Quispe

Don Manuel Quispe war ein Schamane aus den Bergen Perus, der mich immer und immer wieder umzudenken zwang. Seine trocken-ironischen Affronts rissen mich aus dem Halbschlaf meiner Selbstbezogenheit und Ängste und machten mich empfänglich für eine neue Betrachtungsweise der Realität. Don Manuel stand mit einem Bein in der uralten Tradition seines Volks und mit dem anderen in der modernen Welt. Immer wieder sagte er, was einem in der Welt begegne, sei genau das, was man im Innersten glaube. Er öffnete mir die Augen für die Tatsache, dass die alten Weisheitslehren in unserem Alltagsleben angewandt werden können.

Er befähigte mich auch, das bereits erwähnte Ayni-Prinzip – die rechte Beziehung zu allen Lebewesen sowie zu Vergangenheit und Zukunft – zu verstehen. Ayni, sagte er, entsteht nicht aus Angst, sondern aus Achtung und Ehrfurcht. Und noch etwas ließ er mich wissen, nämlich dass wir das Schicksal, das aus unserer rechten Beziehung (Ayni) zum Himmel erwachsen kann, annehmen sollten, auch wenn es uns zunächst sehr unbequem erscheint.

Joan Halifax

Joan Halifax ist eine viel beachtete Autorin, Zen-Lehrerin, Bürgerrechtsaktivistin, LSD-Forscherin und Anthropologin, die außerdem im Rahmen ihrer Arbeit mit Sterbenden das »Project on Being with Dying« gründete – und das ist nur eine kleine Auswahl ihrer vielen Engagements. In den Siebzigerjahren war sie am Esalen Institute tätig, einem aus der Human-Potential-Bewegung hervorgegangenen Retreat-Zentrum in Kalifornien. Dort lernte ich sie kennen, als ich meinen Freund, den Psychologen und Parapsychologen Stanley Krippner, zu ihrem Cottage in Big Sur begleitete, wo er zum Mittagessen mit Blick aufs Meer eingeladen war.

Zu mir sagte sie an diesem Tag: »Wir haben unten im Keller eine Kammer für sensorische Deprivation. Vielleicht möchten Sie sie einmal ausprobieren.«

Ich war noch nie in solch einem Warmwassertank gewesen. Hier lag man in vollkommener Dunkelheit in einem Wasser, dessen Salzgehalt ungefähr dem des Körpers entspricht. Ich dachte mir, das sei doch die Gelegenheit, das LSD zu nehmen, das ich seit Wochen bei mir trug. Sonnenschein in einem Stück Löschpapier, das hatte ich dabei im Sinn.

Sechs Stunden später entstieg ich dem Tank verrunzelt und neu geboren. Ich entschuldigte mich für meine Abwesenheit beim Essen, aber dieser Tag war für mich ein Wendepunkt. Joan war Medizin-Anthropologin, als es diesen Begriff noch gar nicht gab, und ich war von ihrer Arbeit so inspiriert, dass ich auch einer wurde.

Das Erlebnis im Tank hatte einen anderen aus mir gemacht. Ich besuchte Orte in der Wildnis und heilige Stätten, ich suchte Schamanen in den Hochgebirgsregionen der Anden auf, ich war von dem Drang beseelt, die uralte Weisheit traditioneller Kulturen an ihrem Ursprungsort aufzusuchen. Durch Joans Lehren und Schriften verstand ich, dass wir sowohl Anteil an der schöpferischen Kraft der Erde haben als auch von ihr erschaffen sind.

Rolling Thunder

Rolling Thunder, von seinen Freunden »RT« genannt, war eine mysteriöse spirituelle Führungsgestalt. Der Name kam daher, dass er es selbst in der Gluthitze der Wüste blitzen und donnern lassen konnte. Er war ein Medizinmann der Shoshonen und lebte auf einer heruntergekommenen Ranch in Carlin, Nevada. Tagsüber arbeitete er als Bremser bei der Eisenbahn, abends leitete er Schwitzhüttenzeremonien, kümmerte sich um Kranke und empfing Gäste, unter anderem Mitglieder der Band Grateful Dead. Meine erste Begegnung mit RT fand sogar in Anwesenheit meines Professors Stanley Krippner auf Mickey Harts Ranch in Kalifornien statt. Zu der Zeit war Mickey Drummer der Band, und zwischen ihm und RT war eine Freundschaft gewachsen. Mickey veröffentlichte später sogar ein Album mit dem Titel *Rolling Thunder*.

RT war eine umstrittene Gestalt. War er wirklich das, was er zu sein behauptete? Konnte er nach Bedarf seine Identität wechseln? Er schien in der Lage zu sein, seine Gestalt zu verwandeln, aber waren das vielleicht alles Zauberkunststücke? Wenn ich an seinen Feuerzeremonien in der Wüste von Arizona teilnahm, verschwand er manchmal einfach, während wir übrigen Teilnehmer uns zum Schlangentanz im Kreis bewegten. Genauso tauchte RT dann wie aus dem Nichts wieder auf. Er war Leiter der Zeremonie, aber wir verloren ihn immer wieder aus den Augen. »Unsichtbar werden«, sagte er später einmal zu mir. »Das solltest du öfter mal üben.«

Irgendwie wusste ich, dass er mich nur auslachen würde, wenn ich nach Einzelheiten fragte. Gerade wenn ich dachte, ich wüsste, wer er sei und was er mir vermittelte, verwirrte er mich so, dass sich in meinem Kopf alles drehte. Immer wieder machte er mich darauf aufmerksam, dass der Weg zur Erweckung der in uns schlummernden Kräfte alle möglichen überraschenden Wendungen bereithält. Wir müssen da immer mit dem Unerwarteten rechnen, flexibel bleiben und uns nur ganz locker an das halten, was wir zu wissen glauben, ohne es zur Ideologie gerinnen zu lassen.

Amchi Tenjing Bista

Amchi Tenjing Bista – das vorangestellte »Amchi« bedeutet im Tibetischen »Arzt« – ist ein erstklassiger Reiter und außerdem buddhistischer Priester. Er war es, der mir die Augen für die Medizin der Himalajaregion öffnete und mich in die tibetische Sicht des Zusammenhangs von Denken, Fühlen und Körper einführte.

Seine vielen Seiten lernte ich während einer gemeinsamen Expedition in Nepal kennen: den buddhistischen Priester, den Arzt, den Lehrer und den Reiter, der wie aus einem Wildwestfilm entsprungen aussah. Ganz besonders nimmt mich für ihn ein, dass er ein Waisenhaus gegründet hat, in dem obdachlose Kinder nicht nur leben können, sondern auch unterrichtet werden. Wenn diese Kinder ins Erwachsenenalter kommen, unterrichtet er sie in der Kunst der tibetischen Medizin. Ich bin Förderer des Waisenhauses geworden und helfe, wo ich nur kann.

Alle diese Hüter und Bewahrer der Weisheit sind (oder waren) unvollkommene Menschen wie du und ich. Dennoch sind sie alle auf ihre je eigene Art Meister geworden und haben ihre Anlagen so weit entwickelt und ihr Menschsein so weit verwirklicht, dass sie dienstbereiter wurden, als ihnen ursprünglich vorschwebte. Sie teilten alles, was sie gelernt hatten, großzügig mit anderen. Ich hoffe, ich werde ihren Unterweisungen gerecht, wenn ich ihre Geschichten und unsere gemeinsamen Abenteuer jetzt hier erzähle.

Das Neue erträumen

Der Geist ist immer offen für unsere Sehnsüchte, für alles, was wir für uns selbst wünschen. Wir müssen aber auch bereit sein, nicht mehr so selbstverständlich zu glauben, wir wüssten, was gut für uns ist. Das läuft nämlich fast immer darauf hinaus, dass wir an dem Schicksal, mit dem wir in dieses Leben geschickt wurden, herumzuschrauben versuchen. Erst wenn wir anfangen, die in uns angelegte Meisterschaft zu entwickeln, können wir aus dem als unbefriedigend oder sogar als Albtraum empfundenen Leben aussteigen, das von Angst und Mangelbewusstsein und demzufolge von Selbstbezogenheit beherrscht war.

Wir können es nämlich besser. Wir können in ein sinnerfülltes, zielstrebiges Leben überwechseln. Wir können Heiler, Forscher, Wissende und Visionäre werden und müssen dazu nur bereit sein, mit den uralten »Technologien« zu arbeiten, die das Alte wegbrennen und so Platz für das Neue schaffen.

Teil I

Verstehen

1

Etwas Größerem dienen

Am Kali-Gandaki-Fluss in Nepal.

Staub.

Überall Staub.

Staub in den Augen und Staub im Mund, der zwischen den Zähnen knirscht.

Wieso müssen solche spirituellen Reisen immer ins Niemandsland führen, in Steppen und Staubstürme wie hier in den Himalaja-Ausläufern?

Unser Ziel war die Ortschaft Lo Manthang, letzter Überrest des einstigen Königreichs Lo, das im heutigen nepalesischen Distrikt Mustang im Grenzgebiet zu Tibet und China lag. Es handelt sich um ein Schutzgebiet, in das man wegen der heiklen und verwickelten Beziehung zwischen China und Nepal nur mit besonderer Erlaubnis der Regierung kommt.

Um nach Lo Manthang zu gelangen, ist man zwölf Tage lang zu Fuß oder zu Pferd von Pass zu Pass unterwegs. Guru Rinpoche (Padmasambhava) war im 8. Jahrhundert schon bei seinem langen Fußmarsch von Indien nach Tibet dieser Route gefolgt. Er hatte die Aufgabe, den Buddhismus von In-

dien nach Tibet zu bringen, und musste sich unterwegs mit Dämonen und Zauberern herumschlagen. Einige Zeit danach wurde entlang der Ufer der Kali Gandaki ein Haupthandelsweg eingerichtet. Wir werden Rinpoches Spuren folgen und in seinen Tempeln und Höhlen meditieren.

Ein weiterer Hustenanfall nimmt seinen Lauf, und jetzt fällt mir wieder ein, weshalb ich hier bin: Ich möchte lernen und dienen und mit anderen in Kontakt kommen, die hier in Nepal die gleichen Ziele verfolgen.

Vor Jahren war ich einmal in der Wüste Nevadas und sah ganz in der Nähe Staubhosen wirbeln. Mir ging dabei der Gedanke durch den Kopf, dass Spiritualität allzu oft als eine Art Trostfutter gesehen wird. Man möchte sich besser fühlen, man möchte glücklich sein, das Leben soll weniger hart sein, und die spirituelle Medizin soll süß schmecken. Sie kann uns aber auf eine Weise fordern, mit der wir nicht gerechnet haben. Wir werden auf die Probe gestellt, mit unseren schwärzesten Ängsten und schlimmsten Selbstverurteilungen konfrontiert. Auch wenn wir nicht verstehen, weshalb das alles so schwierig ist, müssen wir, um zu gesunden, Dankbarkeit üben und allen verzeihen, die uns wehgetan haben.

Erst dann finden wir überall Schönheit, wohin unser Blick auch fällt. Die Schönheit und Lebendigkeit der Wüste, die uns entgingen, weil sie sich nicht in der erwarteten Form zeigten – und so sahen wir nur endlose Sandweite.

Blöder Staub! Ich war jedenfalls gespannt auf alles, was diese Reise bringen würde.

Gemeinsam mit meiner Frau Marcela hatte ich schon viele Jahre schamanische Energiemedizin gelehrt, als ich diese Einladung zu einer Pilgerreise im Grenzgebiet zwischen Nepal und Tibet bekam. Begleitet wurden wir von einer alten Bekannten, Joan Halifax, die eine Gruppe von Ärzten leitete und die entlegenen Ortschaften an der Kali Gandaki mit westlicher und tibetischer Medizin versorgen wollte.

Joan war als Anthropologin mit dem Thema des kubanischen Spiritismus bekannt geworden; sie hat zahlreiche Bücher zum Schamanismus veröffentlicht. Bevor sie eine buddhistische Lehrerin wurde, hatten wir gelegentlich bei denselben Konferenzen gesprochen und an den gleichen Retreats teilgenommen. Wir hatten Geschichten ausgetauscht und so manches Glas Wein miteinander geleert. Dies sollte jetzt ihre letzte Reise nach Mustang und ins Königreich Lo werden. Ich war froh, als ich erfuhr, dass mein Freund Stephan, der das Omega Institute in Upstate New York gegründet hatte und schon jahrelang Joans Arzt war, mit von der Partie sein würde. Einige westliche Ärzte und zwei Amchis, ebenjene tibetische Ärzte, sowie etliche angeheuerte nepalesische Guides und Reiter, die uns beim Auf- und Abbau der Lager helfen würden, vervollständigten das Team.

Marcela, eine Medizinfrau, freute sich auf den Besuch antiker buddhistischer Stätten entlang der Seidenstraße und auf den Austausch mit den dortigen Energien. Wir hatten bei den Schamanen der Andenregion und des Amazonasbeckens schon einige Beschreibungen des Nachlebens kennengelernt und brannten jetzt darauf, von den Weisheitslehren des Himalaja zu erfahren. Ich hatte außerdem die Fragestellung, ob es wohl zwischen geografisch weit auseinanderliegenden Traditionen Verbindungen gab, die möglicherweise auf gemeinsame Ursprünge zurückgingen. Die molekulare Archäologie findet immer mehr Hinweise darauf, dass die schamanischen Traditionen Nord- und Südamerikas ihren Ursprung in Asien haben. Man konnte hier Mutationen der Mitochondrien-DNA verfolgen und kam so darauf, dass die Menschen vor Zehntausenden Jahren von Afrika aus in alle Welt ausschwärmten. Was mag wohl an »spiritueller Technologie« verloren gegangen sein, als sich unsere Wege in dieser Zeit trennten? Diese Frage beschäftigte mich schon lange und ließ mir keine Ruhe. Vielleicht haben alle schamanischen Traditionen im gleichen Sinne eine gemeinsame Wurzel, wie wir alle eine gemeinsame Ur-Ur-Ur-Ur-Urgroßmutter haben, eine afrikanische Eva. Die Wurzel bestand nach meiner Überzeugung in gemeinsamen Erlebnissen in den unsichtbaren Bereichen.

Die tibetischen und amerikanischen Schamanen sind unübertreffliche Kartografen der unsichtbaren Welt. Sie haben den Weg jenseits des Todes unglaublich detailreich nachgezeichnet. Ich wollte diese Landkarten jetzt vergleichen, um zu sehen, wo sie sich deckten oder aneinandergrenzten. Vor allem interessierte es mich zu erfahren, was ein großer Lehrer wie Guru Rinpoche uns Heutigen in dieser Beziehung zu sagen hat. Wir würden seine Tempel und Meditationshöhlen besuchen, wahre Kraftorte, an denen sich Weisheit über alle scheinbaren Grenzen der Zeit hinweg mitteilen kann und in der Alltagswelt der fünf Sinne Realität wird.

In der Himalajaregion unternehmen viele Menschen Pilgerreisen, um den Sinn ihres Lebens zu finden und tiefe Heilung zu erfahren. Auf solchen Wegen kommt es darauf an, den eigenen persönlichen Kompass einmal außer Acht zu lassen und sich anhand einer ganz anderen Landkarte zu orientieren. Ich nahm an dieser Forschungsreise in das Land der alten Buddhisten und Schamanen teil, weil ich schon wusste, dass mich das unglaublich schwierige Gelände und die hohen Lehren auf mein rechtes Maß zurückstutzen würden. Hier würde ich vielleicht jene

Meisterschaft neu entdecken, die uns zuteilwerden kann, wenn wir sie nicht mehr unbedingt haben müssen.

Die Landkarte neu befragen

Nach den weltweiten Ereignissen des Jahres 2020 ist uns mehr denn je bewusst, wie sehr wir einer auf den anderen angewiesen sind. Viele von uns, die noch nie all die Selbstverständlichkeiten hinterfragt haben, mit denen wir aufwachsen – unabhängig sein, sich mit eigenen Mitteln durchsetzen, Erfolg um jeden Preis –, fangen jetzt damit an. Sie finden es in Ordnung, das Althergebrachte anzuzweifeln, aber anderen fällt das nicht leicht. Uns allen ist es jedoch gegeben, neue Weisheitswege zu erkunden, um uns selbst und unseren individuellen Weg tiefer zu verstehen.

Wenn man sich anhand von Landkarten oder Navigations-Apps orientiert, fällt einem auf, dass die Wege gleich sind, auch wenn die Geländeformationen und Orientierungspunkte unterschiedlich dargestellt werden. Schon immer haben Menschen über heilige Lehren, die Orientierungsmarken der Religionen, diskutiert und hätten in dieser Zeit eine bessere Welt herbeiführen können, wenn sie nur die dort dargelegten Wege zum inneren Frieden gegangen wären.

Mag sein, dass Sie die Ideen in diesem Buch eher desorientierend finden. Möglicherweise geben sie Ihnen Anlass, sich zu fragen, wer Sie sind und was Sie wissen. Desorientierung kann eine gewinnbringende Sache sein. Wenn Sie die Landkarten, mit denen Sie sich Ihren Weg durchs Leben suchen, neu befragen müssen, kann es gut sein, dass Sie auf ganz neue Möglichkeiten stoßen.

Vergessene Geschichte

Die Geschichte ist von den Eroberern geschrieben worden, aber heute bekommen wir allmählich auch Sinn für die Weisheitstraditionen der Eroberten und fragen uns, was davon verloren gegangen sein mag. Das gibt uns Anlass, ein paar Selbstverständlichkeiten zu hinterfragen, die viele Jahre lang Geltung besaßen.

In ihrer Kindheit und Jugend haben manche noch von den wackeren Europäern gehört oder gelesen, die die Wildnis des amerikanischen Westens zivilisierten und die »Wilden« zum Christentum bekehrten, um sie von ihren »sündigen« Überzeugungen und Praktiken zu »erlösen«. Es ist ganz wichtig, das alles jetzt zu überprüfen; denn diese scheinbaren Selbstverständlichkeiten lassen uns die Vergangenheit und die indigenen Weisheitstraditionen entstellt wahrnehmen.

Die Kulturen der amerikanischen Ureinwohner basierten in aller Regel auf Achtung gegenüber der Natur und der unsichtbaren Welt, auf verantwortlichen Umgang mit dem Land und seinen Lebewesen und auf Bemühung um Interessensausgleich zwischen benachbarten Völkern. Am Lagerfeuer kamen die Menschen miteinander ins Gespräch. Manche legten weite Strecken zurück, um die großen Städte der Maya oder einen Pueblo zu besuchen. Dort wurde gehandelt, und man tauschte technisches Wissen aus und kam mit Weisheitslehren in Berührung. Konflikte ließen sich leichter vermeiden oder lösen, wenn die Menschen auf dem Markt zusammenkamen, ihre Differenzen durchsprachen und alle einmal mehr vor Augen geführt bekamen, dass jeder etwas Wertvolles beizutragen hatte.

Als die Europäer in Amerika auftauchten, brachten sie entschieden patriarchalische Traditionen mit, die den Indigenen fremd waren. Die Europäer sahen sich in ihrer ausbeuterischen Haltung gerechtfertigt. Sie fanden es in Ordnung, dass sich wenige in ihrer Habgier an den vielen bereicherten. Die Unterwerfung der amerikanischen Ureinwohner war aus ihrer Sicht nicht nur gerechtfertigt, sondern sogar ein Gebot Gottes, insbesondere in Nordamerika, wo bis gegen Ende des 19. Jahrhunderts gezielt die Ausrottung der Ureinwohner betrieben wurde. In den Anden wurden die Schamanen verfolgt, und die über Generationen tradierten alten Lehren schienen zum Untergang verurteilt. Ganze Ortschaften wurden zerstört, heilige Texte verbrannt.

Der Schamanismus tauchte unter, aber wie beim Anstreichen eines Streichholzes plötzlich ein Flämmchen aufflackert, ist er vollständig wieder da, sobald man sich mit dieser uralten Tradition für das Wohlergehen der Welt verbindet. Fragmente der frühen Schriften geben uns nur ein lückenhaftes Wissen über die Weisen der Frühzeit, aber die Inka, diese Erbauer von Städten in den Wolken – darunter beispielsweise Machu Picchu –, besaßen außerdem eine mündliche Überlieferung und sorgten dafür, dass die Restglut des Schamanismus nie ganz erlosch. Mit der Kraft dieses Lichts und seiner Weisheit bauten sie das bis dahin größte Imperium der westlichen Welt auf. Dabei drückten sie den schamanischen Traditionen noch ihr ganz eigenes Siegel auf, bevor sie scheinbar für immer verschwanden. In Wirklichkeit jedoch warteten die heiligen Lehren nur auf ein leichtes Fächeln, um wieder zu entflammen und die Hände und Herzen der Suchenden wärmen zu können.

Als junger Mann bin ich bei meiner ersten Reise in die peruanischen Anden Schamanen begegnet und wollte etwas über ihre Medizin in Erfahrung bringen. Ich fand heraus, dass ihre Vorstellungen von Gesundheit sich erheblich von meinen unterschieden. Ich war ganz selbstverständlich davon ausgegangen, dass meine Ideen richtig seien. Ich hatte all das verinnerlicht, was in meiner Gesellschaft zu diesem Thema geglaubt wurde: dass unsere Weisheit zutraf und wir den Zusammenhang zwischen Körper und spirituellem Bewusstsein richtig sahen. Ich glaubte an reale Krankheiten; Krebs, Herzkrankheiten und Alzheimer erschienen mir nur allzu wirklich. Ich glaubte, dass Gesundheit und Lebensspanne genetisch bedingt seien und die DNA unser Schicksal beherrsche. Ich glaubte, dass man Krankheiten schulmedizinisch behandeln muss. Meine Lehrer unter den Schamanen haben dafür gesorgt, dass solche Vorstellungen mit der Zeit in den Hintergrund traten. Sie führten mir vor Augen, dass es keine Krankheiten gibt, nur kranke Menschen. Dass die DNA nur für einen kleinen Anteil der Gesundheit verantwortlich ist und sehr viel mehr davon abhängt, wie es mit unserer Beziehung zur Erde und zum Geist bestellt ist (womit auch unsere Ernährung und Lebensweise gemeint sind), eine Beziehung, die bei den Andenvölkern »Ayni« genannt wird. Wenn man die Bedingungen schafft, so wurde mir vermittelt, weichen Krankheiten oft von selbst und bedürfen keiner Arzneien. Noch viel mehr habe ich damals gelernt, und davon wird in diesem Buch die Rede sein.

Da mich der Schamanismus ansprach, wollte ich gern den Ort finden, an dem aus den Tiefen der Erde die zeitlose schamanische Weisheit heraufsprudelte. Oder mit einer vielleicht treffenderen Metapher: Ich wollte den Ursprung der Wolle finden, aus der für jeden einzelnen Menschen die Fäden für das Tuch des Schicksals und der Gesundheit gesponnen werden.

Bald hielt ich immer mehr zerfaserte Reste eines magischen Bildteppichs in Händen, der vor dem Anbeginn der Zeit entstanden sein musste. Die spanische Inquisition hatte bei der Verfolgung der indigenen Bewahrer des alten Wissens ganze Arbeit geleistet, dabei aber die Heilkundigen und Hebammen für den Fall verschont, dass die eigenen Leute erkrankten oder die versklavten Ureinwohner im Alter oder nach zu viel Arbeit gesundheitliche Hilfe brauchten. Nur zu gut wussten die Konquistadoren, dass die Medizin Nord- und Südamerikas der europäischen mit ihren Blutegeln und Aderlässen weit überlegen war. Seit Jahrtausenden hatten sich die Medizinfrauen mit Pflanzen beschäftigt und sich ihre Heilkräfte erschlossen.

Sie merkten aber, dass es sich nicht empfahl, durch die Pflanzen mit dem Geist zu kommunizieren, denn die Eroberer mit ihrem männlichen Gott und der davon geprägten Kirche würden das nicht gutheißen. Für sie war der Geist irgendwo da oben, aber nicht hier auf der Erde. Die Medizinfrauen hielten es nicht für ratsam, von den Spaniern als mächtig gesehen zu werden, und so sprachen sie nicht von den Ursprüngen ihres Wissens. Sie heilten weiterhin die Kranken und betreuten die Geburt der Kinder ihrer Herren, die die Fähigkeiten dieser Frauen zwar fürchteten, aber nicht auf sie verzichten konnten. Die Schamaninnen wussten einfach, dass sie die tiefste Weisheit unter Verschluss halten mussten, bis sie ungefährdet wieder ans Licht geholt werden konnte.

Das Gesamtbild

Die Kraft, mit der eine Schamanin in der unsichtbaren Welt umgeht, unterscheidet sich ganz erheblich von den Kräften, die man in der sichtbaren Welt einzusetzen versucht, um das Leben besser zu machen. Ihr geht es darum, in eine nichtgewöhnliche Realität im Unsichtbaren einzutreten, um dort Energien zu mobilisieren, die sich dann auf das Alltagsleben auswirken. Ihr geht es um eine lebenserhaltende Energie, die Alter und Krankheit aufhält und sie befähigt, ihrer Lebensgemeinschaft Heilung und Wohlergehen zukommen zu lassen. Diese Energie wird im Osten »Prana«, »Chi« oder auch »Tao« genannt. Die Schamanen der Andenregion kennen sie als »Ti«. Diese Silbe ist Bestandteil der Namen vieler heiliger Orte oder Stätten, zum Beispiel des Titicacasees, des höchsten schiffbaren Gewässers der Welt, aber wir finden das Ti auch im Namen des Sonnengotts Inti. In diesem Buch verwende ich stattdessen den Ausdruck »Chi«, wie zum Beispiel in Tai Chi, weil er besser bekannt ist.

Chi ist keine Kraft, mit der man über die Natur oder die Menschen gebieten kann, wenngleich die Natur auf Chi reagiert. Es handelt sich nicht um die Kraft des Geldes oder anderer materieller Dinge, die jedoch andererseits durch Chi zu beschaffen sind. Es ist nicht die Kraft, mit der man Alter und Krankheit besiegt, wenngleich Gesundheit und langes Leben ihr entspringen. Es ist die Kraft des Kreativen und des Zusammenwirkens, die Kraft, die das Neue hervorbringt. Chi wird zum Wohlergehen anderer und aller Lebewesen oder der Erde selbst eingesetzt, sonst verdirbt es und zerstört dabei auch Sie. Chi muss so eingesetzt werden, dass alle den Nutzen davon haben und es allen gut geht.

Eine Schamanin kann für einen bestimmten Menschen aktiv werden, aber die wirklich machtvollen erkennt man daran, dass es ihnen in erster Linie darum geht, was sie für Mutter Erde tun können: Erst wenn sie sich Pachamamas Bedürfnisse vor Augen geführt haben, wenden sie sich der Frage zu, was sie für das Dorf und die Menschen tun können. Danach erst geht es darum, was für bestimmte Einzelne getan werden kann. Bei den meisten Menschen, die eine spirituelle Praxis aufnehmen, läuft das genau umgekehrt: Wir sind so sehr darauf bedacht, unsere eigene Situation zu verbessern oder jemandem zu helfen, dass wir das große Gesamtbild aus den Augen verlieren. Wo es überwiegend um uns selbst geht, sehen wir nicht mehr, dass der Kosmos weitaus mehr ist als wir, dass er uns alle beeinflusst und wir unsererseits Einfluss auf ihn haben.

Mythen, die unsere Wirklichkeit formen

Um zu verstehen, wie eine Schamanin dazu kommt, ihre Bestimmung im Dienst an allen Lebewesen zu finden, müssen wir die Mythen näher betrachten, die für uns zur Selbstverständlichkeit geworden sind. Mythen prägen unsere Wahrnehmung, und insofern sind die Geschichten, die wir verinnerlicht haben, von großer Durchsetzungskraft – vor allem wenn uns nicht bewusst ist, dass es sich um Geschichten handelt.

Der Mythenforscher Joseph Campbell, Autor des bahnbrechenden Werks *Der Heros in tausend Gestalten*, vertrat die Ansicht, dass Mythen erkennen lassen, wie weit menschliche Erfahrung überhaupt reichen kann. Mythen sind Metaphern für das Transzendente und deshalb nicht mit dem denkenden Verstand allein zu erfassen. Sie eröffnen Zugänge zum Mysterium unserer selbst und dessen, was wir werden können. Sie inspirieren uns zu kühnen Träumen, aber auch zu der Einsicht, dass wir in der Weite des Kosmos eher kleine Lichter sind, die jedoch für den großen Plan der Dinge durchaus ihr Gewicht haben können.

Wir im Westen sind eher Gesetzesmenschen. Wenn es irgendwo Unstimmigkeiten oder Streit gibt, stellen wir Regeln oder Gesetze auf und sorgen auch gleich für Richtlinien ihrer

Durchsetzung, sodass jeder, der gegen die Regeln verstößt, verurteilt und bestraft wird. Schamanen sind dagegen Wahrnehmungsmenschen. Sie modifizieren ihre Wahrnehmung so, dass sich in der Alltagswelt etwas ändern kann. Sie vermögen es, die Dinge neu zu sehen und sich selbst und andere aus wechselnden Blickrichtungen zu betrachten, sodass Dinge erkennbar werden, die bis dahin nicht aufgefallen waren. Wer die Kunst der Wahrnehmungsänderung beherrscht, kann seine Erfahrung wandeln und an seiner eigenen Evolution mitwirken.

Um unsere Erfahrung einordnen zu können, haben wir uns im Westen darauf geeinigt, dass Wahrnehmung im Gehirn stattfindet: Das Gehirn interpretiert Signale, die ihm von den Sinnen des Körpers zugeleitet werden. Das Auge interpretiert Signale, die es aus der Außenwelt in der Form von Photonen (Lichtquanten) erreichen, um auf die Netzhaut zu treffen und dort Impulse zu erzeugen, die dann vom Sehnerv zum visuellen Kortex im rückwärtigen Teil des Gehirns weitergeleitet werden. So weit unser wissenschaftliches Verständnis des Sehvorgangs, aber Wahrnehmung ist ja nicht nur das Gesehene, sondern auch unsere Einschätzung dessen, was wir da sehen. Bei allem, was wir wahrnehmen, handelt es sich um Projektionen eines bereits in uns – in unserem denkenden Verstand und in unserem Energiefeld – vorhandenen Realitätsverständnisses.

Das Sehen kann aber nach Auffassung der Schamanen auch in der Gegenrichtung ablaufen: Dann interpretieren wir nicht, was die Augen sehen, sondern unser Bewusstsein bringt es hervor. Ich spreche nicht von Halluzinationen. Wenn Sie die unsichtbare Welt wahrzunehmen vermögen, in der die Dinge als Potenzial existieren, bevor sie Gestalt annehmen, können Sie diese Ideen in die Welt der Sinne projizieren. Das ändert Ihr mitgebrachtes Realitätsverständnis, Ihre innere Landkarte, und Sie nehmen dann eine andere Realität wahr, während Sie Ihren alltäglichen Verrichtungen nachgehen. Die Weisen und Seher der alten Zeit nannten das »die Welt erträumen«. Äußeres Sehen war für sie Wahrnehmung der Realität, während das visionäre Sehen sie zu Mitschöpfern dieser Realität machte.

Persönliche Energie

Zum Mitschöpfen benötigt man Energie – Chi. Eine Schamanin leitet sich Kraft aus dem übergreifenden Energiefeld des Kosmos zu. Würde sie die Energie nur aus ihrem eigenen Feld beziehen, wäre die Arbeit zu kräftezehrend.

Unser Vorrat an persönlicher Energie für die Umsetzung von Visionen im Alltag ist begrenzt. Wenn Sie vom »Gesetz der Anziehung« und vom »Manifestieren« gehört haben, fragen Sie sich vielleicht, weshalb es bei Ihnen nicht funktioniert. Vielleicht liegt es daran, dass Sie sich allein auf die Kraft des Wünschens verlassen und das Chi nicht einbeziehen. Mit Chi als Hilfe kann es der Schamanin gelingen, bei Kranken eine Spontanheilung in Gang zu setzen. Sie kann sich aber auch mit anderen Schamaninnen und Schamanen zusammentun, um in der Gemeinschaft Wohlstand, Gesundheit und Wohlergehen zu schaffen. Für die Schamanen der Anden ist die Lebenskraft etwas ganz anderes als für westliche Menschen. Nach unseren religiösen Lehren wurde die Lebenskraft von Gott erschaffen und bleibt in Menschen, Tieren und Pflanzen wirksam, bis sie sterben. Schamanen dagegen sind Animisten. Sie würden sagen, die Lebenskraft, also Chi, sei überall. Bediene dich ihrer, und du kannst förderliche Energien in dich einlassen und zugleich all das entlassen, was du nicht mehr brauchst. Das ist ganz ähnlich wie bei der Nahrung, die wir alle Tage zu uns nehmen, wirkt aber auch auf anderen Ebenen.

In meinen jüngeren Jahren war der Jaguar mein Krafttier, und von ihm als einem Ausdruck der Lebenskraft lernte ich, meinen eigenen Weg zu gehen, statt einfach dem zu folgen, der mir gewiesen wurde und der dazu da war, meiner Familie zu behagen und stolz auf mich zu sein. Als ich dann Vater wurde, begegnete mir bei einer Schamanenreise ein Wolf, und das gab mir zu verstehen, dass ich eine andere Vision brauchte, um in meine neue Rolle hineinzuwachsen. Ich musste der Rudelführer sein, der den anderen Schutz bot und dem Rudel immer treu bleibt, auch wenn er sich mitunter weit von ihm entfernt. Der Jaguar hatte mir gute Dienste geleistet und würde bei mir bleiben, solange ich lebte, aber jetzt brauchte ich Wolf-Energie und Wolf-Weisheit.

Unterstützung aus dem Reich des Unsichtbaren

Alle Schamanen wissen, dass wir jederzeit Unterstützung aus dem Unsichtbaren bekommen können. Es gibt dort Lichtwesen, die Sterbenden den Übergang erleichtern und den Lebenden Weisheit und Heilung zugänglich machen. Leider sind die Nebel zwischen der sichtbaren und der unsichtbaren Welt aufgrund unserer Hab- und Machtgier sehr dicht geworden. Unser Wunsch, zu herrschen und Umstände, die uns nicht behagen, zu verändern, wird uns zum Hindernis, wenn wir die Brücke zur unsichtbaren Welt überschreiten möchten, in der Wunder geschehen können.

Im Schamanismus der Anden ist das Reich des Sichtbaren die »mittlere Welt«. Sie liegt zwischen zwei unsichtbaren Bereichen, der unteren und der oberen Welt. In der unteren Welt haben wir

Zugang zur uralten Weisheit der Vorfahren und sind in der Lage, die Vergangenheit zu heilen. In der oberen Welt bekommen wir Einblick in die Zukunft, in das, was wir werden, und werden von Führern beraten, die uns auf einen Weg geleiten möchten, auf dem uns eine bessere Zukunft als das scheinbar bereits feststehende Geschick erwartet. Die mittlere Welt ist das Reich der gegenwärtigen, alltäglichen Erfahrung, wo wir mit unseren Nachbarn Umgang haben, im Frühling die Knospen aufspringen sehen oder eine Tasse Tee trinken.

Eine integer agierende Schamanin, hinter deren Vision nicht persönliche Wünsche, Mangelbewusstsein und Ängste als Antrieb stehen, sondern das Chi die Richtung bestimmt, wird vom Wissen und von der Macht erkannt, und sie beginnen ihr nachzupirschen und lassen nicht mehr von ihr ab. Die Berufung zum schamanischen Wirken und zum Dienst an etwas Größerem, als man selbst ist, kann eine hohe Herausforderung sein.

Alle, die durch den Nebel in die unsichtbaren Bereiche gelangt und zurückgekehrt sind, haben uns eine Fülle an Weisheit mitzuteilen und können uns Anleitung geben. Schüler wenden sich an Lehrer, die sie in die alten Gepflogenheiten einführen können, und dann eifern sie ihnen vielleicht nach und stehen schließlich selbst in der Linie der Weisheitshüter (beachten Sie jedoch, dass Lehrer zwar wichtig sein können, aber nicht zwingend erforderlich sind). Schamanen lernen auch direkt von der Natur, denn dies ist ein lebendiges Universum, und die Natur spürt es, wenn jemand wirklich auf Weisheit aus ist und sich Unterstützung wünscht.

Die Schamanin lernt vom Wind und den Bäumen, vom Regen, vom Blitz und von den Flüssen, doch daraus wird nicht viel, solange wir meinen, wir müssten die Natur unseren Zwecken unterwerfen. Nein, es obliegt uns, die Erde zu schützen und zu erkennen, wie eng wir jederzeit mit ihr verflochten sind. Die Natur offenbart uns ihre Geheimnisse nur dann, wenn wir bereit sind, sie zu schützen und zu bewahren. Dann kann die Schamanin unmittelbar der Kraft begegnen und sie sich ganz zu eigen machen, während sie zugleich im Gespräch mit dem Kosmos bleibt. Das ist Ayni, die Gegenseitigkeit, das Kernprinzip des Schamanismus: Gib, und du wirst bekommen.

Geisthelfer

Oft erfährt die Schamanin Unterstützung durch Geisthelfer von der anderen Seite, die manchmal die Heilung bewirken und sogar »chirurgische Eingriffe« vornehmen, bei denen sie schwere und giftige Energien entfernen und die Seelen der Toten in Heilzentren der geistigen Welt gelangen lassen. Erstaunliche Dinge tun sich auf, wenn wir die Welt und den Raum zwischen den Welten anders wahrzunehmen lernen.

Nun weiß ich natürlich, dass die bloße Vorstellung solcher unsichtbaren Helfer für das abendländische Bewusstsein ziemlich beunruhigend sein kann. Einmal unterhielt ich mich im Amazonas-Regenwald mit einem indigenen Heiler und erzählte ihm, es sei immer ratsam, eine Wunde oder Schnittverletzung auszuwaschen, vor allem im Regenwald, in dem es von unsichtbarem Leben wimmelt.

»Du meinst Geister«, sagte er.

»Nein, ich meine Mikroben«, erwiderte ich. »Das sind unsichtbare Lebewesen, die dich fressen wollen und sich in deinem Körper vermehren.«

»Wo sind sie denn? Ich habe noch nie welche gesehen. Woher willst du wissen, ob es sie gibt?«, fragte er. Er musste sie sehen, um an sie glauben zu können. Diese winzigen Kreaturen, die uns schrecklich krank machen können, sind unter dem Mikroskop zu sehen, aber es gibt noch kein »Spiritoskop«, das uns die geistige Welt sichtbar machen könnte. Erst wenn man schamanisch zu sehen lernt, versteht man wirklich, dass der Kosmos voll sichtbaren und unsichtbaren Lebens ist und man sich der Unterstützung durch Lichtwesen versichern kann.

Im nächsten Kapitel werden Sie erfahren, wie Sie Ihr Energiesystem reinigen und harmonisieren können. Sie werden lernen, wie Sie ein Krafttier in Ihren Energiekörper einladen können. Es wird Ihnen als Helfer und Verbündeter beistehen und Ihre Instinkte in ihre natürliche Verfassung zurückversetzen. Der Weg der Schamanen ist von Hilfen aller Art flankiert, Sie müssen nur darum bitten.

2

Unsere energetische Ausstattung

Carol Dunham rief mich zu sich herüber, um mir ein neues Gadget zu zeigen, einen Ultraviolett-Leuchtstift zum Entkeimen von Trinkwasser. Ich warf einen Blick in den Metallbecher in ihrer Hand, der mit einer wie Kalkwasser aussehenden trüben Flüssigkeit gefüllt war.

Carol ist eine amerikanische Anthropologin, die in Princeton ihren Dr. phil. gemacht hat und seit Jahren in Nepal und der Mongolei lebt. Sie ist Expertin auf dem Gebiet des frühen Buddhismus. Ich bewundere ihre Bereitschaft, sich mit aller Kraft in ihre Arbeit hineinzuknien. Sie hat sogar ihre Familie mit in die mongolische Steppe genommen, um ihre Forschungen zum Göttlich-Weiblichen fortsetzen zu können. Das Leben in abgelegenen Gebieten hat ihr offenbar beigebracht, immer irgendwie mit dem Vorhandenen zurechtzukommen.

Ich sah zu, wie Carol den Becher halb leer trank und ihn dann mir anbot. Ich lehnte dankend ab.

»Wie du willst.« Sie zuckte die Achseln und ging weg, bevor ich meine Entscheidung erläutern konnte. Ich hätte ihr sagen wollen, dass ich viel zu viel Zeit krank im Dschungel verbracht hatte und keine Lust hatte, unsere Hochgebirgs-

Trekkingtour mit verdorbenem Magen und entsprechenden Beschwerden anzutreten. Mir war bekannt, dass UV-Licht Mikroben abtöten kann, aber mir war partikelfreies Wasser lieber, und außerdem wusste ich, dass Carols Darmflora sich an das wilde Mikrobiom des Himalaja gewöhnt hatte.

Erst wenige Jahre zuvor war ich dem Tod nahe gewesen, so fix und fertig, dass ich mich kaum noch bewegen konnte. Alle möglichen Viren und Parasiten hatten mein Darm-Mikrobiom in einen wahren Zirkus unerwünschter Gäste verwandelt, die dort fröhliche Urständ feierten und alles mit ihren Abfällen verseuchten. Meine Leber war drauf und dran, den Geist aufzugeben. Ich hätte mich auf die Warteliste für eine Lebertransplantation setzen lassen können, war mir aber gar nicht sicher, ob das letzte Kapitel meines Lebens wirklich so aussehen sollte. Ich hatte Energiemedizin gelehrt und viele Menschen in das Wissen und die Heilmethoden der Schamanen eingeführt. Ich hatte zusammen mit einem Freund, dem Arzt David Perlmutter, ein Buch über die Neurowissenschaft der Erleuchtung veröffentlicht. Es handelte davon, wie man Giftstoffe ausleitet, die unsere Gehirnfunktionen beeinträchtigen, um sich auf höhere Bewusstseinszustände einzustimmen. Und doch stand ich auf einmal vor schier unüberwindlichen Gesundheitsproblemen, die für über zwei Jahre meine ganze Aufmerksamkeit in Anspruch nahmen.

Ich änderte meine Ernährungsweise. Ich nahm brav die Heilmittel, die die Natur mir bot, Nahrungsergänzungen und Probiotika, aber auch Auszeiten in der Natur. In der Natur fand ich wieder Anschluss an das Quantenfeld, sie baute mich auf, weckte neue Kräfte in den Energiezentren meines Körpers und reparierte nach und nach die Kraftwerke in meinen Zellen. Es war so viel zu tun, und manchmal hatte ich das Gefühl, ich würde es nicht schaffen. Aber irgendwie biss ich mich durch und eroberte mir meine Gesundheit zurück. Jetzt jedenfalls war ich zuversichtlich, dass mein Körper bei dieser Trekkingtour, die mir viel bedeutete, mit der Höhenluft zurechtkommen würde. Mein Bauch und die Umwelt hatten sich auf einen Waffenstillstand verständigt, aber ich wollte keine neuen Scharmützel riskieren. Ich hatte herausgefunden, dass die Gesundheit meines Darms und der neunzig Billionen Zellen seines Mikrobioms vom Gesundheitszustand meines zweiten Chakras abhingen, dieses Lichtwirbels über dem Nabel, der im medizinischen Qigong als Chi-Speicher angesehen wird.

Die moderne Physik lässt uns leichter verstehen, wie alles in der Schöpfung – die Mikro- und die Makroebene der Teilchen und Wellen, der Galaxien, schwarzen Löcher und Sonnensysteme – zusammenwirkt und zu einem vielschichtigen, graziösen Tanz verwoben ist. Aber erst die Weisheit der Schamanen lässt uns die wissenschaftlich noch nicht erfassbaren Abläufe im Unsichtbaren erkennen.

Um zu verstehen, wie wir energetisch gebaut sind und wie die Interaktionen mit dem gesamten Energiefeld des Lebens aussehen, müssen wir uns von zwei Dingen erst einmal lösen: vom alten Glauben an unser Getrenntsein und vom Mythos unserer Vertreibung aus dem Garten Eden. Schamanen wissen, dass wir eins mit dem Ganzen sind, vollkommen in das Gewebe des Lebens hineingewirkt. Wenn wir unsere Beziehung zum Feld und seinen energetischen Geschenken erfasst haben, können wir uns diese Geschenke zu eigen machen und uns selbst und unser Leben verwandeln. In schamanischen Traditionen gilt im Unterschied zu anderen, dass wir das Paradies nie verlassen haben.

Nach der Neuausrichtung unserer Wahrnehmung können wir das erkennen und sehr effektiv mit dem gesamten Energiefeld (zu dem auch wir gehören) interagieren und es zu unserem Vorteil nutzen.

Elektronen und das Feld

In den Anfängen des 20. Jahrhunderts fanden die Physiker heraus, dass ein Elektron zwei Zustände haben kann: Teilchen oder Welle. Ein Elektron lässt sich als Welle auffassen, die sich zum Teilchen verdichtet, sobald man seine Position zu ermitteln versucht. Wenn man eine Stahlplatte, die ein Loch hat, mit Elektronen beschießt, gehen sie durch wie konventionelle Geschosse, sind also offenbar Teilchen. Besitzt die Stahlplatte jedoch statt des Lochs drei Schlitze, geht das Elektron hindurch wie eine Wasserwelle durch einen Holzzaun, und folglich muss es sich um eine Welle handeln. Die Physiker taten sich anfangs schwer, die Doppelnatur des Elektrons zu akzeptieren, aber irgendwann wurde es normal, dieses seltsame Verhalten so auszulegen.

Wir können das Verhalten der Elektronen als Metapher auffassen, die besagt, dass jeder Mensch einen Teilchenzustand hat (den Körper) und außerdem einen Feldzustand (den wir als »Energiekörper« bezeichnen). Ihr Energiekörper gehört zum Quantenfeld, mit dem die gesamte Wirklichkeit verflochten ist, auch der Stuhl, auf dem Sie sitzen, die Luft, die Sie im Austausch mit den Pflanzen ein- und ausatmen, das Land und das Meer, die Libellen, die Elefanten, der Himmel und die Sterne. Bei der Trennung, die Sie zwischen sich und allem anderen empfinden, handelt es sich um eine Vorspiegelung des denkenden Verstandes.

Bei der Praxis des schamanischen Heilens gehen Sie mit

inneren und äußeren Energien um und heben Ihren Energiekörper damit auf eine höhere Stufe. Dieses Energiefeld ist mit Weisheit gleichsam getränkt, und das bedeutet, dass sich alles, was ringsum geschieht, auf die inneren Vorgänge auswirkt und dass alle inneren Vorgänge Ihren Körper und die Geschehnisse in der Welt beeinflussen: Mit Ihrer inneren Schwingung erschaffen Sie im Außen etwas.

Alle Lebewesen besitzen ein Nervensystem und sind von einem Energiefeld umgeben, einem von Elektronen auf ihrem Weg entlang der Nerven erzeugten elektromagnetischen Feld. Dieses Feld steht in Wechselwirkung mit dem Quantenfeld des Kosmos. Aber was ist dieses Feld, mit dem wir verwoben sind? Die Sprache der Physik gibt uns eine konkrete Vorstellung von dem, was bisher mit eher esoterischen Begriffen umschrieben wurde. Die Buddhisten sprechen von »Leerheit« oder »Leere«, die europäischen Mystiker von einem »Äther«. Für viele westliche Menschen wirkt das von den Physikern beschriebene Quantenfeld nicht gar so weit weg und irgendwie realer als die Vorstellung von einer Leere, einem Äther oder dem universalen Bewusstsein. Schamanen würden hier jedoch ergänzen, dieses Feld sei nicht nur Energie, sondern Bewusstsein, das Bewusstsein des Geistes, und dessen prägende Eigenschaften sind Liebe und Weisheit.

Wie man mit unsichtbaren Feldern umgeht

95 Prozent der Realität spielen sich in der unsichtbaren Welt der Energie ab und sind unseren Blicken entzogen. Wir Menschen können nur ungefähr 1 Prozent des gesamten Lichts wahrnehmen. An die 95 Prozent der Gesamtmasse des Universums

sind nach Auskunft der Wissenschaftler sogenannte dunkle Materie, die weder Licht noch Energie abstrahlt, aber trotzdem vorhanden ist.

Die Autorität der Schamanin leitet sich von ihrer persönlichen Erfahrung mit dem Unsichtbaren ab. Sie kennt den Weg zum unsichtbaren Reich des Geistes und zurück; sie weiß, wie sie mit dem umgeht, was sie da vorfindet, und wie sie es beeinflussen kann. Sie erlangt Meisterschaft in beiden Welten, der Welt der Form und der Welt der Formlosigkeit, der Welt der Materie und der Welt der Energie. Schamanen durchmessen diesen Zwischenraum vom Sichtbaren hinüber ins Unsichtbare, und so können sie den Wandel in die stoffliche Welt tragen, sie können Einzelnen und Gemeinschaften zur Heilung verhelfen, sie unterstützen die Geburt neuen Lebens, begleiten die Alten beim Sterben und verschaffen neuen Ideen Zugang.

Die Wissenden Amerikas und der Himalajaregion waren einst Meister im Umgang mit dem Feld, sie kannten die Wege im Reich des Unsichtbaren. Zwar konnten sie diese Welt weder exakt vermessen noch genau vorhersagen, was da geschehen würde, aber wenn dort nicht alles so lief, wie es nach ihrer Einschätzung sollte, hieß das nicht, dass sie diese Welt nicht wahrnehmen oder erleben konnten. Wie die dunkle Materie der Kosmologen fügt sich die unsichtbare Welt nicht unbedingt den Erwartungen oder Bedürfnissen der Forscher. Aber die Wissenden vermochten die unsichtbaren Bereiche doch abzuschreiten und fanden den Weg über den Tod hinaus ins Unendliche und zur letzten Bestimmung der Seele.

Dazu mussten sie eine ganz einzigartige Form der Wahrnehmung erlernen, das schamanische Sehen, das in der Andensprache »Kawak« genannt wird und »Seher*in« oder »sehen« bedeutet. Wir wissen durch die von Werner Heisenberg aufgestellte sogenannte Unschärferelation, dass die Position eines Teilchens durch den Betrachter beeinflusst wird. Auch ein Kawak ist ein Beobachter, der die stoffliche Realität beeinflusst. Je mehr Macht die Schamanin besitzt, desto leichter kann sie etwas Vorgestelltes in die reale Form überführen, etwa die Heilung Einzelner oder ganzer Gemeinschaften. Kawaks wissen um die dynamische Natur der Wirklichkeit und arbeiten bewusst damit, um Veränderungen zu bewirken. Manche nutzen dabei heilige Pflanzen, um ihr Bewusstsein so zu verändern, dass ihre Kawak-Fähigkeiten erwachen. Aber je mehr jemand schamanisch arbeitet, desto leichter fällt ihr oder ihm die Umstellung ohne Unterstützung durch die Pflanzen, die Mutter Erde bereithält, damit wir, ihre Kinder, uns leichter mit ihr verständigen können.

Während die abendländische (jüdisch-christliche) Religiosität viel mit dem Beten zu tun hat und die Spiritualität des Ostens überwiegend durch kontemplative Praktiken geprägt ist, geht es im Schamanismus um den aktiven Umgang mit den Kräften der Natur; und dazu gehört auch der direkte Austausch mit den Energiefeldern des Lebens, der auf ihre Veränderung abzielt.

Die Chakren oder »Räder des Lebens«

Als »Chakren« bezeichnen wir bestimmte feinstoffliche Zentren im Energiefeld des Körpers. Über die hinduistische und tibetische Tradition sind heute viele mit den Chakren vertraut, aber sie sind eigentlich universaler Natur: Jede schamanische Kultur kennt diese Energiezentren – wie Mathematik etwas Universales ist, obwohl es die Araber waren, die auf die Vorstellung der Null stießen und die Algebra begründeten. Die Chakren werden als wirbelnde Energieräder gesehen (Sanskrit *cakrá* [Rad, Kreis]), als magische Zentren, durch die der Körper Lebenskraft aus der Natur aufnimmt, »Chi« oder »Prana« genannt.

Die Chakren verbinden die Zellen und Gewebe des Körpers mit unserem persönlichen Energiefeld und dem Quantenfeld. Sie transformieren Biophotonen, die Informationen aus dem Quantenfeld enthalten, in elektrische und hormonelle Signale, die unsere Gesundheit und unser Wohlbefinden wesentlich mitbestimmen. Diese Informationen stammen von den Wäldern und Meeren, den Wüsten und Canyons, kommen aber auch von der Sonne. Tatsächlich stammt ja letztlich alle Energie, die unser Körper aufnimmt, von der Sonne. Wenn wir abends am Lagerfeuer sitzen, sind die Flammen Ausdruck der Energie, die beim Weg der Erde um die Sonne im Holz gespeichert wurde und jetzt wieder freigesetzt wird. Das Licht, das durch unsere Chakren eintritt, ernährt und informiert uns. Durch diese Energiezentren teilt sich uns der Gesundheitszustand unseres lokalen Ökosystems mit, das ja auch unsere Gesundheit mitbestimmt. Wenn die Erde ringsum krank ist, empfangen wir die Signale ihrer Leiden.

Ein geklärtes Chakra leuchtet in einer der sieben Farben des Regenbogens. Die Chakren unterliegen jedoch dem Einfluss unserer psychischen Verfassung, und das gilt insbesondere für Traumata. Durch psychisch verletzende tiefgreifende Ereignisse werden unsere Chakren matt und trüb, und dann kann uns die ganze Welt dunkel erscheinen. Mut und Kreativität stehen uns längst nicht mehr uneingeschränkt zur Verfügung, sodass wir in den Überlebensmodus schalten und überall Bedrohungen sehen und von Problemen verfolgt werden, statt uns Lösungen zu erträumen. Haben die Chakren durch Psychotraumata Schaden genommen, wird unser Fühlen von den primitiven Anteilen unseres Gehirns beherrscht, für die es überwiegend um

Nahrungsaufnahme, Vermehrung und Kampf oder Flucht geht. Uns fehlt die Kraft, aus dieser Scheuklappensicht der Dinge auszubrechen. Wenn wir die Chakren »entgiften«, kann das wie ein Befreiungsschlag sein, der uns wieder für unsere höheren Anlagen aufgeschlossen macht. Der Schamanin fällt deshalb die Aufgabe zu, die Chakren so weit wie möglich zu reinigen und ihnen die reine, lichtvolle Energie des Geistes mitzuteilen.

Wie unsere Chakren Information speichern

Die schamanischen Traditionen Amerikas lassen gemeinsame Wurzeln mit denen der Himalajaregion erkennen, und so überrascht es uns nicht, dass sie auch in ihren Beschreibungen der energetischen Landschaft Übereinstimmungen zeigen. Die Tibeter kennen fünf Chakren, und das ist auch bei den Anden-Schamanen so, die fünf Energiesysteme des Körpers benennen. In der hinduistischen Tradition werden sieben Chakren beschrieben, und da dieses System am besten bekannt ist, werden wir in diesem Buch damit arbeiten. Das Sieben-Chakra-System stimmt mit Gegebenheiten unseres Körpers überein und entspricht sieben wichtigen Hormondrüsen und Nervengeflechten. Die Chakren sitzen da, wo endokrine Drüsen und Nervengeflechte zusammentreffen, wo also Nervensystem und Hormonsystem sich begegnen.

Wenn Sie mit einem Chakra arbeiten, beeinflussen Sie direkt die beiden zugehörigen Kommunikationssysteme des Körpers. Im Nervensystem bewirken elektrische Impulse die Signalübertragung, das heißt die Weiterleitung von Information, während das Hormonsystem mit chemischen Botenstoffen arbeitet. Man kann sich das System der elektrischen Signalübertragung als etwas Digitales vorstellen, weil die Kommunikation mit Lichtgeschwindigkeit vonstattengeht, demgegenüber geschieht die chemische Signalübertragung analog, weil sie vergleichsweise sehr langsam vor sich geht.

Die Weisen der Frühzeit kannten die Anatomie des Chakra-Systems nicht. Sie konnten nur den Wirbel oder das Rad beschreiben, das sie gerade wahrnahmen. Ein Chakra war für sie etwas wie ein Organ, das für den Energiekörper eine Schlüsselfunktion besaß.

Ich denke mir ein Chakra als eine Art Festplatte, die Information speichert – die Lebensgeschichte eines Menschen. Die Erinnerungen an alle Traumen und Tragödien und alle Einzelheiten uns zugefügter Schmerzen, all die emotional hochgeladenen Ereignisse unseres Lebens sind in einem Chakra verzeichnet. Wenn Sie auf der Festplatte Ihres Computers schon mal auf Dateien gestoßen sind, die Sie gelöscht zu haben glaubten, können Sie sich vielleicht vorstellen, wie tief sich manche Erinnerungen einem Ihrer Energieräder aufprägen. Jedes Chakra hat ein Thema und ist einem Abschnitt Ihres Lebens zugeordnet. Die Geschichten Ihrer ersten sieben Jahre finden sich im ersten Chakra, die der zweiten sieben Jahre im zweiten und so weiter bis hinauf zum Scheitelpunkt des Kopfes. Wenn wir diese Höhe erreicht haben, besitzen wir spirituelle Reife.

Die Chakren enthalten auch die Codes des uns bestimmten Schicksals, in dem bereits unsere künftige Gesundheit, unser Glück, unsere Sinnsuche und schließlich unsere Vereinigung mit dem Göttlichen vorgezeichnet sind. Dieses Schicksal wird modifiziert durch unsere genetische Ausstattung, unsere Erziehung und unsere Erlebnisse, und wir können uns von ihm befreien, wenn wir uns darauf einlassen, unsere Energiezentren gründlich zu reinigen, indem wir unsere Chakren immer wieder aufeinander abstimmen und mit dem Rad der Weisheit arbeiten.

Das System der sieben Chakren

Das erste Chakra, auch als »Wurzel-Chakra« bezeichnet, hat seinen Sitz am unteren Ende der Wirbelsäule. Hier ist in gewisser Weise Ihre körperliche Gesundheit vorgezeichnet, und hier sitzt auch Ihre Kraft, sich gegen Krankheit und Altersgebrechen zu behaupten. Hier können Sie die Statistik über Ihre wahrscheinliche Todesursache widerlegen.

In diesem Chakra ist die Schlange zu Hause. Ihr sind die Gabe des Heilens und die Kundalini, die Kraft der Leidenschaft, zugeordnet.

Das zweite Chakra befindet sich zwei Finger breit unterhalb des Nabels über dem Schambein. Es wird auch als »Sakral-Chakra« bezeichnet und enthält den Code Ihres emotionalen Schicksals. Hier sitzt die Kraft, das Leben zu nehmen, wie es ist, Intimität zu erleben und sich für Emotionen und Empfindungen zu öffnen, die außerhalb dessen liegen, was von Ihrer Familie gutgeheißen wurde. Dieses Chakra kann eine gewisse Anfälligkeit für chronische Erschöpfung, Energiemangel, Hilflosigkeit und Hoffnungslosigkeit mit sich bringen. Es ist der Sitz des Jaguars und seiner Medizin der Unsterblichkeit und Angstfreiheit.

Das dritte Chakra liegt im Bereich des Solarplexus oder Sonnengeflechts. Sein Schicksalsaspekt liegt darin, dass Sie Ihr eigentliches Lebenswerk eher im Tun suchen als in dem, was Sie sind und werden können. Wenn Sie sich davon nicht lösen, werden Sie einen sehr langen Weg zurücklegen müssen, um Ihren Lebensauftrag und Lebenszweck zu finden. In diesem Chakra ist also Ihre berufliche Bestimmung angelegt: wie Sie Ihre Arbeit finden und nicht nur einen Job, der Ihnen die nötigen Geldmittel für alle anfallenden Kosten verschafft.

Das Solarplexus-Chakra ist der Sitz des Kolibris und seiner Medizin der Regungslosigkeit im Flug: bei dem zu sein, was gerade geschieht, statt sich abzulenken und in nutzlosem Tun zu verzetteln.

Das vierte Chakra befindet sich in der Gegend des Herzens. Es birgt das Schicksal Ihrer Erfahrung Gottes beziehungsweise des Göttlichen. Das heilige Herz und die grenzenlose Liebe der Schöpfung haben hier ihren Ort. Es ist auch das Zentrum der mystischen Offenbarung und reinen Inspiration, wo Sie ein leeres Gefäß für die Liebe und Weisheit des Geistes werden.

Das Herz-Chakra ist das Zuhause des Adlers und seiner Medizin der klaren und scharfen Wahrnehmung Ihrer unendlichen Bestimmung, die weit über das ererbte Schicksal hinausgeht.

Das fünfte Chakra liegt in der Halsgrube. Hier haben Sie die Möglichkeit, sich von alten Stimmen zu lösen, und das gilt auch für die Stimmen von Lehrern, von denen Sie wertvolle Anleitung bekommen haben. Sie besinnen sich auf Ihre Anlage, sich auf neue Art authentisch und verständlich mitzuteilen. Das ist entscheidend wichtig, um auf dieser neuen Stufe der menschlichen Evolution in Ihre wahre Bestimmung hineinzufinden.

Das sechste Chakra findet sich in der Stirnmitte zwischen den Augen. Es wird häufig als das »Dritte Auge« bezeichnet. Hier erleben Sie Ihre Verbundenheit mit dem Quantenfeld als wechselseitige Beziehung, die Sie in den Schöpfungsprozess einbindet.

Das siebte Chakra, auch »Kronen-Chakra« genannt, befindet sich am Scheitelpunkt des Kopfes und ist der Sitz des reinen Seins und der reinen Glückseligkeit, weil hier die Verbindungsstelle zu Ihrer göttlichen Bestimmung und dem großen Mysterium liegt. Das Kronen-Chakra ist das Reich des reinen Geistes, und hier können Sie alle einengenden Vorstellungen von sich selbst ablegen und die Leere erfahren, in der Sie Ihre Ich-

Person ablegen und sich als eins mit dem Quantenfeld erleben. Jetzt droht Ihnen nicht mehr das Schicksal eines Lebens, in dem Sie den Wald vor lauter Bäumen nicht sehen oder nicht merken, dass die Handschrift des Geistes überall zu erkennen ist. Es bleibt Ihnen erspart, den Rest Ihres Lebens als Vertriebener zu verbringen, ohne die Hoffnung auf Erlösung, auf Rückkehr ins Paradies.

Die Chakren enthalten das Schicksal, das unsere Vorfahren und unsere frühen Traumatisierungen uns »aussuchen«. Sie bergen auch unsere unbewussten Glaubenssätze über das Leben und die Welt, die sich dann unweigerlich als wahr erweisen. Das Problem liegt nicht bei den Chakren selbst, die ja einfach nur »Hardware« innerhalb des Energiekörpers sind, sondern bei der Software, das heißt bei den einprogrammierten Anweisungen. Sobald wir die »Version 2.0« der »menschlichen Software« aufspielen, können wir die erstaunlichen Kräfte der Chakren für uns nutzbar machen. Nach dem Upgrade lassen sie uns erkennen, wie wir unseren Job zu unserem Lebenswerk ausbauen oder unser Lebenswerk unabhängig von unserem Job aufnehmen können. Jetzt haben wir die Möglichkeit, Liebe und Nähe auf der Basis von Vertrauen zu finden; und wenn das alte Schicksal einmal überschrieben ist, durchschauen wir die Voreingenommenheit und die Dogmen, die unsere Erziehung uns mitgegeben haben und die vielleicht einen Widerwillen gegenüber allem Mystischen und Spirituellen bedingen. Nach diesem Durchschauen kann es zu authentischen Erfahrungen des Göttlichen kommen.

In späteren Kapiteln werden Sie erfahren, wie Sie Ihr in den einzelnen Chakren bewahrtes Schicksal in einem heiligen Feuer verbrennen können, um von da an Ihrer Bestimmung und Berufung zur Verfügung zu stehen. Bevor Sie jedoch die mit den einzelnen Chakren verbundenen Schicksale in Flammen aufgehen lassen, müssen Sie sicherstellen, dass sich diese Energieräder richtig drehen, und sie neu ausrichten, falls das nicht der Fall ist. So lassen sich neuere und eher oberflächliche Ablagerungen leichter entfernen. Wenn die Chakren gereinigt und ausbalanciert sind und Sie sich dann auch noch gesünder ernähren und mehr in der freien Natur aufhalten, haben Sie weniger Mühe beim Upgrade Ihres Energiekörpers und können kraftvolle Heilenergien aufnehmen, die Ihre Gesundheit und Ihr Wohlbefinden schützen.

Die Chakren reinigen und ins Gleichgewicht bringen

Beim Reinigen und Ausbalancieren der Chakren werden psychische Altlasten beseitigt, Gefühle von Wut, Angst und Verzweiflung. Wir können die Chakren untereinander harmonisieren, ähnlich wie ein Klavierstimmer mit der Stimmgabel oder einem Frequenzmessgerät zunächst den Bezugston oder »Kammerton« (von 440 Hertz) lokalisiert und dann alle anderen Saiten danach stimmt. Wir beginnen mit dem Herz-Chakra, unserem energetischen Äquivalent des Kammertons. Und wie eine Tonleiter sieben Töne von bestimmter Frequenz umfasst, haben die sieben Chakren sieben Farben oder Frequenzen.

Das Herz ist der große Schlagzeuger des Körpers, es gibt den Rhythmus vor und stellt das harmonische Zusammenspiel der ganzen Band sicher. Deshalb stimmen wir die Chakren nach dem Herz-Chakra. Wir nehmen auch das Herz von Mutter Erde als Bezugspunkt, damit wir mit ihr im Einklang sind. Im Osten sagt man, die heilige Silbe OM sei der Herzschlag der Erde. Wenn Sie Ihre Chakren stimmen möchten, ist es nützlich, tief einzuatmen und ein langgezogenes »Om« zu summen. Sie können sich auch vorstellen, dass Sie den Herzschlag von Mutter Erde hören oder fühlen.

Zum Stimmen des Herz-Chakras öffnet die Schamanin zuerst ihr Wiracocha (dieses Quechua-Wort bedeutet »Quelle des Heiligen« oder »höchste Gottheit«). Es handelt sich um ein Energiezentrum oberhalb des Scheitels, das weltweit in vielen Kulturen als eine Art Heiligenschein oder Aura um den Kopf abgebildet wird. Bei einer Meister-Schamanin strahlt das Wiracocha wie eine Sonne, die sie in ihr Licht und ihre Weisheit taucht. Das Wiracocha entspricht dem, was die Europäer als »Seele« bezeichnen. Durch innere Konflikte und nicht geheilte Traumata kann das Licht des Wiracocha gedämpft sein, aber es selbst bleibt immer rein und klar – ähnlich wie die Wolken das Licht der Sonne dämpfen können, während sie selbst immer strahlend bleibt.

Wenn wir sterben und unseren Körper zurücklassen, bleibt unser Wiracocha erhalten, unser von Zellen, Organen und Geweben befreiter Energiekörper. Und wie wir mit unserem stofflichen Körper in der mittleren Welt unserer Alltagserfahrung leben und uns bewegen können, gibt uns das Wiracocha die Möglichkeit, die untere und die obere Welt zu bereisen.

Sie müssen aber nicht erst sterben, um das Dasein in Ihrem Wiracocha zu erleben; denn Sie sind Ihr Wiracocha, das den physischen Köper angelegt und hervorgebracht hat, den Sie in diesem Leben bewohnen. Auch im Traum erleben Sie Ihr Wiracocha, denn es ist das, was träumt. Es unternimmt Geistreisen, bei denen es sich um außerkörperliche Erfahrungen handelt, die uns aus den schamanischen Überlieferungen bekannt sind. Berichte von Schamanen, die ihren Körper vorübergehend verlassen, um sich in andere Bereiche aufzumachen und vielleicht sogar eine andere Gestalt anzunehmen, erzählen eigentlich vom Wiracocha, das zu »Astralreisen« in der Lage ist.

Das Wiracocha gibt es in vielen Welten, die sich wie Kreise überschneiden. Auf der einen Seite haben wir die materielle Welt der Teilchen, des Körpers und des Gehirns. Auf der anderen liegt das Quantenfeld. Ich stelle mir das Wiracocha als das Gleichheitszeichen in Einsteins berühmter Formel $E = mc^2$ vor, die Energie und Materie zueinander in Beziehung setzt. Solange wir leben, erstreckt sich das Wiracocha auch hinunter in die Erde wie die Wurzeln eines Baums, sodass wir den Puls der Mutter spüren können. Die Schamanin lässt sich wie ein Neugeborenes, das auf der Brust der Mutter liegt und ihren beruhigenden Herzschlag hört, von Mutter Erde und ihrem Energiekörper halten, sodass auch ihr eigenes Herz nach diesem Rhythmus zu schlagen beginnt. Diese Einstimmung erzeugt eine nicht mehr trennbare Verbindung mit der Natur, da wir stets von der Mutter gehalten werden. Auf dem Parkplatz, im dicht gedrängten Einkaufszentrum oder am Flussufer im Amazonas-Regenwald – wir sind immer eins mit der Mutter und der Natur.

Die Natur hält das Wiracocha im Gleichgewicht, das dann wiederum für die Gesundheit des physischen Körpers sorgt. Wie Sie sich erinnern, senden die Chakren Signale an das Hormon- und das Nervensystem, die beiden großen Kommunikationsnetzwerke des Körpers. Eine Schamanin stärkt ihren Körper, indem sie die Chakren miteinander harmonisiert und mit reinem Chi aus der Natur versorgt. Der stoffliche Körper braucht stoffliche Nahrung, aber für den Energiekörper ist Chi als Grundnahrungsmittel erforderlich. Chi gelangt in unsere Chakren, und von da aus kann es den Körper über das Nervensystem und die Hormone auf der Zellebene im Gleichgewicht halten. Ich stelle mir das Chi gern als die Milch unserer Mutter Erde vor, die uns ein Leben lag ernährt und erhält, vor allem in den späteren Jahren.

Übung: Die Chakren testen, harmonisieren und reinigen

So gehen Sie vor, um das Chakra-System ins Gleichgewicht zu bringen: Sie stellen sich hin und legen die linke Hand auf das untere Ende Ihrer Wirbelsäule, während Sie die rechte Hand vor den Körper halten, um das erste Chakra zu fühlen oder zu spüren. Sie werden wahrnehmen, wie es sich langsam im Uhrzeigersinn dreht. Halten Sie sich dabei bewusst, dass diese trichterähnlichen Energiezentren nicht exakt lokalisiert sind. Ein Chakra ist beweglich wie ein kleiner Wirbelwind, der ein paar Zentimeter über den Körper hinausreicht, während das schmale Ende des Trichters immer an seiner Stelle bei einer Hormondrüse oder einem Nervengeflecht entlang der Wirbelsäule bleibt.

Jetzt wird das erste Chakra rückgespült. Lassen Sie es in Ihrer Vorstellung entgegen dem Uhrzeigersinn wirbeln, sodass alle anhaftenden Energien fortgeschleudert werden. Für mich fühlt sich das so an, als würden Spinnweben oder so etwas wie Zuckerwatte aus dem Korpus des Chakras entfernt. Gelegentlich stößt man dabei auf alte Traumata, die beispielsweise durch ein Messer oder einen Pfeil symbolisiert sein können – das sind Hinweise auf eine Verletzung oder einen Verrat. Halten Sie sich bewusst, dass Sie hier in einer Welt der Symbole sind, nicht in dem Bereich, den Sie als stoffliche Realität ansehen. Entfernen Sie alles, was nicht zu diesem Chakra gehört, und schnipsen Sie es weg – nur Energie gehört dorthin, sonst nichts.

Jetzt beklopfen Sie Ihr erstes Chakra und drehen es mit den Fingern im Uhrzeigersinn an. Es wird sich selbst auf Ihren Herzschlag abstimmen, den Sie wiederum durch Wiederholung der Silbe OM oder durch die Vorstellung, eine Pfahlwurzel in den Leib von Mutter Erde zu senken, mit dem Puls der Erde harmonisieren.

Wiederholen Sie das bei jedem der übrigen Chakren bis hinauf zum Kronen-Chakra. Wenn Sie fertig sind, überprüfen Sie mit der ein wenig vor das jeweilige Energiezentrum gehaltenen Hand, dass es sich gleichmäßig im Uhrzeigersinn dreht.

Falls Sie eine solche Reinigung und Neuabstimmung bei einem Angehörigen oder Klienten vornehmen möchten, müssen Sie zunächst die Erlaubnis des/der Betreffenden einholen. Sollte das nicht auf direktem Wege möglich sein, etwa weil die Person im Koma liegt oder mit einem schweren Verwirrungszustand zu kämpfen hat oder einfach aufgrund der physischen Entfernung keine Kommunikation möglich ist, können Sie diesen Menschen einfach direkt vor oder neben sich visualisieren und mit der folgenden Frage zu ermitteln versuchen, wie die Antwort lautet: »Ist das jetzt der richtige Augenblick für ein Chakra-Tuning bei (Name)?«

Wir im Westen sind es nicht unbedingt gewohnt, uns gedanklich mit dem Energiekörper und seinen Wechselwirkungen mit dem Quantenfeld zu befassen. Bevor wir dazu im Zusammenhang mit den Feuerzeremonien im zweiten Teil dieses Buchs kommen, müssen Sie noch mit einer weiteren Art von Energie Bekanntschaft schließen. Ich meine die des Göttlich-Weiblichen, die in der westlichen Psyche schon viel zu lange keine Rolle mehr spielt, sodass keine Harmonie mehr möglich ist.

3

Das Göttlich-Weibliche zurückholen

Ein paar Minuten nach dem Frühstück traf ich mich mit Joan Halifax. Ich hatte sie schon jahrelang nicht mehr gesehen, aber sie war noch genauso strahlend, unerschrocken und nicht zu bändigen, wie ich sie kannte. Schon immer hatten mich die Worte berührt, die sie in ihrem Buch The Fruitful Darkness *verwendet: »Manche von uns fühlen sich von den Bergen angezogen, wie der Zug des Mondes die Gezeiten hervorruft. Die großen Wälder und die Berge leben einfach in meinen Knochen. Sie unterweisen mich, sie machen mich bescheiden, sie reinigen mich, sie verändern mich.«*[1]

Joan reitet mit 75 immer noch durch diese Berge, hat jedoch bereits beschlossen, dass es ihre letzte Reise durch das wilde Mustang sein wird. »Einfach ein paar Freunde, die auf den Spuren von Guru Rinpoche eine medizinische Expedition unternehmen«, so drückte sie das aus.

Joan führte uns vom Speiseraum des Gasthauses hinaus auf die Hauptstraße von Kagbeni und kündigte einen Kilometer Fußmarsch bis zum Ortsrand an, wo uns Amchi Tenjing Bista mit Pferden aus Mustang erwarten würde. Als wir den Ortsrand erreichten und am Ufer der Kali Gandaki standen, stellte ich mich auf den Kälteschock beim Überqueren ein. Der Fluss ist hier an dieser Stelle nicht mehr als 20 Zentimeter tief. Drüben angekommen, standen wir jedoch vor einem noch größeren Problem als nur nassen Socken und Hosen. Es waren keine Pferde und kein Amchi Bista zu sehen. Wir warteten ein wenig und spähten in die Ferne, und schließlich war es klar, dass wir uns an diesem Tag anderweitig beschäftigen mussten.

Joan deutete auf eine Stelle auf halber Höhe eines rechts von uns gelegenen Berges. »Da oben gibt es ein Bön-Kloster. Im Hof können wir uns da sicher für die Nacht einrichten. Ich denke, dass die Pferde morgen früh da sein werden.« Ich konnte ihre Zuversicht nicht so ganz teilen, fand es aber ratsam, darauf zu vertrauen, dass sich die Dinge schon ohne Anstrengungen unsererseits finden würden.

Wir befanden uns bereits in ungefähr 3000 Metern Höhe, und das Kloster lag nach meiner Einschätzung weitere 500 Höhenmeter über uns. Ich atmete ein paarmal tief durch. Man musste die Schritte hier langsam setzen, wenn man wie ich noch nicht an die Höhe gewöhnt war.

Stunden später erreichten wir auf steilen Bergpfaden keuchend und verschwitzt unser Ziel. Joan erklärte, die heruntergekommenen Lehmbauten, die wir vor uns hatten, gehörten zu einem Kloster der Bön-Religion, jener uralten schamanischen Tradition Tibets, und es sei das letzte, das es in dieser Region noch gab. Erst 1977 hatte der Dalai Lama das Bön als eine legitime Schule des Buddhismus anerkannt. Im 7. und 8. Jahrhundert waren die Anhänger dieser Religion von Buddhisten verfolgt worden. Viele waren damals in die Mongolei und nach China geflohen.

Irgendwann mögen hier einmal Mönche und Nonnen

gelebt haben, aber das Bön war nie gut betucht. Jetzt beginnen die Mauern aus Stein und Lehm hier und da zu bröckeln, und in einiger Entfernung standen noch ein paar verlassene Hütten. Das Ganze war in einem so jämmerlichen Zustand, dass sich hier nach meiner Einschätzung kein Leben mehr abspielen konnte, aber Joan sagte, das Kloster sei noch aktiv.

Die künstlerische Gestaltung der Gebäude ist atemberaubend, erschreckend und von außergewöhnlichem Zauber. Die Abbildungen von Sipe Gyalmo an den Wänden der Meditationshalle haben eine ausgesprochen wilde Ausstrahlung. Sie sitzt seitwärts auf einem schreienden Esel und stürmt mit bis zur Taille hängenden Brüsten die Flanke eines flammenden Berges hinunter, das Schwert gezückt, um damit Köpfe abzuschlagen, in der anderen Hand das Gehirn eines Anhängers.

»Donnerkeil!«, dachte ich. »Das ist mir mal eine wirklich eindrucksvolle Darstellung des heiligen Weiblichen …!«

Im Bön wird die große Muttergottheit verehrt, die sowohl eine machtvolle Beschützerin als auch eine gnadenlose Zerstörerin ist. Ihre bildlichen Darstellungen und das, was von ihr erzählt wird, erinnern mich an die Geschichten der Amazonas-Schamanen über die Jaguarin als Schutzmacht, die uns lehrt, Tod und Zerstörung nicht zu fürchten, da sie einfach zum Zyklus des Lebens gehören. Die Jaguarin gleitet furchtlos ins Wasser des Amazonas und nutzt gekonnt seine Strömung. Sie schützt ihre Jungen und tötet für sie, ohne zu zögern.

In der schamanischen Tradition der Anden trägt das ordnende Prinzip des Universums den Namen »Illa Tici Wiracocha«: »Die überall und in allem ist«. Aber irgendwie mussten Vater Sonne und Mutter Erde dem Vater und dem Sohn im

Glauben der Eroberer Amerikas weichen. Überall auf der Welt kann man beobachten, wie sich die Kraft des Weiblichen in Geschichten von männlichen Göttern dienenden Göttinnen verliert. Sie müssen oft ins zweite oder dritte Glied zurücktreten. Könnte das mit dem Geschlecht der Bewahrer dieser Geschichten zu tun haben?

Angesichts einer solchen Leitmythologie ist es nicht verwunderlich, dass wir Mutter und Vater, das Männliche und das Weibliche, nicht mehr in gleicher Weise ehren.

Widersprüche

Die Bön-Gottheit Sipe Gyalmo – ihr Name bedeutet wörtlich »Königin des Universums« – ist eine wild entschlossene, dabei aber auch weise und mitfühlende Beschützerin, die ihre Kräfte denen leiht, die sie ehren. Das Göttlich-Weibliche hat viele Gesichter, doch da die Göttin fast überall auf der Welt in die Unsichtbarkeit abgedrängt wurde, haben wir nur noch vage Vorstellungen vom Ausmaß ihrer Kräfte. Was ich von den Konquistadoren erzählt habe – dass sie die Heilerinnen verschonten, damit sie die kranken oder verwundeten Europäer versorgten –, gab es auch anderswo. Solange die Medizinfrauen erkennen ließen, dass sie ihren Platz im Machtgefüge richtig einschätzten, ließ man zu, dass es ihnen in bescheidenem Umfang gut ging. Aber wenn etwas von ihrer grimmigen Entschlossenheit sichtbar wurde oder sie mehr Weisheit zeigten als die Machthaber oder gar gegen deren Regeln aufbegehrten, mussten sie in der Regel teuer dafür bezahlen. Wir kennen das von Europa, wo viele Frauen zur Zeit der Inquisition als Hexen verfolgt und oft gefoltert und getötet wurden – weil sie den alten Traditionen folgten, die den weiblichen Aspekt der göttlichen Kraft verehrten. Die Herabsetzung der Frauen zugunsten der Männer ist heute noch zu spüren, ein Überbleibsel der alten patriarchalischen Mythen, die unsere Wahrnehmung bis dato prägen und die wir nicht einmal mehr bemerken.

Mutter Erde und Vater Himmel führen nicht von Natur aus Krieg gegeneinander. Wahre Meisterschaft und Weisheit setzen voraus, dass sie wieder vereint werden.

Neue Mythen

In diesem Buch werden Sie den Umgang mit dem Weisheitsrad und seinen vier Himmelsrichtungen erlernen, die alle mit einem archetypischen Tier und einem Initiationsweg assoziiert sind – eine Art Landkarte, die für die Andenregion typisch ist. Das Rad insgesamt ist ein Weg der Heilung und Transformation, der uns mit der Hilfe von Mutter Erde gelingen kann. Sie ist die liebevolle Beschützerin, verlangt uns aber auch alles ab, was wir in uns mobilisieren können. Manchmal werden Sie sich von ihr getragen und umsorgt fühlen. Während Sie zu anderen Zeiten über ihr wildes Brüllen erschrecken und die ganze Wucht ihrer Kraft schier nicht ertragen. Transformation ist keineswegs immer mild und kinderleicht.

Wie bereits erwähnt, werden Sie sich vier Weisheitsabenteuern aussetzen müssen, um den genannten vier Arten des Schicksals zu entgehen und in den Genuss ihrer Gaben zu kommen. Dabei handelt es sich um neue Wendungen Ihres Geschicks, die vom Rad der Weisheit und seinen vier Himmelsrichtungen ausgehen können: von der Schlange im Süden, dem Jaguar im Westen, dem Kolibri im Norden und dem Adler im Osten. Sie werden hier Dinge lernen, durch die Sie leichter verstehen, wie man in sich die Meisterschaft erweckt, die einem die Evolution zum *Homo luminosus* ermöglicht. Um in den Genuss der neuen Schicksale zu kommen, müssen Sie sich mit ein paar neuen Mythen vertraut machen.

In der alten Zeit konnten sich die Medizinfrauen einer Lebensgemeinschaft Informationen aus dem Quantenfeld verschaffen, indem sie den Pflanzen zuhörten, die ihnen von ihren Heilkräften und deren Anwendung erzählten. Die Blüten und Kräuter boten ihr Wissen dar, und die Medizinfrauen bezeigten Mutter Erde im Gegenzug ihre Dankbarkeit und Achtung. Die Beziehung zwischen den Heilenden und der Erde war eine Beziehung der »Ayni« genannten ausgewogenen Gegenseitigkeit. Es ging um das Miteinander, nicht um Herrschaft.

Die Medizinfrauen wussten nicht nur, wie körperliche Gebrechen zu heilen waren, und ihr Wissen reichte so weit, dass es die Menschen der damaligen Zeit für besser hielten, es geheim zu halten, bis sicherere Zeiten anbrachen, in denen es wieder offen gelebt werden konnte. Wer Heilung suchte, konnte sich mit diesem Wissen nicht nur von krank machenden Einflüssen oder den Symptomen einer Krankheit befreien. Es gab ihnen vielmehr die Möglichkeit, sich einen neuen Körper wachsen zu lassen, der anders alterte, anders genas und anders starb – sofern er überhaupt starb. Man hatte darüber hinaus die Möglichkeit, sich von kollektiven Glaubenssätzen frei zu machen, die bekanntlich gern auf die Ideen und Gefühlsreaktionen der Menschen durchschlagen.

Bei der Arbeit mit dem Weisheitsrad und der Auseinandersetzung mit den Wurzeln unserer Beschränktheit kommen wir in die Lage, unser Geschick selbst zu bestimmen, das heißt, uns von unserem genetischen Erbe, unserer Furcht vor Tod und Verlust, unserer Ratlosigkeit im Hinblick auf die Frage nach dem uns bestimmten Lebenswerk und schließlich von unseren religiösen und wissenschaftlichen Dogmen zu befreien, die uns nicht erlauben, unsere eigenen spirituellen Erfahrungen zu sammeln. Diese überkommenen Mythen haben endlich ausgedient und können entsorgt werden.

Das Göttliche in und um uns

Vor Jahren fragte mein Lehrer Don Manuel Quispe mich einmal nach der Gottesvorstellung, die wir Westler haben. Wir hielten uns im peruanischen Moray auf und lagerten bei einem alten Tempel des Ackerbaus, der auch als Labor gedient hatte. Hier hatten die Inka ihre Weisheit und neue Maissorten erbrütet. Eben jetzt wollten wir zu unseren Autos zurück und kletterten einen steilen Hang hinauf. Mir fiel es schwer, mich bei dieser Anstrengung auch noch zu unterhalten; und so musste ich häufig stehen bleiben und in der Bergluft tief durchatmen, damit mir nicht schwindlig wurde. Don Manuel war nicht nur an diese Höhe gewöhnt, sondern auch trotz seines hohen Alters sehr trittsicher. Sein Verstand war scharf wie immer.

»Wo hält sich denn dieser Gott auf?«

»Im Himmel«, sagte ich.

»Also nicht hier auf der Erde?«

»Nein. Der Gott, von dem mir erzählt worden ist, hat sein Volk sich selbst überlassen und sie nur gelegentlich mit Überflutungen und anderen Naturkatastrophen bestraft, wenn sie nicht folgsam waren. Er hat aus der Ferne zugesehen. Wir Menschen haben die Aufgabe, ihm nachzueifern, nicht in seinem Zerstörungswerk, sondern als Hüter der Erde, die er geschaffen hatte. Allerdings haben wir das gleich zu Beginn im Garten Eden vermasselt …«

Don Manuel antwortete wie so oft mit beredtem Schweigen.

»Wir haben das mit dem Aufpassen auf die Erde nicht so richtig gut hingekriegt«, räumte ich ein. »Und das kommt uns jetzt teuer zu stehen.«

»Klingt so, als wäre euer Gott ganz schön mächtig«, sagte Don Manuel.

»O ja, allmächtig. Er kann alles.«

»Und doch kommt euer Teufel irgendwie immer durch mit seinen Gräueltaten, oder?«

Mir fielen dazu die Nonnen damals in der Sonntagsschule ein und wie ich mich nicht so recht traute, ihre Darstellungen in Zweifel zu ziehen. Manchmal gab es ziemlich vage Antworten, in denen vom großen Mysterium die Rede war, aber es konnte auch körperliche Strafen setzen; und so lernte ich, den Mund zu halten.

So gut ich mich erinnerte, versuchte ich, Don Manuel unsere Vorstellung von Sünde zu erklären und unsere Beziehung zu diesem allmächtigen Gott, der uns vom Himmel herunter zusah. »Uns wird beigebracht, Gott um Hilfe und Rettung zu bitten.«

»Ah ja. Aber dann ist euer Gott entweder nicht allmächtig oder einfach nicht gerecht, nicht fair. Schließlich lässt er ja zu, dass die Menschen leiden.«

Die Gestalt einer besonders autoritären Nonne blitzte vor meinem inneren Auge auf.

»Und was ist mit eurem Gott?«, fragte ich. »Wo ist er?«

»Wo ist *sie*?«, korrigierte er mich. Er deutete ringsum auf die erntebereiten Felder. Goldene Weizenähren und Maiskolben in der strahlenden Sonne auf über 3000 Meter Meereshöhe. Für einen Moment stand ich sprachlos da, inmitten all dieser Schönheit.

»Da ist sie«, sagte er mit einer ausgreifenden Handbewegung

den ganzen Horizont entlang und von den Bergen hinauf in den blauen Himmel mit seinen weißen Wolkenbäuschen, in der Ferne ein Kondor mit ausgebreiteten Schwingen.

»Wir nennen sie ›Pachamama‹, die göttliche Mutter. Der Geist manifestiert sich hier als Pachamama. Ihr Name bedeutet ›die Erde‹.« Er wandte sich mir zu und blickte mir mit durchdringendem Blick in die Augen.

»Ein Paradies«, sagte ich in geradezu ehrfürchtigem Staunen. »Das verlorene Paradies.«

Er sah mich fragend an.

»Nach dem biblischen Bericht wurden innerhalb von sechs Tagen Himmel und Erde und ihre Bewohner einschließlich des Menschen und ein Paradies auf der Erde erschaffen. Dann kam der siebte Tag, an dem Gott ruhte.«

»Und dann?«

Ich wusste nichts zu sagen.

»Wir glauben nicht, dass das Paradies verloren ging«, erklärte Don Manuel. »Wir glauben, dass sich Mutter Erde von uns die Vollendung der Schöpfung wünscht. Sie hat auch nicht eines Tages einfach aufgehört und sich ausgeruht. Sie sagte: ›Jetzt habe ich die Schmetterlinge und die Wale und die Adler gemacht. Sind die nicht wirklich schön? Jetzt macht ihr weiter.‹«

Ich dachte daran, wie viel Land weiter unten von Erschließungs- und Baumaßnahmen zerstört wurde, wie wir die Flüsse und die Luft verschmutzten. Wie rapide die Urwälder entlang des Amazonas verschwanden und wie die hier lebenden Menschen zunehmend von Unwettern geplagt waren, die früher nur sehr selten vorkamen. Hüter der Erde hätten wir sein sollen, aber unsere Alltagsgeschäfte und das Bedürfnis, uns als Herren aufzuspielen, hatten uns dabei einschlafen lassen. Pachamamas Mitschöpfer – haben wir wirklich das Zeug dazu?

»Gemeinsame Schöpfung«, sagte Don Manuel. »Sollen wir jetzt weitermachen damit?«

Nur mit der Weisheit des Göttlich-Weiblichen kann es uns gelingen, neue Wege des Zusammenlebens mit unserem Planeten und miteinander zu finden. Die Wiederherstellung einer harmonischen Beziehung zu uns selbst und der Erde, das Werk des Nordens, ist wichtiger denn je. Wir müssen dazu von alten Ideen und alten Verhaltensweisen lassen.

Die Realität des Wandels akzeptieren

Eine Veränderung, beispielsweise unseres Gesundheitszustands, begleitet von einer beunruhigenden Diagnose, kann uns völlig durcheinanderbringen. Auch das Scheitern unserer Ehe wirkt in aller Regel tief beunruhigend. Es kann ebenso vorkommen, dass wir morgens beim Aufwachen auf einmal nicht mehr wissen, was wir eigentlich glauben. Deshalb ist es so wichtig, die vier besprochenen Geschicke in Bestimmungen umzuwandeln und unser Energiefeld so umzubauen, dass es keine relative Wirklichkeit mehr projiziert und ins Werk setzt.

Unser Leben ist von rasanten Veränderungen geprägt, die uns die Orientierung erschweren. Da ist es kein Wunder, wenn wir bei alten Gewohnheiten bleiben möchten und weder umzudenken noch anders wahrzunehmen bereit sind. Das Alte passt uns wie ein bequem ausgetretenes Paar Schuhe. Doch Stagnation tut uns und der Menschheit insgesamt nicht gut.

Wenn wir uns entwickeln wollen, werden wir gegenstandslos und unerfreulich gewordene alte Geschichten ablegen müssen, die nur noch durch ihre Vertrautheit ein wenig Trost bieten – oder wie das englische Sprichwort sagt: »Der Teufel, den du kennst, ist dir lieber als einer, den du nicht kennst.« Wenn wir noch nicht wissen, wie unser nächster Schritt aussehen soll, überreden wir uns gern zu etwas, was schon einmal funktioniert hat – auch gegen das ungute Gefühl, einen Fehler zu machen. Viele würden das Alte ganz gern aufgeben, wenn ihnen irgendwer versichern könnte, dass es ihren Alltag nicht durcheinanderbringt (was natürlich oft der Fall sein wird). Wir müssen uns aber irgendwie von dem lösen, was uns lieb und wert ist, was uns stolz macht, was ein Gefühl von Zugehörigkeit bietet und von tröstlicher Vertrautheit ist. Von alldem müssen wir lassen und darauf vertrauen, dass etwas gleich Gutes oder noch Befriedigenderes seinen Platz einnehmen wird.

Wir besitzen ein paar Artefakte, Tonscherben und Legenden, die uns eine Vorstellung vom Stellenwert des heiligen Weiblichen in der Frühzeit des Menschen geben. Doch selbst ohne solche historischen Zeugnisse können wir über zeitlose Weisheitslehren Zugang bekommen und uns auf einen neuen Traum einstimmen, der aus den geheimnisvoll dunklen Wassern der Leere zu uns heraufsteigt. Und die Unterweisungen, auf die wir aus sind, können uns zuteilwerden, wenn wir bereit sind, die heilige Technologie der Göttin einzusetzen: das Rad der Weisheit.

Pachamamas Weisheitsrad

Nach der Tradition der Anden-Schamanen beschleunigt Mutter Erde oder Pachamama unsere Evolution dadurch, dass sie uns hilft, die Fesseln der Vergangenheit abzustreifen und uns von unseren Ängsten zu lösen – der Angst vor dem Tod des Körpers, aber auch dem Tod unserer vorgefassten Meinungen über das, was wir sind und was wir werden können. Pachamama verhilft uns zu Weisheit und lässt uns sehen – jetzt, wo wir dabei sind, alle beengenden Mythen und Glaubenssätze und alle Lehren von dem, was möglich ist und was nicht, hinter uns zu lassen –, dass unser Leben Teil eines umfassenderen Mythos ist. Unsere untrennbare Verbundenheit mit der gesamten Schöpfung wird uns immer mehr zur Erfahrung, und Pachamama bietet uns durch ihr Weisheitsrad Heilung und Weisheit.

Es kommt also darauf an, mit Pachamama im Geist des Ayni zusammenzuarbeiten: Wir leben nach dem Prinzip des ausgewogenen Gebens und Nehmens und sind in jeder Situation auf Ausgleich und Heilung bedacht. In meinem Buch *Island of the Sun* habe ich das so geschildert: »Du begegnest Pachamama, der Mutter Erde, mit Ayni, und sie freut sich darüber und erwidert deine Gabe mit Fruchtbarkeit und Fülle. Du erweist dem Sonnengott Ayni, und er erwidert mit Wärme und Licht. Die hohen Berggipfel geben dir Stärke und Ausdauer für deine Arbeit, der Himmel schenkt dir Harmonie. Erweise allen Menschen Ayni, und sie werden dich im Gegenzug achten und ehren. Es ist ein wirklich schönes Prinzip, der Schamanin sagt man nach, sie lebte in vollkommenem Ayni. Das Universum erwidert alles, was sie tut, und spiegelt ihre Absichten so, wie sie selbst ein Spiegel für andere ist.«[2]

Wir ehren Pachamama nicht nur durch unser Ayni und die Bereitschaft zur Zusammenarbeit, sondern auch dadurch, dass wir das verlorene Weibliche wieder einsetzen – mitsamt seinen Gaben des Erzeugens, Ernährens und Zerstörens (auch das Letztere ist wichtig, denn man kann nichts Neues anbauen, wenn der Garten bereits voller Rosen ist). Die Realität verändert sich ständig. Wir können uns dem widersetzen, doch das bringt Leiden mit sich. Oder wir lassen uns auf den Prozess der Evolution und Transformation ein, weil wir erkennen, dass wir nicht die Einzigen sind, die sich als Mitschöpfer auf einen Tanz des »Hand in Hand mit dem Universum« einlassen. Wir müssen im Fluss mit dem Ayni sein, um uns und die Erde wieder ins Lot zu bringen.

Evolution kann es nur geben, wenn wir uns erinnern, dass alles mit allem verbunden ist – wir, die Erde und die Natur mit ihren Kreaturen, Herz und Kopf, unsere Energie und alle Zellen und Atome des Körpers, den wir jetzt bewohnen. Evolution verlangt, dass wir über unser Denken hinausgehen, über die Scheuklappen, die wir geerbt und viel zu lange brav getragen haben, um unseren Blick zu weiten und ein umfassendes Bild zu bekommen, was wir sind und was wir werden können und wie Heilung zu bewerkstelligen ist.

4

Die transformierende Kraft des Weisheitsrads

Mit einer Medizinfrau verheiratet zu sein hat gewisse Vorteile, zum Beispiel den, dass sie weiß, wie man ein Zelt aufbaut, sogar an einem steinigen Hang. Mit gekonnten Handgriffen stellte Marcela unser Zelt im Nu auf. Ich war froh, dass ich es bis zum Kloster geschafft hatte, und war fix und fertig von der hinter uns liegenden langen Bergwanderung. In der Nacht davor hatte ich von Schlangen geträumt, von den Nagas, die in Flüssen und Schluchten leben und als Beschützer der Tempel gelten. Ich träumte von einer Mutterschlange, die so lang wie ein Footballfeld war. Sie lag im fast ausgetrockneten Flussbett, Haut und Schuppen wie ausgedörrt. Sie hatte schon sehr lange nichts mehr zu essen bekommen und war im Begriff zu sterben. Sie brauchte die Gebete der Menschen, sie brauchte Milch und Honig, wie sie von Mönchen an Naturaltären für sie hinterlassen wurden.

Im Traum strich ich ihr über den Kopf, und sie leuchtete förmlich auf. Ich hatte keine Angst, ich fühlte nur ihren Schmerz und wollte sie beruhigen und trösten. Dann löste sie sich in die Farben des Regenbogens auf.

Am Morgen erzählte ich Marcela von dem Traum. Sie sagte: »Du hast ihr zur Rückkehr in die Welt von Geist und Licht verholfen, du hast sie erlöst!«

Mit Indiana Jones verbindet mich die Schlangenphobie. Theoretisch mag ich Schlangen, ich habe Sinn für die Schönheit der Schlangenmetapher für den Süden, die erste Richtung des Medizinrads. Aber wenn ich mir im Dschungel einen Weg durchs Unterholz bahne, lasse ich keine Vorsichtsmaßnahme aus, um Begegnungen mit Schlangen zu vermeiden. Ich verstand auch Marcelas Worte. Ich war zu einem gewissen Verständnis für die Schlangenenergie gelangt, diese Urkraft, die auch unseren Drang ausmacht, vor einem Schöpfungs- oder Transformationsprozess die alte und nicht mehr passende Haut abzustreifen.

Marcela sagte, ich habe der Schlange geholfen zu sterben. Wahrscheinlich sei das ein sexueller Traum gewesen, erwiderte ich. Die Schlange, der Canyon, der Fluss und alles Übrige in meinem Traum seien sicher verschiedene Aspekte meiner selbst.

»Du und deine Psychologie!«, gab Marcela kopfschüttelnd zurück. »Bitte, hier geht es überhaupt nicht um dich.«

Der denkende Verstand macht sich gern einen Reim auf das, was uns begegnet, und dabei bezieht er sich auf die Vergangenheit, um zu einer Deutung zu gelangen. Träume können die Verarbeitung von Tagesresten sein, aber sie können auch viel mehr als das bedeuten. Eine Zigarre ist manchmal nicht einfach eine Zigarre, und manche Träume spielen sich nicht einfach in unserem Kopf und in den Synapsen zwischen den Neuronen ab, sondern im Unsichtbaren. In der äußeren Welt stehen Nagas als Symbole für alle möglichen Dinge, aber im Unsichtbaren sind sie real wie der Wind, der über die Berge fegt und an unserem Zelt rüttelt.

Die Konquistadoren ahnten nicht, welche Kraft in der Medizin der von ihnen unterworfenen Völker steckte. Erstens hatten sie keinen Sinn für den Austausch mit der umgebenden Natur, mit den Mikroben, die uns bei der Verarbeitung unserer Nahrung unterstützen und Krankheitskeime abwehren. Zweitens sahen sie nicht, dass auch psychische Traumata ihrer Gesundheit schadeten. Heute wissen wir, dass solche Traumata die Nervennetzwerke in unserem Gehirn umbauen und so dafür sorgen, dass unsere Prägungen durch frühere Erlebnisse bestehen bleiben – und genau das kann zum Problem werden.

Wir wissen auch, dass Traumata auf epigenetischem Wege von einer Generation auf die nächste übertragen werden und unsere DNA durchaus Trauma-Erinnerungen enthalten kann, von denen wir bewusst nichts wissen. Im Rahmen einer 2013 an der Emory University durchgeführten Studie wurden Mäuse Elektroschocks ausgesetzt, während sie zugleich den Duft von Kirschblüten zu riechen bekamen. Es entstand eine Angstreaktion auf diesen Duft, der auch in der nächsten und sogar in der übernächsten Generation noch auftrat.[3] Die an der Icahn School of Medicine des Mount Sinai Hospital forschende Wissenschaftlerin Rachel Yehuda und ihr Team fanden heraus, dass der epigenetische Marker eines mit Depression und posttraumatischer Belastungsstörung assoziierten Gens bei den Kindern von Holocaust-Überlebenden häufiger auftrat als bei einer Kontrollgruppe von Juden, deren Eltern in jener Zeit außerhalb Europas gelebt hatten.[4] Außerdem ist bekannt, dass wir die Expression unserer DNA beeinflussen und auf diesem Wege bestimmen können, welche traumatischen Erinnerungen an die nächste Generation weitergereicht werden.

Wir besitzen in der modernen Welt nur einige wenige traumatherapeutische Ansätze, aber in früheren Zeiten wussten die

Menschen, dass es Heilung versprechende Gegenmittel gab, die mit dem Medizinrad zusammenhingen – eine indigene Technologie des spirituellen Heilens im Zusammenwirken mit Mutter Erde und den Kräften der Natur und des Kosmos.

Von der Angst zu Freiheit und Mut

Viele finden zum Medizinrad, weil sie Heilung von körperlichen und seelischen Leiden suchen. Ihnen ist da nicht unbedingt klar, dass das Rad mehr als das bereithält: die Chance der Wiederanbindung an den Geist, Zugang zur Weisheit der Wissenden und die Bewältigung von Ängsten, die einen unfrei machen und das Wohlbefinden schmälern. Durch das Medizin- oder Weisheitsrad finden wir heraus, dass Angst einfach zum Leben gehört. Wer seine Angst in den Griff bekommt, kann dann bis zu seinem Tod immer noch schreckliche Dinge erleben, wird aber nicht mehr von ihr beherrscht sein, sie hält einen nicht mehr dauerhaft gefangen. Sie dient dann als Alarmsystem, und so ist sie ja auch von der Natur vorgesehen.

Angst ist eine primitive Reaktion auf reale oder eingebildete Bedrohung. Der Körper reagiert augenblicklich auf Gefahr, damit wir uns durch Flucht in Sicherheit bringen, mit Zähnen und Klauen wehren oder uns zumindest totstellen können, damit das Raubtier hoffentlich sein Interesse an uns verliert. Problematisch wird diese an sich sinnvolle Reaktion, wenn die Gefahr bloß eingebildet ist, unser Gehirn sich aber wie ein Softwareprogramm verhält, das automatisch gestartet wird und einen Großteil der Rechenkapazität unseres Computers an sich reißt, sodass wir vollständig von dem abgelenkt werden, was wir eigentlich vorhatten. Um bewusst leben zu können, frei von eingebildeten Bedrohungen, die uns ausbremsen – und dazu gehören auch all die alten Handlungsanweisungen, die von Generation zu Generation weitergereicht werden –, brauchen wir ein Software-Upgrade. Dabei ist auch ein Hardware-Upgrade durch Änderung der Ernährungs- und Lebensweise nicht falsch, damit die neue Programmierung richtig rundläuft (mehr dazu in meinem Buch *Erneuere deinen Körper*).

Außerdem erwartet Sie noch die Auseinandersetzung mit dem Weisheitsrad. Auf Ihrem Weg durch seine vier Himmelsrichtungen überwinden Sie Ihre Angst, krank zu werden und vorzeitig zu sterben, und wählen eine Lebensweise und spirituelle Praxis, die Ihnen ein langes, gesundes Leben ermöglichen werden. Hier können Sie auch lernen, all die Möglichkeiten zuzulassen, von denen Sie bislang nicht einmal wissen, weil Sie Veränderungen scheuen – Veränderungen, die Ihren Beruf, Ihre Lebensumstände, Ihre Beziehungen und Ihr Selbstbild und anderes betreffen.

Auf dem Spiralweg in die Tiefe

Das Weisheitsrad ist keine Kreisbahn in der Ebene, sondern ein Weg, der sich in die Tiefe schraubt und uns zu tieferer Selbsterforschung auffordert. Bevor wir jedoch uns selbst, unsere Lebensgemeinschaft und die Erde ändern können, um einen neuen Traum hervorzubringen und zum Leben zu erwecken, haben wir erst einiges abzulegen. Der evolutionäre Transformationsprozess zum *Homo luminosus* ist nicht immer ein Spaziergang.

Denken Sie an die Raupe und den Kokon. Da drinnen ist es dunkel und eng. Die Puppe im Inneren weiß nicht, wie ihr geschieht, und ist wohl entsprechend angespannt. Wie wird es jetzt wohl weitergehen? Sie weiß vielleicht nur, dass sie ihr Raupesein gerade verliert, und sie kennt ja nichts anderes. Stirbt sie womöglich? Oder verschwindet sie? Wird aus ihr ein scheußliches Monster? Vielleicht wird es ihr in der neuen Gestalt miserabel gehen. Aber wie unangenehm der Prozess der Verwandlung auch sein mag, er lässt sich nicht verhindern. Wir stecken am Ende in diesem Kokon, allein mit unserer Angst, doch schließlich lernen wir dann, einfach hindurchzugehen und unser Schmetterlingsein zu bejahen, wie es auch aussehen mag. Da braucht man Vertrauen. Sagen Sie sich einfach, dass Sie nicht allein sind, sondern der Geist Ihnen bei dieser Transformation zur Seite steht – dann können Sie sich dem, was zu geschehen hat und was Sie noch nicht im Einzelnen absehen können, leichter überlassen.

Es verwandeln sich ja auch nicht alle Raupen in bunte Schmetterlinge, die tagsüber im Sonnenschein von Blüte zu Blüte taumeln und sich an deren Tau laben. Neun von zehn dieser Wesen werden Nachtfalter mit eher gedeckt gezeichneten Flügeln, und manche von ihnen ernähren sich von unseren Wollpullovern.

Wenn Sie sicherstellen möchten, dass Sie heil aus Ihrem Kokon hervorgehen werden, erneuert und mit einer ganz anderen Wahrnehmung, müssen Sie Ihre alten Geschichten ablegen. Verbrennen Sie sie. Das Entsorgen unbrauchbar gewordener Geschichten über sich selbst und das Leben, das Sie erwarten dürfen, hat etwas sehr Erfrischendes, kann aber auch alte Wunden aufreißen und Sie heftig durcheinanderbringen. Wenn Sie an diesem Punkt, an dem Ihre Lebenskraft oder Kundalini geweckt worden ist, Ihre Arbeit im Medizinrad unterbrechen und an Ängsten, Verletzungen sowie altem Zorn und Groll festhalten, könnten Sie in einem Zustand von spiritueller Selbstbespiegelung steckenbleiben, indem Sie nichts weiter im Sinn haben, als wieder Frieden und Behagen in Ihr Leben einkehren zu lassen. Dann werden Sie ein Nachtfalter, eine Motte.

Ich höre viele Geschichten von Leuten, die gesund und neu werden wollten und dazu in den Amazonas-Regenwald aufbrachen, um dort Ayahuasca zu trinken, jenes Gebräu aus einer bestimmten Lianenart. Ich habe Verständnis für diesen Wunsch nach einer Blitzkur für alle Übel; aber Heilung kann länger dauern und Ihnen mehr abverlangen, als Sie dachten. Sie kann dann aber auch mehr bringen, als Sie vorhersehen konnten. Uns Westlern scheint die Rosskur als Patentlösung nahezuliegen, und wer wünscht sich nicht dieses märchenhafte Ende, nach dem man fortan glücklich und zufrieden lebt? Wenn Sie Ihre Arbeit mit dem Weisheitsrad vorzeitig abbrechen, kann es aber sein, dass Sie nicht über das Kokonstadium mit seiner Angst und Enge hinauskommen und nicht wissen, wie es weitergeht oder wer Sie sind und was aus Ihnen werden soll. Nur wenn Sie dranbleiben, können Ihnen die Gaben der vier Himmelsrichtungen und der ihnen zugeordneten Tiere zuteilwerden.

Schlange und Jaguar werden Sie Prüfungen unterziehen, durch die Sie das in Ihren Genen angelegte Schicksal ablegen können und Ihre Storys von Liebe und wie man ihrer würdig wird, gleich mit. Danach folgt im Norden die Prüfung durch den Kolibri. Da müssen Sie Ihre bisherigen Antworten auf die Frage, weshalb Sie hier sind, ablegen und sich auf einen ganz neuen Abschnitt des heiligen Weges einlassen: den des oder der Wissenden. Hier werden Sie nach einem neuen Realitätsverständnis unterwegs sein, das aus Ihrem persönlichen Ringen eine archetypische Erkenntnisreise macht, von der erzählt wird, seit es Menschen gibt. Dabei werden Sie sich freiwillig von alltäglichen Ablenkungen lösen, aber auch von dem Bemühen, sich aufgrund Ihrer bisherigen Erfahrung und bereits vorhandenen Kenntnisse alles zurechtzulegen. Sie müssen hier aufgeschlossen sein für etwas, was im Zen »Anfängergeist« genannt wird: die Dinge sehen, wie sie sind, ohne sie mit unserer Biografie, unseren Gedanken und Meinungen zu überlagern. Sie werden ein neues Gefühl vom Sinn und Zweck Ihres Tuns bekommen, weil Sie in Ayni mit der Natur und den Ahnen leben.

Durch diese Veränderungen werden Sie mitten im Gewusel des Lebens Stille finden und über ein Wissen gebieten, das aus der Vergangenheit ebenso schöpft wie aus der noch unbekannten Zukunft. Sie bekommen immer mehr Gespür für die Vielschichtigkeit, den Nuancenreichtum und die geradezu magischen »Zufälle« menschlicher Erfahrung. Wir leben im Reich der Vergänglichkeit und können uns darauf einstimmen oder uns widersetzen, was allerdings uns selbst und die Erde mitsamt ihrer Kreaturen teuer zu stehen kommt. Mit dem Frieden und der Weisheit, die Sie hier für sich entdecken, der Gabe des Kolibris, können Sie sich ein Bild davon machen, was Sie noch werden können und was Sie erleben möchten. Sie werden eher nicht von einem Haus am Meer träumen, sondern davon, sich dem Meer, seinen Gezeiten und dem Strand verbunden zu fühlen und auf eine ebenso bereichernde wie belebende Weise in den Evolutionsprozess eingebunden zu sein.

Wenn Sie sich der Weisheit des Adlers annähern, ist es so, als würde der ganze Weg rings um das Weisheitsrad plötzlich in allen Farben erstrahlen. Sie erleben ein spirituelles Erwachen, das die Dogmen der Religion, in der Sie aufgewachsen sind, weit hinter sich lässt. Sie lernen, die Zeit zu beherrschen und unsichtbar zu werden. Und Sie unterziehen sich einer Läuterung durch das Feuer, in dem alles verbrennt, was nicht mehr gebraucht wird, und an dessen Stelle jetzt eine ewige Flamme des leidenschaftlichen Einsatzes für alles Gute tritt. Sie erbitten sich vom Geist des Adlers die Gaben der visionären Schau und des Fliegens. Sie wünschen sich die Fähigkeit, die Natur des Quantenfelds zu erfassen, in Vergangenheit und Zukunft blicken zu können und die Seele der Menschen auszuloten: Sie möchten das Heilige in das Alltägliche einfließen lassen. Das größte Geschenk des Adlers besteht darin, dass Sie sich werden ausmalen können, was der Menschheit noch alles möglich sein wird. Jedes kleine Licht kann im Verbund mit anderen eine tiefe Transformation einleiten und den neuen Menschen hervorbringen.

Weshalb fällt es Ihnen zu, sich so etwas auszumalen? Sie sind ein Mensch unter sehr vielen anderen, die diese Welt buchstäblich erträumen – ins Sein träumen. Lassen Sie es einen guten Traum sein, damit wir alle aus diesem Albtraum der Konflikte und Konkurrenzkämpfe ausbrechen können. Es gibt bessere Formen des Zusammenlebens. Was im Rad der Weisheit geschieht, ist nicht einfach eine persönliche Sache. Die Schamanen sagen: Erst konzentrierst du dich auf das, was die Welt braucht, dann auf das, was in deiner Lebensgemeinschaft notwendig ist; und erst danach geht es um deine eigenen Bedürfnisse. Einer meiner Lehrer sagte: »Es ist eine simple Rechnung, zwanzig Prozent deiner Aufmerksamkeit kannst du für dich selbst verwenden und zwanzig Prozent für die Gemeinschaft, in der du lebst; aber die übrigen sechzig Prozent müssen für die Heilung des Kosmos übrigbleiben.« Mit dieser Ausrichtung gewinnen wir neue Erkenntnisse und agieren anders in der Welt. Dadurch ändert sich ganz von selbst auch unsere Wahrnehmung. Sie sehen jetzt das Ganze und werden nicht mehr so in Ihre persönlichen Dramen verwickelt. Sie können zunehmend besser mit großen Veränderungen umgehen, die Sie nicht in der Hand haben.

Die Pforten zu den unteren und oberen Welten

Bei Ihrer Arbeit mit dem Weisheitsrad werden Sie auf so etwas wie Zugänge zu den unsichtbaren Bereichen stoßen, zur oberen und unteren Welt. Denken Sie an das, was ich schon sagte: dass das Rad zwar wie ein Kreis aussieht, aber mehrdimensional ist. Wenn Sie tiefer in die Spirale gehen, die Sie abwärts führt, gelangen Sie in die Welt der Vergangenheit und der Ahnen. Sie können also die Tiefe unter der Oberfläche Ihres Alltagsbewusstseins in der mittleren Welt aufsuchen. Bei diesem Abstieg gelangen Sie in das Reich der Wurzeln, der Geheimnisse, der vergessenen Menschheitsgeschichte, zu der auch die Spuren alter Verletzungen gehören. In diesem mystischen Bereich können Sie Heilung von Ihrem familiären Erbe finden, indem Sie Frieden mit Ihren Vorfahren schließen und das bereinigen, was im Osten »Karma« genannt wird: die Tendenz, dass Vergangenes sich wiederholt.

Genauso können Sie mit dem Rad in die obere Welt aufsteigen, in die unsichtbaren Bereiche, die Ihren gewöhnlichen Sinnen entzogen sind. Hier begegnen Ihnen Geistführer. Sie können Ihnen dabei helfen, eine neue Bestimmung zu finden, eine Bestimmung jenseits des durch die Vergangenheit determinierten Schicksals, in dessen Verlauf Sie auf diesen Weg gelangt sind. In gewisser Weise bahnt Ihre Arbeit in der oberen Welt Ihre Wiedergeburt in einem neuen Ich an: Sie beginnen den Menschen zu gestalten, der Sie sein werden. Die obere und untere Welt sind mit uns hier im sichtbaren Bereich der mittleren Welt verbunden. Hier mögen wir zwischen den Stämmen der hohen Bäume spazieren gehen und um ihre Wurzeln wissen und zugleich in der Höhe die Kronen sehen, aber das ganze

Ausmaß des Weltenbaums in der Mitte des Weisheitsrads, der tief hinunter in die Erde und hinauf in den Himmel reicht, erkennen wir nicht.

Wenn Sie bei der Arbeit mit dem Weisheitsrad durch Rituale und Zeremonien zu Grenzerfahrungen gelangen, können Sie lernen, diese Durchgänge zu nutzen, um in die unsichtbaren Bereiche zu gelangen. Halten Sie sich dabei die Mehrdimensionalität des Weisheitsrads bewusst. Durch Ihre schamanische Praxis werden Sie staunend immer mehr von seiner Vielschichtigkeit erfassen und sogar erleben, dass es Ihnen große Entwicklungssprünge ermöglicht.

Medizinfrauen und -männer sind der Überzeugung, dass das Universum aktiv in unserem Sinne tätig wird, sobald wir uns von einer unter Mitwirkung des Geistes geschaffenen Vision leiten lassen. Das Universum kooperiert auf vielfältige Weise mit uns. Wenn wir auf einer Linie mit ihm sind, befinden wir uns im Zustand des Ayni, im Einklang mit seiner Liebe und Weisheit und in einem ausgewogenen Verhältnis von Geben und Nehmen. Vergleichen Sie das mit dem von Gier beherrschten Leben, in dem man nie genug bekommen kann, nie seine Befürchtungen loszuwerden und sich nie dem Frieden des Wissens um den Rückhalt durch das Universum zu überlassen vermag. Keine noch so große Sicherheit durch Geld oder Macht kann einem die Angst vom Leib halten. Irgendwer oder irgendetwas ist immer hinter uns her und könnte jeden Moment zuschlagen und uns alles nehmen. Es gibt nur ein Mittel gegen dieses Gefühl, das Leben sei ein endloser Überlebenskampf, und das ist Ayni.

Mithilfe des Weisheitsrads können wir unsere Kräfte – des Heilens, des Forschens, der Weisheit und der visionären Schau – nutzen, um als Mitschöpfer eine so viel bessere Welt für uns und die anderen Menschen sowie Mutter Erde zu schaffen.

Ein Krafttier als Helfer gewinnen

Zusätzlich zu dem, was Sie in den folgenden Kapiteln mit Schlange, Jaguar, Kolibri und Adler zu tun haben werden, können Sie noch ein Krafttier wählen, das Ihnen seine Kräfte leihen wird. Wir alle haben unterschiedliche Erfahrungen mit solchen archetypischen Tier-Energien gemacht. Stellen Sie sich darauf ein, dem richtigen Krafttier zu begegnen, das Sie unterstützen kann, und Pachamama wird es Ihnen schicken. Das englische Wort *animal* für »Tier« leitet sich vom lateinischen *anima* ab, das meist mit »Seele«, manchmal aber auch mit »Geist« übersetzt wird. Diese Wesen sind der Geist von Pachamama, kraftvolle Naturführer, die Sie beim Reset Ihrer Instinkte unterstützen und Ihnen helfen werden, Ihr nicht domestiziertes Wesen wiederzufinden. Wenn sich Ihr Krafttier zu Ihnen gesellt hat, können Sie es immer wieder hinzuziehen, sobald es in Ihrem Leben um die richtige Entscheidung oder Wahl geht. Für die Gestaltung des Gesprächs halten Sie sich an die Beschreibung, die Sie hier im Zusammenhang mit dieser Zeremonie finden. Sie können Ihr Tier alles fragen, was Sie möchten; berücksichtigen Sie aber, dass die Antworten am besten dann zu Ihnen finden, wenn Sie Ihren Denkapparat ein wenig zur Ruhe kommen lassen und dann einfach besser hören, was Ihr Krafttier Ihnen zu sagen hat.

Reise zur Insel der heiligen Tiere

Nehmen Sie zu dieser geführten Meditation eine bequeme Sitzhaltung ein, schließen Sie die Augen und sammeln Sie sich auf Ihren Atem. Wenn Ihre Gedanken abschweifen, holen Sie sie immer wieder zum Atem zurück, bis Sie sich entspannen können und die rege Denktätigkeit nachlässt.

Sehen Sie sich auf einem Berggipfel auf einer Steinplatte sitzen, ringsum Bäume, und nur direkt vor sich haben Sie Ausblick auf einen sanft abfallenden Hang. Am Fuß des Berges erkennen Sie in der Ferne eine Wiese, die in einen Strand übergeht, und dahinter liegt das Meer. Ganz weit draußen sehen Sie eine ausgedehnte Nebelbank, die sich jetzt langsam auflöst und lichtet. Durch den Dunst erkennen Sie den Umriss einer Insel, und gleich ist Ihnen klar, dass es sich um die Insel der heiligen Tiere handelt. Sie fühlen sich von ihr angezogen.

Jetzt ist der Nebel verflogen und die Insel klar erkennbar. Sie stapfen den sanften Abhang hinunter bis zu der Wiese, die Sie von oben gesehen haben. Sie gehen weiter in Richtung Strand, Sie fühlen den warmen Sand unter den Füßen und den leichten Wind auf der Haut. Sie riechen das Meer, der salzige Duft liegt in der Luft. Sie hören die leichte Brandung und dazu die Rufe der hoch oben fliegenden Seevögel.

Zu Ihrer Linken sehen Sie ein Kanu am Strand liegen. Sie zögern kurz, doch gleich wird Ihnen klar, dass es ein »Geistkanu« ist, das Sie zur Insel der heiligen Tiere tragen soll. Sie schieben es ins flache Wasser und steigen ein. Gleich fällt Ihr Blick auf ein Paddel, das Sie jetzt einsetzen, um Ihr Boot in Richtung der Insel zu bewegen.

Bei jedem Schlag des Paddels fühlen Sie neue Kräfte in Ihren Körper einströmen. Sie paddeln wie in einem Traum. Bei der Annäherung an die Insel umgibt Sie ein leichter Dunst. Das Wasser funkelt, und Sie gleiten mühelos dahin. Jetzt spüren Sie, wie der Bug auf den Sand gleitet und das Boot gebremst wird. Sie steigen aus und ziehen Ihr Kanu an Land.

Sie sehen sich um. Die Wellen laufen sanft am Strand aus. Der feine Sand ist wie ein Teppich, den auf der einen Seite das Meer und auf der anderen ein hoher Baumbestand begrenzt. Sie folgen einem Bachlauf tief hinein in den Wald und spüren, dass weiter vorn ein See sein muss. Aus den Augenwinkeln glauben Sie huschende Bewegungen wahrzunehmen, Sie spüren, dass da Tiere sein müssen. Sie haben das Gefühl, dass Blicke auf Sie gerichtet sind. Für einen Moment meinen Sie einen Löwen zu sehen, dann einen Luchs und jetzt ... oh, das könnte ein Einhorn sein ... und ein Adler ... und ein Hirsch. Sie sind offenbar alle hier versammelt, und Sie fühlen sich aufgefordert, diese Insel zu erkunden.

Sie wandern jetzt vielleicht am Meer entlang oder an einem Fluss, oder Sie gehen tiefer in den Wald und ins Unterholz. Lassen Sie Ihr Herz die Führung übernehmen, bis Sie schließlich an eine Lichtung kommen. In deren Mitte sehen Sie ein Tier; und eine Ahnung sagt Ihnen, dass es Sie kennenlernen möchte. Vielleicht steht dieses Tier an einem Baum, während Sie vorübergehen. Es kann auch über Sie hinwegfliegen oder in der Nähe in einem Gewässer schwimmen. Sie werden es als Ihr Krafttier erkennen, weil es Ihnen direkt in die Augen blickt. Es wird Sie auch in irgendeiner Form berühren.

Grüßen Sie Ihr Krafttier beim Näherkommen respektvoll und schauen Sie ihm in die Augen. Bitten Sie es, Ihnen mitzuteilen, was es zu sagen hat. Und was sagt es Ihnen? Sie können ihm jede Frage stellen, die Ihnen in den Sinn kommt. Was hat es Ihnen an Kraft oder Weisheit zu bieten? Und was können Sie Ihrerseits für das Krafttier tun, damit eine Beziehung auf Gegenseitigkeit entsteht?

Sie blicken zum Himmel auf und merken, dass es dunkel wird. Zeit, die Insel zu verlassen.

Sie laden Ihr Krafttier ein, Sie zu den Küsten der Ihnen vertrauten Welt zu begleiten. Sie gehen an den Strand zurück, wo Ihr Geistkanu liegt. Bevor Sie einsteigen, drehen Sie sich um und sehen zu, wie andere heilige Tiere, die hinter Bäumen versteckt sind, Ihnen nachschauen. Die Tiere verabschieden sich und sagen Ihnen, jedes auf seine eigene Weise, Adieu. Nun bedanken Sie sich, während Sie in Ihr Kanu steigen. Sie paddeln zum Festland zurück und sehen dabei Ihr Krafttier neben sich sitzen. Vielleicht ist es ja auch nur Ihre Erinnerung an die Begegnung, die Sie da begleitet. Beides ist gut.

Auf dem Rückweg fühlen Sie Ihr Paddel durch die Wellen schneiden. Die See wird ein wenig rau, der Himmel dunkler. Der Rückweg kommt Ihnen länger vor und anstrengender, aber die Stärke und Energie Ihres Krafttiers ist bei Ihnen, und bei jedem Paddelschlag spüren Sie, wie Energie und Kräfte nachströmen.

Sie nähern sich dem Strand, lassen Ihr Kanu auf den Sand gleiten und steigen aus. Als Sie sich umdrehen, sehen Sie, dass die Insel sich erneut in Dunst hüllt. Sie stapfen den Strand hinauf und setzen sich weiter oben auf die Wiese, schließen die Augen und laden Ihr Krafttier ein, bei Ihnen zu bleiben. Es ist Ihr Verbündeter. Spüren Sie, dass seine Kraft, sein Elan und sein Wissen Ihre sind.

Mit geschlossenen Augen strecken Sie eine Hand aus und fühlen neben sich Ihr Krafttier, sein Fell, seine Schwingen oder seine Schuppen. Sie fühlen seinen Bauch, sein Gesicht und wissen, dass es sich um eine Manifestation des Göttlichen in der Natur handelt.

Mit fünf tiefen Atemzügen führen Sie sich zurück in die gewohnte Welt, in Ihr Zimmer, in Ihren Körper. Öffnen Sie die Augen, um sich langsam sanft aufzurichten.

Verbinden Sie sich gegen Ende der Feuerzeremonien, die Sie in diesem Buch finden, mit Ihrem Krafttier. Laden Sie es vor dem Einschlafen in Ihre Träume ein. Es ist Ihre Einladung an Mutter Erde, Sie zu unterstützen.

Um mit Ihrem Krafttier ins Gespräch zu kommen, können Sie so vorgehen: Teilen Sie ein Blatt Papier mit einem senkrechten Strich in zwei Hälften, über die linke Seite schreiben Sie Ihren Namen und über die rechte den Ihres Krafttiers. Einleitend können Sie es fragen: »Wer bist du? Weshalb kommst du zu mir? Was möchtest du mir geben? Was habe ich zu lernen?« So können Sie sich bei jeder der mit den vier Himmelsrichtungen verbundenen Arbeit mit Ihrem Krafttier besprechen. Sie hören sich seine Ratschläge an und geben seinen natürlichen Instinkten nach, die jetzt Ihre sind.

Teil II

Transformation

5

Süden: Die Weisheit der Schlange

Einen Tag später kam Amchi Tenjing Bista mit den Pferden, die er in sechs Tagen von Lo Manthang heraufgetrieben hatte. Er führte die kleine Herde von Mustangs an, die in vollem Galopp heranpreschte. Joan hatte mir erzählt, dass er am glücklichsten war, wenn er auf einem Pferd saß oder wenn er bei einem Kranken den Puls nahm. Interessante Kombination – Arzt und Cowboy.

Uns wurde erklärt, welche der Pferde zum Reiten gedacht waren und welche als Lasttiere für unser Gepäck und unsere medizinische Ausrüstung dienen würden. Amchi hatte seine eigene Medizin dabei, Heilpflanzen, Kräuter und Pillen, mit denen er die in der tibetischen Medizin bekannten vier Arten von Krankheiten behandelte, die aus Leiden und Traumata dieses oder früherer Leben entstehen.

Amchi erklärte mir, dass die Tibeter 404 unterschiedliche Krankheiten kennen:

- *101 nichtbehandelbare karmische Krankheiten aufgrund unseres Verhaltens in diesem oder in früheren Leben,*

- *101 durch böse Geister, negative Kräfte, Eifersucht, Neid und Ärger verursachte Krankheiten,*
- *101 Krankheiten des gegenwärtigen Lebens, die mit Ereignissen in der Kindheit zusammenhängen, sowie*
- *101 durch die Lebensweise verursachte Krankheiten, die man durch Änderung der Ernährung und des Verhaltens beheben kann, ohne Medikamente einnehmen zu müssen.*

Das waren ungefähr die gleichen Krankheitskategorien, von denen auch die amerikanischen Schamanen sprachen, mit denen ich zusammengearbeitet hatte. Keine Frage, der Gesprächsstoff würde Amchi und mir nicht ausgehen.

An jedem dritten Tag unserer Tour machten wir halt und richteten die »Nomadenklinik« ein. Dann wurde überall die Nachricht verbreitet, die Ärzte seien da. Es dauerte nicht lange, bis die ersten Leute kamen – fast immer zu Fuß und manchmal mit einem Kranken auf dem Rücken. Wie weit mochten sie so gelaufen sein, um zu uns zu kommen? So fanden schon am frühen Vormittag Dutzende Leute aus den Dörfern zusammen und warteten geduldig, bis sie an der Reihe waren, von unseren Ärzten untersucht zu werden. Unsere westlichen Ärzte konnten kaum mehr tun, als Diagnosen zu stellen. Unsere Medikamentenvorräte waren begrenzt, und wir hatten nichts für Blutuntersuchungen, kein MRT, keinen Ultraschall, kein Röntgen. Die Ärzte mussten einfach ihr Bestes tun, um zu ermitteln, woher die Schmerzen und das Unwohlsein kamen und was man unternehmen konnte. Es waren wunderbare Frauen und Männer, aber weitgehend ratlos. In den meisten Fällen hatten sie nicht mehr zu bieten, als Ratschläge zur Änderung der Lebensweise zu geben oder den Besuch eines Krankenhauses (das eine Woche Fuß-

marsch entfernt war) zu empfehlen. Manchmal konnten sie eine Lesebrille oder Zahnbürste, vielleicht auch Aspirin oder Ibuprofen aushändigen.

Bei Amchi war das anders. Wenn er jemanden untersuchte, nahm er die Hand der Patientin oder des Patienten und fühlte den Puls. Das war zwar sein diagnostisches Hauptinstrument, aber mir war klar, dass er dabei nicht nur feststellte, wie schnell oder wie stark das Herz schlug. Deutlich zeigte sich, dass er keine Krankheit behandelte, sondern den Menschen. Jeder bekam seine Medizin, oftmals speziell für die Beschwerden, aber es konnte auch einfach ein Kräutertee sein, weil sie es so schwer hatten. Ich hätte gern gewusst, was er da verabreichte, ein bisschen Unterstützung beim Bewältigen alltäglicher Lasten kann schließlich jeder gebrauchen.

»Was hast du denn da in deiner Teekanne?«, fragte ich.

»Kamillentee.«

Die Ratlosigkeit stand mir wohl ins Gesicht geschrieben.

»Aber es kommt auf die Zubereitungsart an«, erläuterte Amchi. »Mit Liebe.«

Der Weg rund um das Rad der Weisheit beginnt im Süden, wo Sie lernen werden, Ihre Haut abzustreifen, wie es Schlangen tun. Danach kann es sein, dass Familiendramen von Ihnen abfallen und Sie keine erblich bedingten Krankheiten mehr bekommen müssen und auch damit zusammenhängende alte Psychomuster sich bei Ihnen nicht wiederholen. Aber diese Häutung zum Ausstieg aus der Vergangenheit ist nicht leicht. Die tragischen Geschichten und Leiden werden Ihnen nicht wie von Zauberhand abgenommen. Vielmehr muss erst die eingerollte Schlange geweckt werden, die Kundalini, die ein inneres Feuer entfacht, in dem das Alte verbrennt.

Man braucht Schlangen-Weisheit, wenn dieses innere Feuer einfach nur wärmen und nicht das Haus abbrennen soll. Dabei weisen Sie die Vergangenheit nicht von sich, sondern fühlen sich ihr einfach nicht mehr zugehörig. Sie lassen dann auch die ganzen Erklärungen weg, die Begründungen dafür, dass Ihr Leben nicht so läuft, wie Sie es gern hätten. Wenn Sie die Vergangenheit mitsamt ihren Storys wirklich ablegen, sind Sie nicht länger das Produkt Ihrer Erziehung oder Ihrer tragischen Familienereignisse und Geschichten von Verarmung und von Betrug in der Liebe. Schlangen-Weisheit leitet die wirklich tiefe Heilung alter Wunden ein, auch der Wunden Ihrer Familie und Ihres Volks.

Aber Sie müssen wirklich entschlossen sein, die Vergangenheit ganz abzulegen, sonst entsteigen Sie Ihrer alten Haut nur halb und halten an tröstlichen alten Geschichten fest, die Ihnen nicht erlauben, etwas wirklich Besseres zu erleben. Unwissentlich werden Sie die alten Geschichten doch wieder inszenieren. Hier im Süden geht es nicht an, dass Sie, um Ihr Unbehagen zu beschwichtigen, nach und nach ein paar nicht mehr brauchbare Dinge ablegen, sie aber für den Notfall griffbereit halten. Sie können sich keine Schublade voller alter Storys mehr leisten, die Sie vielleicht eines Tages doch wieder erzählen möchten. Nein, Sie setzen alles auf eine Karte. Sie werden Ihre gesamte Vergangenheit mit all ihren Geschichten hinter sich lassen – in dem Wissen, dass es bei diesem Spiel auf eine Entschlossenheit und Zielstrebigkeit ankommt, die größere Kräfte als Ihre eigenen ins Spiel bringen.

Wenn es gelingt, könnte es sein, dass Sie einen Augenblick glückseligen Nichtseins erleben und für kurze Zeit nichts mehr von Ihrem verletzten Ich wissen. Für diese Zeit sind Sie nicht mehr durch Familiendrama und Familienkrankheit bestimmt.

Sie treten aus diesem eingestaubten Schicksal heraus und hinein in Ihre höhere Bestimmung.

Die Schlange kennt den Weg in die Tiefe Ihrer Psyche und zu den verschwiegenen Orten der Seele, wo die tiefsten Wunden zu heilen und die größten Schätze zu entdecken sind. Sie führt Sie ins innerste Heiligtum des Weiblichen, für das sie steht, und zu den verdrängten Geschichten, die ganz unter jenen anderen verschwunden waren, die Sie sich erzählten, um sich sagen zu können, Sie hätten Ihr persönliches Narrativ selbst in der Hand. Mit einem tiefen Tauchgang bringt sie Sie in die dunklen Tiefen der großen Mutter Erde, wo alles von Ihnen abfällt, was Sie nicht wirklich sind. Und wenn Sie Glück haben, verschlingt sie Sie mit Haut und Haaren. Ihre bodenlose, erschreckende Liebe wird Ihr Leben in Brand setzen, damit Raum entsteht für die Erfahrung Ihrer Verbundenheit mit allem, was ist. Sie wird Ihnen in Erinnerung rufen, wer Sie jenseits Ihrer viel zu beschränkten Vorstellungen von Ihrer familiär bedingten Identität wirklich sind.

Die Schlange hilft Ihnen zu erkennen, dass Ihre Kindheit weder glücklich noch unglücklich war. Sie werden fähig sein zu sehen, dass die Dinge einfach so waren, wie sie eben waren, und dass Sie keine Geschichten, seien sie positiv oder negativ, mit Ihren Erinnerungen verknüpfen müssen. Das ist das Geschenk der Schlange. Nehmen Sie es an, und Sie werden es nicht mehr so wichtig finden, den Leuten die Geschichte Ihrer Leiden und der Überwindung Ihrer Leiden zu erzählen. Sie werden das Vergangene nicht mehr so faszinierend finden und lieber fragen, was jetzt ist, was kommen könnte und was Sie selbst noch werden könnten. Durch das Werk der Schlange vergessen Sie das Vergangene nicht, aber Ihre Erinnerungen wirken sich jetzt anders aus. Sie legen Sie nicht mehr auf das

Schicksal fest, das Ihnen durch die Geburt in Ihrer Familie zugefallen ist.

Zum Werk des Südens gehört die Begegnung mit der mythischen Schlange, der Naga, und ihrer grimmigen Entschlossenheit. In den Legenden Indiens und Tibets ist die Naga eine große Wasserschlange aus Flüssen oder aus der Tiefe der Meere. Nach hinduistischer Überlieferung sind Nagas Gottheiten, die jede Gestalt annehmen können und bevorzugt als Menschen oder schlangenartige Wesen auftreten. Sie wohnen in einer verwunschenen Unterwelt als Hüter von Schätzen. Am liebsten leben sie in Seen, Flüssen und Meeren, und angeblich sind sie so stark und so giftig, dass sie vor allem Menschen gefährlich werden können.

Die Nagas fordern uns dazu heraus, uns nicht länger auf das zu versteifen, was wir zu sein glauben und was wir alles nicht zu können glauben – um dann die verborgenen Schätze in unserem Innern aufzuspüren, nämlich Kräfte, Chancen, Ideen und Weisheit. Nagas mögen es nicht, wenn Sie an Ihrer Vergangenheit und der Angst vor dem Unbekannten festhalten. Lassen wir uns auf ihre Herausforderung ein? Raffen wir uns zu dem von Eva gezeigten Mut auf, als sie die Frucht vom Baum der Erkenntnis annahm, obwohl schlimme Folgen zu befürchten waren?

Internalisiert ist die Naga als Kundalini, die Lebenskraft von Mutter Erde, die in unseren unteren Chakren erwacht und dann aufsteigt. Wenn Sie diese Energie einmal erweckt haben, dürfen Sie sich nicht mehr von ihr abwenden. Arbeiten Sie damit. Setzen Sie sie ein, um Ihr Leben zu wandeln und neu zu erfinden. Wandel ist das Wesen der Natur. Machen Sie ihn auch zu etwas für Sie selbst Typisches, denn er wird ohnehin seinen Lauf nehmen.

Die neue Haut nicht ablehnen

Zugegeben, eine neue Haut ist erst einmal beengend und entsprechend unbequem. Bleiben Sie trotzdem dabei, altes Verhalten und alte Geschichten abzulegen, auch die von körperlichen und seelischen Beschwerden und Leiden, die Sie geerbt haben.

Seien Sie jedoch wachsam, denn wenn die Schlangenenergie erweckt wird, verfällt man leicht auf den Gedanken, alte Traumatisierungen bereinigen zu wollen und sich vom Familienerbe einfach zu distanzieren, was sich vom unreflektierten Fortsetzen dieses Erbes nicht allzu sehr unterscheidet. Es gilt vielmehr, sich vom unbewussten Teil dieses Erbes und seinen gesundheitlichen Folgen zu lösen, damit Sie einerseits seine Vorzüge nutzen können, aber sich nicht dazu gedrängt fühlen, es neu zu inszenieren oder abzulehnen.

Bedenken Sie dabei, dass sich Ihr Realitätsverständnis vom Moment Ihrer Zeugung an geformt hat und Ihre Wahrnehmung durch jede weitere Erfahrung ausgestaltet wurde. Die Geschichten, die Ihnen in der Kindheit von der Familie und anderen Leuten erzählt wurden, können lange vor der Geburt Ihrer Ur-Ur-Ur-Urgroßeltern entstanden sein. Ihre Eltern müssen nicht einmal gewusst haben, dass es einfach Erzählungen waren, die sie Ihnen da aufgetischt haben. Geschichten von unverhofft auftretenden Helfern in der Not, Geschichten von Regeltreue und harter Arbeit, die einem ein gutes, glückliches, gesundes und langes Leben bescheren – solche Erzählungen haben Sie wahrscheinlich in etlichen Variationen gehört und nicht näher betrachtet oder sogar hinterfragt. Mir wurde in der Kindheit erzählt, alle männlichen Mitglieder der Familie hätten ihr Haar schon mit Mitte zwanzig verloren, und so beschloss ich, dass ich meine Haare behalten würde – übrigens auch meinen Verstand, der bei den älteren Männern in meiner Familie oft verloren ging.

Wenn Sie diese Geschichten geglaubt haben und Ihnen plötzlich auffällt, dass sie sich nicht bewahrheiten, vielleicht fangen Sie dann an, auch andere Glaubenssätze zu bezweifeln, die Ihr Leben und Ihre Wahrnehmung geprägt haben. Es kann jedoch sein, dass Sie trotzdem weiter an sie glauben und daran nichts ändern können, weil Sie sich Ihren Eltern verpflichtet fühlen.

Das Märchen von der Vertreibung aus dem Paradies spinnt sich in der westlichen Psyche fort, ob die Menschen einer der monotheistischen Religionen angehören oder nicht. Wir alle haben auf unserem Weg Mythen aufgesogen, Wahrnehmungsweisen, die in der Kindheit unbemerkt auf uns übergegangen sind und jetzt wie in unser Gehirn eingebrannt erscheinen. Was Ihnen damals von Ihren Eltern, Großeltern, Tanten und Onkeln erzählt wurde, hat sich wahrscheinlich tiefer in Ihrer Psyche eingenistet, als Ihnen bewusst ist. Die Arbeit des Südens besteht darin, diese verbrauchten, ausgelaugten Mythen zu identifizieren und ins Feuer zu entlassen. Sie werden Ihre persönliche Geschichte dann vermutlich neu schreiben.

Es kann sein, dass Sie Ihren Eltern nacheifern und Lehrer werden, aber anders lehren. Und wenn Sie selbst Mutter oder Vater werden, kann es gut sein, dass Sie die Rolle anders füllen als Ihre Eltern und deren Eltern. Vielleicht bringen Sie Ihr Frau- oder Mannsein oder Ihr Verhalten als »guter Mensch«, »loyaler Sohn« oder »liebende Tochter« anders zum Ausdruck. Viele Möglichkeiten bleiben verborgen, solange Sie sich scheuen, von der Vergangenheit und von Ihren Familiengeschichten zu lassen.

Solche psychologischen Zusammenhänge scheinen auch eine körperliche Komponente zu haben. Die bereits erwähnte, an der Icahn School of Medicine des Mount Sinai Hospital forschende Wissenschaftlerin Rachel Yehuda stieß bei Kindern von Holocaust-Überlebenden auf epigenetische Marker für Veränderungen im Haushalt des Stresshormons Cortisol. Die Wirtschaftswissenschaftlerin Dora Costa von der University of California in Los Angeles hat sich mit Aufzeichnungen über Kriegsgefangene im Amerikanischen Bürgerkrieg befasst und Folgendes bemerkt: Wenn deren Söhne nach den Kampfeinsätzen des Vaters geboren wurden und der Vater in einem Gefangenenlager Hunger gelitten hatte, bestand bei den Söhnen eine um 22 Prozent höhere Sterberate (meist durch Gehirnblutungen und Krebs) als bei den Söhnen von Veteranen, die nicht in Gefangenschaft geraten waren. Bei vor dem Krieg geborenen Söhnen dieser Kriegsgefangenen war keine erhöhte Sterblichkeit zu erkennen. Das Phänomen trat nur bei Söhnen, nicht bei Töchtern auf.

Es ist nicht ganz einfach zu bestimmen, ob die epigenetischen Unterschiede vielleicht einfach auf das Verhalten traumatisierter Eltern zurückzuführen sind. Die an der Universität Zürich und Eidgenössischen Technischen Hochschule Zürich tätige Professorin für Neuroepigenetik Isabelle Mansuy hat intergenerationale Traumata bei Mäusen über bis zu sechs Generationen verfolgt und festgestellt, dass die Auswirkungen des Verhaltens ihrer traumatisierten Väter weiterhin zu erkennen waren. Das sind natürlich vorläufige Untersuchungen, und da die Lebensweise Einfluss auf epigenetische Phänomene hat, besiegeln biologische Zusammenhänge nicht unser Schicksal. Halten wir aber fest, dass das physiologische Erbe alter Traumata und Geschichten viel durchsetzungsstärker sein könnte, als wissenschaftlich bisher bekannt ist.[5]

Gesundheit kann durch Geschichten gefördert werden, die

vom Forschen und Entdecken, von Fürsorglichkeit und Selbstliebe erzählen. Geschichten von Wut, Misserfolg und Verbitterung dagegen können krank machen. Sie brauchen sich nur die in Ihrer Familie vermehrt auftretenden Krankheiten anzusehen, die zum genetischen Erbe gehören; sehen Sie sie als Metaphern für die Mythen, aus denen sie hervorgehen. Denken Sie nur, wie ein gebrochenes Herz Anlass zu Herzbeschwerden geben kann, wie seelische Verhärtungen auf die Arterien übergehen und Arteriosklerose hervorrufen, wie heruntergeschluckter Ärger die Leber schädigt und Angst die Entstehung von Krebs begünstigt. Persönliche Mythen überleben im Erinnerungspool Ihrer Familie, doch sobald Sie diese Geschichten ablegen, können Sie gesündere für eine bessere Zukunft wählen. Für die Schamanen gibt es, wie gesagt, keine Krankheiten, nur kranke Menschen. Krankheit ist Symptom und Ausdruck der Geschichte, die Sie leben, und der Mythen, die Macht über Sie haben.

Streifen Sie Ihre Vergangenheit ab wie eine Schlange ihre Haut, und Sie sind frei, etwas Neues zu schaffen – ein Leben, das nicht vom Erbe Ihrer Familie bestimmt ist. Davor erwartet Sie aber noch das verstörende Erlebnis, sich in vollkommener Leere aufzuhalten.

Die Nagas und die Leere

Nagarjuna war ein indischer Weiser und Philosoph, der im 2. Jahrhundert lebte und wirkte. Sein Name bedeutet »weiße Schlange«, aber er wird häufig »Naga-Bändiger« genannt. Man sagt ihm nach, er habe die tiefsten buddhistischen Lehren über Shunyata, die »Leere« oder »Leerheit«, formuliert. Er hinterfragte unsere Annahmen über die Welt und die Wirklichkeit.

Für ihn galt, dass alle Wesen und Phänomene ohne eine »Selbst-Wesenheit« sind. Nicht, dass der Tisch vor Ihnen nicht existierte, aber er besitzt keine eigenständige »Tischheit«. An mir ist nicht auch noch eine spezielle »Albertoheit«. Alle Phänomene, Sie auch, sind ohne eigenständiges Sein. Wir sind tief miteinander verbunden und verflochten wie das Wurzelwerk der Bäume. Alles, wofür ich mich halte – Mensch, Mann, Autor, Schamane, Vater –, und all die Eigenschaften, mit denen ich identifiziert bin und die mir so viel bedeuten, all das geht aus dem Quantenfeld hervor, um es in die Sprache der Physik zu kleiden. Wir tauchen aus einem Energiefeld auf, das über den gesamten Kosmos ausgebreitet ist, und irgendwann gehen wir auch wieder in diesem Feld auf. Es mag so aussehen, als seien wir von ihm getrennt und besäßen jeder ein eigenständiges und unverwechselbares Sein, doch das ist eine Illusion. Wir sind nie wirklich vom Feld getrennt, und Leerheit ist die wahre Natur der Realität. Aber lassen Sie sich davon nicht die Stimmung verderben, denn die Leerheit ist letztlich gar nicht leer, zumindest nicht in dem Sinne, an den wir vielleicht denken.

Ich spreche scheinbar in Rätseln, ich weiß, und ich musste am eigenen Leib erleben, wie frustrierend es sein kann, einen tibetischen Mönch drei Stunden lang über das Wesen der Leerheit sprechen zu hören. Nach fünfzehn Minuten fange ich an, auf meinem Stuhl hin und her zu rutschen, und denke: »Wenn das alles so leer von Selbst-Wesenheit ist, wieso lässt sich dann immer *noch* was dazu sagen?«

Für die Schamanen birgt die Leerheit grenzenloses Potenzial, etwas Originelles und Authentisches zu schaffen. Und so steigt aus dieser Leerheit eine Geschichte voller Möglichkeiten auf, die zu Gesundheit und Ordnung oder zu Krankheit, Unordnung und Schmerz gestaltet werden können. Deshalb werden die alten Götter Nord- und Südamerikas singend dargestellt, und deshalb glauben wir auch im westlichen Kulturkreis, dass im Anfang das Wort war, eine Geschichte.

Manche Schamanen kommen bei Zeremonien mit Heilpflanzen zur Erfahrung der Leerheit. Ich erlebte bei Ayahuasca-Zeremonien am Río Madre de Dios im Amazonasbecken viele Male das Gefühl des Einsseins mit dem Regenwald sowie seinen Lebewesen und mit den Sternen hoch über mir. Ich erinnere mich noch, wie ich einmal in dieser Glückseligkeit des Einsseins nicht mehr wusste, wo ich war. Mir war bewusst geworden, dass ich keineswegs als etwas Gesondertes existierte. Ich konnte mich in der unendlichen Weite des Raums nicht mehr finden. Und ich war vollkommen selig, ich erlebte die Gnosis, denn in dieser Leerheit liegt grenzenloses Potenzial und unendliche Weisheit.

Dann hustete jemand, und mit einem Schlag war das Gefühl von Leerheit wie weggewischt.

Zum Glück habe ich es aber nicht vergessen, wie es bei so vielen anderen der Fall ist. Es kommt einem später wie ein Traum vor, dieser Geschmack der Unendlichkeit. Trotzdem bringt der kurze Eindruck manche dazu, ihr Leben vollständig umzukrempeln und für sich selbst eine bessere Geschichte zu schreiben.

Wenn sich der Schamanin das Wesen der Leerheit offenbart, dieses weißen Flecks auf der Landkarte ihrer Reise, realisiert sie ihre Schlangenkraft und Weisheit. Erst wenn wir uns aller Geschichten und Rollen entledigt haben, unsere vollkommene Desorientierung geschehen lassen und auch keine Landkarten und keinen Kompass konsultieren können, ereignet sich das Unerhörte, dann sind wir Geschichtenerzähler und nicht die Geschichte, Träumer und nicht der Traum.

Die Erfahrung der Leere, der Gnosis und des damit verbundenen Erwachens – als öffneten sich die Augen zum ersten Mal – kann nicht mit Worten gelehrt werden. Sprache kann die Erfahrung, die zur Grundlage des gesamten tibetischen Buddhismus wurde, nur andeuten. Erst wenn Sie diese Lehren voll realisiert haben, werden Sie das Traumhafte der Realität wirklich verstehen und wissen, was es heißt, »die Welt ins Sein zu träumen«.

Auf dem Weg dorthin gibt es für Sie eine Menge zu tun und zu lernen. Die tiefe Heilung, die Sie erfahren werden, wenn Sie sich der Herausforderung des Südens stellen, ist die Heilung der Geschichte, bevor sie zur Form gerinnt.

Die Herausforderung der Nagas

Und wie kommen Sie nun zu dieser Befreiung von allem, was Sie für wahr und real halten, um anschließend offen für die ganze Palette der Möglichkeiten zu sein? Wie werden Sie Ihre Beschränkungen los, zumal wenn sie von Leuten stammen, die längst nicht mehr da sind, aber irgendwann einmal bestimmt haben, wie Ihr Leben auf dieser Erde auszusehen hat? Hier können Sie erst einmal auf Praktiken zurückgreifen, die für ihre bewusstseinsverändernde Wirkung bekannt sind.

Dazu gehört unter anderem Meditation, die Sie zur Erfahrung der »Mutter aller Buddhas« führen kann. Ihr Sanskritname ist Prajnaparamita, aber auch bei den Tibetern ist sie mit diesem Namen bekannt. Prajnaparamita bezeichnet eine Weisheit, die über alle Grenzen hinausgeht. Sie erkennt das Wesen der Realität ohne den Schleier der Erscheinungen und sieht klar, dass alle Dinge, von den stofflichsten Objekten bis zum lichtvollsten Buddha, ohne ein in ihnen selbst liegendes Sein sind. In diesem Sinne sind wir alle miteinander verwandt. Die Lakota Nordamerikas sagen beim Blick in die umgebende Natur: »Mitakuye Oyasin – alle meine Verwandten.« Sie begrüßen ein summendes Insekt, den rauschenden Fluss und die Vögel in der Luft wie Brüder und Schwestern oder Cousins und Cousinen – und das sind sie ja wirklich. Wenn Sie sich eine Weile in der Natur aufhalten, können Sie sich unter all den gefiederten und geschuppten Lebewesen an Ihre Verwandtschaft mit ihnen erinnern, an eine Beziehung, die von Ayni oder Gegenseitigkeit geprägt sein sollte (mehr dazu in Kapitel 7 über die Kolibri-Weisheit des Nordens).

Eine andere Praxis, die Sie grenzenlose Weisheit und Glückseligkeit finden lässt, ist die Feuerzeremonie, und darauf werden wir uns in diesem Buch konzentrieren, da es sich um die älteste aller schamanischen Praktiken handelt. Ich bin nach meiner eigenen Einschätzung kein großer Meditierer, aber ich sitze zu gern mit anderen um ein Feuer und lasse vor diesen Glutbrocken und aufflackernden Flammen meine Gedanken nach und nach leiser werden. Wenn man dann Holz nachlegt, kann man meditativ betrachten, wie die Form des Scheits in Licht aufgeht und seine Essenz freigesetzt wird. Dabei können Sie sich vor Augen führen, dass auch Ihr Licht eines Tages freigesetzt wird und ohne Namen oder Form im großen Einen aufgeht. Eine Feuerzeremonie weckt unser intuitives Verständnis für die transformierende Kraft der Kundalini, der ursprünglichen Schlangenenergie, lässt aber auch Erinnerungen an das wärmende und nährende Zusammensitzen am Feuer aufleben. Sie können diese Zeremonie für sich allein oder mit anderen machen, das überlasse ich Ihnen.

Machen Sie solche Zeremonien ruhig öfter mal, wenn Sie möchten, auch jeden Tag. In meinen Anfangsjahren als junger Medizin-Anthropologe im Amazonas-Regenwald erlebte ich immer nur vorübergehend, wie meine Getrenntheit oder

»Albertoheit« für flüchtige Augenblicke verschwand und dafür ein überwältigender Glückszustand aufblitzte. Ich freute mich immer schon auf die nächste Zeremonie, bei der ich mein Gehirn mit heiliger Dschungelmedizin überschwemmen würde, um dieses Einssein mit allem und allen zu erleben. Später wurde mir bewusst, dass es mir an Disziplin und Beständigkeit fehlte, wie man sie durch Meditation und Gebet oder durch schamanische Reisen in die unsichtbare Welt bekommt. Meine Gipfelerfahrungen begannen schon am nächsten Morgen zu verblassen und waren nach ein paar Tagen ganz verschwunden. Es blieben nur undeutliche Erinnerungen an einen sagenhaften »Trip«. Wie kann man oft genug in diese Einheit gelangen und regelmäßig sein wahres Ich erleben? Nun, genau so, wie man es auf die Bühnen der großen Konzertsäle dieser Welt schafft: üben, üben, üben.

RT (Rolling Thunder) gelangte mühelos in einen höheren Bewusstseinszustand, der einen nach Aussagen der Schamanen zum Austausch mit dem Quantenfeld befähigt. Vor Jahren hatte ich mit einer Hepatitis zu kämpfen und fühlte mich sehr krank. Am Abend ließ ich mir ein Bad einlaufen, um die Giftstoffe und den Stress auszuleiten, die mich Tag für Tag fix und fertig machten. Die Kerze, die ich auf dem Waschbeckenrand angezündet hatte, flackerte und warf Schatten, und plötzlich zeichnete sich am Fußende der Wanne ein Adler ab, der sich offenbar mit dem Schnabel etwas von den Klauen ziehen wollte. Ich bekam Angst, doch das Tier ließ sich behutsam auf meinen Füßen nieder und machte besänftigende Bewegungen mit seinen Schwingen.

Er sprach direkt zu meinem Bewusstsein: »Ich bin hier, damit dein Kranksein in Genesung umschlagen kann und damit du lernst zu fliegen.« Plötzlich wurde mir klar, dass es sich nicht einfach um einen Geist-Adler handelte, sondern um meinen

Freund RT. Bei unserer nächsten Begegnung sagte ich: »Du hast mich ganz schön erschreckt neulich als Adler.« Er lächelte vielsagend.

Eine Schamanin muss in die Tiefe der eigenen Psyche und noch tiefer vordringen, um zu den Nagas zu gelangen und ihre Weisheitsgabe zu empfangen – ganz so, wie Nagarjuna den Grund des Meeres erreichen und die Zeit als solche durchdringen musste, um die Shunyata-Lehre zu empfangen. Es geht nicht darum, die Schlangenkraft mit dem Verstand zu erfassen; sie muss vielmehr erlebt und ins Bewusstsein aufgenommen werden.

Fangen wir aber mit der Lehre an: Es gibt je nach Standpunkt des Betrachters zwei Arten von Wahrheit, die beide zutreffen können – ebenso, wie die Newton'sche Physik (die das Verhalten großer Objekte beschreibt) und die Quantenmechanik (die Beschreibung des Verhaltens kleinster Teilchen) beide gültig sind. Die erste Schicht der Wahrheit ist die relative, die Dingen und Lebewesen ein eigenständiges, reales Sein zuschreibt: Sie sind jemand und hoffen immer mehr, Sie selbst zu werden. Die zweite Schicht ist die absolute Wahrheit: Alles ist ohne Selbst-Wesenheit. Das ist aber kein Grund zu Trübsinn, sondern eröffnet den Weg zur Befreiung.

Alles, was Sie zu sein glauben und was Sie besitzen, besitzt auch Sie. Manche geben alles weg, was sie besitzen. Jesus redete den Menschen, denen er begegnete, gut zu, es auch so zu halten und sich ihm anzuschließen. Aber die Ablösung von der alten Identität mit ihrem ganzen Drum und Dran muss tiefer gehen und darf nicht beim Verschenken des alten Businessanzugs und beim Verabschieden des Traums von Wichtigkeit oder auch des Traums vom Glück stehen bleiben. Das wäre dann nur ein vorübergehendes Loslassen, wie wenn Sie die Sonnenbrille einmal weglegen, um sich dem ungefilterten Licht auszusetzen. Solange Sie nicht bereit sind, Ihre Identität abzulegen und die Schrecken der Leere mit ihrem grenzenlosen Potenzial zu erfahren, werden Sie wahrscheinlich Möglichkeiten übersehen, die einen tiefen Wandel zum Besseren einleiten könnten.

In unserer westlichen Gesellschaft bekommen wir mit hoher Wahrscheinlichkeit zu hören, dass es problematisch werden kann, wenn man nicht weiß, wer man ist. Deshalb heißt es dann oft, wir sollten uns einer Therapie unterziehen, um das herauszufinden. Ein(e) Psycholog*in könne uns helfen herauszufinden, wer wir sind und wie wir lieber sein möchten; zumindest könnten wir mit seiner oder ihrer Hilfe gewisse Verbesserungen erreichen. In Tibet ist der Ansatz genau umgekehrt: Wenn Sie das Gefühl haben, Sie wüssten nicht, wer Sie sind, wird das gefeiert – herzlichen Glückwunsch! Sie haben es dann schon sehr weit gebracht. Sie wachen morgens auf und sagen beim Blick in den Spiegel: »Ich weiß nicht, wer du bist, aber jetzt mach ich trotzdem Frühstück für dich.«

Dieser Gedanke, sich von allen Vorstellungen über das Ich frei zu machen und in einem Zustand des Nichtwissens und Nichttuns präsent zu bleiben, ist nicht unbedingt leicht verständlich. Wir leben in einer Welt, in der es den Leuten oft mehr darum geht, sich von ihrer besten Seite zu zeigen und sich ständig zu fragen, wie andere sie wahrnehmen, als einfach im Augenblick zu sein und abzuwarten, was sich zwischen den Atemzügen ergibt.

In diesem Zustand der Befreiung, in dem Sie tiefes Einssein mit der Leere empfinden, und sei es auch nur für ein paar beglückende Sekunden, denken Sie am besten nicht viel darüber nach, sondern sehen zu, wie Sie sich darauf einstimmen können, solche Erfahrungen zu wiederholen. Gehen Sie möglichst immer wieder in diesen Zustand jenseits der Ichhaftigkeit und Selbstsucht, in die Leere der Potenzialität, die sich dann als doch nicht so leer erweist, sondern nach und nach Ihr Gehirn neu verschaltet und von alten Programmen befreit. Dann fallen Sie in Situationen, die etwas triggern, nicht automatisch in alte Verhaltensweisen zurück, sondern sagen: »He, was mag das sein? Was ist da los? Das muss ich mir mal näher ansehen!« Ihr Umgang mit solchen Auslösern ist dann ein ganz anderer, weil Sie sich geändert haben. Der gewohnte Adrenalinschub bleibt aus. Sie betrachten die Situation und die beteiligten Personen mit anderen Augen, mit den Augen eines neuen Menschen, der Ihre Kleidung trägt. Ihr neues Ich kann sich Ihre Ängste und die Ängste anderer anschauen, wo zuvor immer nur Ärger und Aggression zu sehen waren. Jetzt fühlt sich Ihre neue Haut nicht mehr gar so fremd an. Sie erkennen, dass es Ihre und Ihnen angenehm ist.

Der Energie begegnen

Die Nagas, denen Sie in der Tiefe Ihrer selbst begegnen, sind Naturkräfte, die für Sie die Fülle der in der Leere liegenden Möglichkeiten bereithalten. Das Geschenk wird Ihnen aber nicht ausgehändigt, wenn Sie selbst mit leeren Händen kommen. Ihr Schwert können Sie stecken lassen, Sie brauchen hier nicht zu kämpfen. Bringen Sie den Nagas lieber Milch als Opfergabe mit. Die Nagas wissen, dass Sie nicht einfach als Name existieren oder als Sohn oder Tochter von dieser oder jener Person oder als Sammlung von Erfahrungen oder als Lebensdramatik – aber Sie möchten ja sicher nicht mit einem Naga-Mittagessen verwechselt werden. Die Milch, die Sie mitbringen, ist die Milch der

Freundlichkeit und Liebe. Trotzdem wird die Naga sehr wahrscheinlich ihr Maul aufsperren und Ihnen ihre Sichelzähne zeigen, um zu sehen, ob Sie wirklich von allem gelassen haben, auch von Ihrer Angst und von der Spekulation, dass es vielleicht genügt, sich nur ein kleines bisschen zu ändern, nur so viel, wie unbedingt sein muss. Die Nagas haben es nicht gern, wenn man sie aufsucht und um große Kräfte bittet, um damit ein paar eher nebensächliche Probleme zu beheben.

Da müssen Sie schon tiefer tauchen und Ihren ganzen Mut aufbieten.

Es kann eine großartige Sache sein, alte Haut abzustreifen, die Ihnen nicht wirklich gedient hat. Noch beglückender kann es sein, den Schritt in die Leere zu tun und nicht zu wissen, wer Sie jetzt sind, nachdem Sie offenbar nicht das sind, wofür Sie sich gehalten haben und was Sie nach Ihrer Überzeugung immer sein würden. Das kann erschreckend sein, denn was sind Sie noch, wenn Sie all das nicht sind, was Sie für wichtig hielten?

Wer ist Ihr »Ich«? Ihr wahres Ich ist schon noch da, aber allzu oft kaum sichtbar unter all dem Unrat, der Ihnen den Blick auf sich selbst und Ihre ganze Schönheit verstellt. Ihr Wiracocha ist verschleiert, und Ihr Licht ist getrübt durch die Trümmer und Nebel früherer Leiden, auch der Leiden Ihrer Familie und Ihrer Vorfahren. Sie müssen es wieder leuchten lassen.

Wenn Sie in einer der abendländischen Religionen aufgewachsen sind, wird es Sie ein wenig mehr Aufwand kosten, die Weisheit und Kraft der Schlangenmedizin für sich zu entdecken, denn Schlangen wurden in diesen Religionen verächtlich gemacht und dämonisiert. Die erste Schlangen-Episode in der Bibel erzählt bekanntlich von der Versuchung Evas, die Frucht vom Baum der Erkenntnis zu pflücken und zu essen, was ihr und der Menschheit insgesamt die Vertreibung aus dem

Paradies eintrug. Das Christentum assoziiert die Schlange mit dem Bösen der Sexualität und – besonders folgenreich – mit dem Weiblichen. Wir haben gelernt, dass der Schlange nicht zu trauen ist. Mit ihrem Blendwerk, so heißt es, versuche sie, uns Gott zu entfremden, und deshalb habe der heilige Patrick alle Schlangen aus Irland vertrieben, zumindest erzählt es die Legende so. Diese Geschichte kann als Metapher für die Austreibung vorchristlicher Traditionen stehen, die noch um die Kraft und Schönheit des heiligen Weiblichen wussten.

Wenn ich hier über die Nagas schreibe und über das, wofür die Schlange steht, geht es nicht um Symbole. Vielleicht wäre es Ihnen lieber, ich bliebe bei den psychologischen Zusammenhängen und ließe das Mythologische weg. Aber wenn Sie einen Weg gehen, führt er zwangsläufig auch ins Mythische, und die Elemente des Mythos sind dann nicht mehr Symbole, sondern werden Ihnen als etwas unmittelbar Erfahrenes gegenwärtig. Sie erleben es nun mit Ihrem »Bauch« und mit jeder Faser Ihres Seins und eben nicht nur intellektuell.

Und das ist überall so, ob Sie Christ sind und Träume und Visionen von der Madonna oder von den Heiligen haben, oder ob Sie als Hindu bei Ihrer Meditation die Gegenwart Shivas fühlen. Selbst wenn Sie sich als Atheisten oder Agnostiker betrachten, können Sie die Präsenz von etwas spüren, was Sie irgendwie als Ihren Schutzengel erkennen. Es kann sogar sein, dass Sie Mitteilungen vom Geist eines längst verstorbenen Menschen bekommen, den Sie direkt vor sich spüren und den Sie zwar nicht sehen können, aber als völlig real empfinden. Die Nagas können so real werden, dass sie nicht mehr einfach als ein Symbol aufzufassen sind, sondern zu einer Realität werden, die schwer zu beschreiben ist. Sie haben den Impuls, anderen davon zu erzählen, fürchten aber deren Verdacht, Sie könnten nicht mehr ganz bei

Trost sein. Ihre Erlebnisse hatten nämlich die unsichtbare Welt des Geistes als Schauplatz.

Sie bilden sich das nicht ein.

Jenseits der Worte und Rituale

Das Haus der Jungfrau Maria ist ein katholisches Heiligtum am Berg Koressos bei Ephesos in der Türkei. Katholische Pilger suchen diese Stätte auf, weil sie glauben, Maria sei nach der Kreuzigung ihres Sohnes vom Apostel Johannes dorthin gebracht worden und habe hier auch den Rest ihres Lebens verbracht. Meine Mutter, eine tiefgläubige Katholikin, unternahm kurz nach dem Tod meines Vaters eine Reise in die Türkei, um diesen heiligen Ort zu besuchen. In der kleinen Kapelle, wo sie sich ein wenig beengt fühlte, sprach sie nur ein kurzes Gebet und ging dann nach draußen zur »Wunschmauer«, an der die Pilger Papier- und Stoffstreifen mit ihren Wunschgebeten hinterlassen.

Meine Eltern hatten das Glück, eine Liebesehe führen zu können, die über fünfzig Jahre währte. Nach dem Tod meines Vaters fiel meine Mutter in eine tiefe Depression. Sie fühlte sich allein und ungeschützt in der Welt und bezweifelte, dass sie ein einsames Leben ertragen würde. Jetzt hinterließ sie ihr Gebet an der Mauer und trat an eine nahe gelegene Quelle, wo sie das Gefühl hatte, jemand lege ihr die Hand auf die Schulter. Dazu hörte sie eine weibliche Stimme sprechen: »Elena, du wirst nie allein sein. Ich werde immer bei dir sein. Ich weiche nicht von deiner Seite.«

Meine Mutter schrak zusammen und sah sich um, aber es war niemand da. Die Stimme hatte in ihrer Muttersprache Spanisch gesprochen.

Am Nachmittag dieses Tages begann sich ihre Stimmung zu

heben. Nach ein paar Tagen war sie wieder ganz die Alte, optimistisch und stark und jetzt mit einer Freude, die ihr neu war. Noch im gleichen Jahr begegnete sie dem Mann, den sie heiraten würde, um die späten Jahre mit ihm zu verbringen. Und jeden Abend, wenn sie betete, spürte sie die Madonna neben sich.

Als sie mir diese Geschichte erzählte, war ich im Rahmen einer Türkeireise bereits beim Haus der Jungfrau Maria gewesen und hatte da nichts Bemerkenswertes vorgefunden. Die Wunschmauer rief mir nur in Erinnerung, dass alle Religionen ihren Anhängern in irgendeiner Form Hoffnung auf göttliche Intervention machen, durch die sie wieder gesund werden würden oder ein neues Haus beziehungsweise Auto bekommen könnten. Ich hatte nicht den Wunsch, diesen Ort je wieder zu besuchen. Darüber hinaus ließ ich meine Mutter wissen, dass er nach Erkenntnissen der Archäologen erst seit dem 12. Jahrhundert Menschen beherbergte und unmöglich Marias Wohnsitz gewesen sein kann.

»Na ja«, sagte meine Mutter, »dann ist sie wohl erst kürzlich eingezogen.« Jedenfalls war sie fest davon überzeugt, die Worte der Madonna gehört zu haben und von ihr berührt worden zu sein.

»Sicher«, gab ich zurück, »es kann nur so gewesen sein.«

Mir war nicht mehr danach, weitere archäologische Forschungsergebnisse zum Besten zu geben. Die Depression meiner Mutter war verschwunden, sie war eine glückliche Frau. Was gäbe es da zu argumentieren?

Heute ist mir klar, dass jede spirituelle Tradition ihre ganz eigene mythische Blase hat. Wenn man in die Blase gelangt, kommt man in Kontakt mit den Göttern, Dämonen, Gaben und Versuchungen dieser Tradition, und der mit ihr verbundene Weg wird greifbar deutlich. Man steht da vor einer mystischen

Landkarte, die den Weg zu Gott, zum Geist oder in den Himmel vorzeichnet.

Man muss sich aber dieser Tradition nicht unbedingt anschließen. Es genügt, wenn Sie sich eine Ihrer Blasen von innen ansehen. Meine Frau zum Beispiel gehört zu den Ureinwohnern Amerikas, und obwohl sie in einem streng katholischen Land aufgewachsen ist, wurde sie schon in jungen Jahren in den Buddhismus eingeweiht. Später identifizierte sie sich mehr mit den Schamaninnen Chiles, den Machi, und interessierte sich fortan nicht mehr für Religion. Ihre Mutter hatte zahlreiche Versuche unternommen, sie in die Kirche zu bekommen, jedoch erfolglos. Bis wir Notre-Dame in Paris besuchten.

Wir waren einfach Besucher, und mich interessierten die Glasfenster mehr als die Messe, die gerade zelebriert wurde, insbesondere die Westrosette aus dem Jahr 1225. Ich hatte einfach in meiner Jugend so vielen Messen beigewohnt, und obwohl ich ein echter Christus-Verehrer bin, habe ich nicht viel Sinn für die Liturgie. Ich sah mich nach Marcela um und erblickte sie auf einem Gang tief ins Gebet versunken. Ich ging zu ihr, und sie sagte, sie werde das erste Mal an der heiligen Kommunion teilnehmen. Sie hatte noch nie die Oblate geschmeckt, die in der christlichen Tradition den Leib Christi repräsentiert. (Nach katholischer Auffassung steht sie nicht *für* den Leib Christi, sondern wenn sie einmal gesegnet und dem Gläubigen vom Priester gereicht wird und in dessen Mund gelangt, *ist* sie der Leib Christi.)

Als ich sie fragend ansah, deutete sie auf die Statue der Madonna rechts vom Altar.

»Sie hat mich zu sich gerufen«, sagte Marcela. »Da habe ich verstanden, dass sie die Göttin ist, die auch wir verehren. Pachamama. Mutter Erde.«

Ich werde mich hüten, mit einer Schamanin zu diskutieren, vor allem wenn ich mit ihr verheiratet bin. Also folgte ich ihr den Gang hinunter zum Altar, wo der Priester den Besuchern der Messe das Brot reichte, welches durch das größte Mysterium der katholischen Kirche in den Leib des Erlösers verwandelt worden war. Ich sprach ein kurzes Gebet, bat um Vergebung für alle meine Sünden (zu viele, als dass ich sie aufzählen könnte) und ging zusammen mit Marcela zur Kommunion.

Eine der schönen Seiten des Schamanismus ist darin zu sehen, dass er selbst keine Religion ist und uns deshalb gestattet, Freude an allen Religionen zu finden – Christentum, Hinduismus, Buddhismus, Islam, was es auch sei. Sie alle sind uns zugänglich, weil wir keinen Dogmen anhängen und keinem Glauben, der besagt, das dieser oder jener Weg der bessere sei. Wir verlassen uns auf unsere Erfahrung. Es kommt vor, dass wir mit den Lehren dieser Traditionen hadern, weil es noch alte Belastungen gibt; doch Marcela erinnerte mich an jenem Tag daran, all das einfach wegzulassen, was uns nicht erlaubt, die heilige und heilsame Kraft der Liebe zu erfahren. Wir müssen uns leer machen.

Als Schamane sind wir Kartografen, die so etwas wie Landkarten der Seele anlegen. Eine Zeit lang kann man sich wohl nach den Landkarten anderer orientieren, bis wir dann merken, dass die darin eingearbeiteten Wahrheiten eine Wegbeschreibung für die Seelenreise ergeben, in der uns manches fehlt. Die Karte repräsentiert die Wahrheiten anderer, aber nicht unsere eigenen. Dann geht uns auf, dass wir nicht den Weg unserer Familie oder unseres weiteren Umfelds von Freunden und ähnlich Denkenden gehen müssen. Wir brauchen uns nicht auf Terrain zu beschränken, das andere aufgrund ihrer durch Leid und Verrat geformten Identität beschrieben haben. Es steht uns frei, die Landkarte abzuändern oder eine ganz neue anzulegen.

Einmal aßen Don Manuel und ich bei einem seiner Freunde zu Abend, und ich sagte anschließend, ich hätte diese Suppe bei meinen Reisen in Peru schon oft vorgesetzt bekommen, aber keine habe bisher so geschmeckt wie diese. Don Manuel sagte: »Jede Köchin findet ihre ganz eigene Art der Zubereitung. Dein Problem liegt darin, dass du dich immer noch nicht traust, auch nur bei einer einzigen Zutat etwas zu ändern.«

Ich wandte ein, ich sei Anthropologe. Meine Aufgabe sei es zu beobachten, Buch zu führen und zu dokumentieren, aber mit der Abwandlung des Rezepts für eine Suppe hätte ich nichts zu tun. Es stünde mir nicht zu, etwas an dem zu ändern, was ich bei den Schamanen beobachtete, ganz gleich, ob es um die Durchführung eines Rituals ging oder um das, was sie über ihren Glauben und über ihre Arbeit sagten.

»Du bist ein Paco«, erwiderte Don Manuel, »ein Schamane deines Volks. Du hast eine Berufung, einen Auftrag. Anthropologen? Die sind wie Bussarde, die sich um die Hinterlassenschaft eines alten Volks zanken wie um Aas, jeder reißt sich irgendwelche Fleischfetzen los und schlägt sich damit voll.«

Legen wir uns lieber nicht auf etwas fest, um das es angeblich geht. Wenn wir von unseren Erwartungen ablassen, kann das geschehen, was zu geschehen hat.

In der Schwitzhütte

Als ich Rolling Thunder zum ersten Mal auf seiner Ranch Meta Tantay besuchte, lud er mich zur Teilnahme an einer Schwitzhüttenzeremonie ein, die am Abend stattfinden würde. Ich schlug mein Zelt hinter dem Haus auf und half den jungen Männern und Frauen am Feuer beim Aufheizen der Steine, die wir in der Schwitzhütte verwenden würden. Später fertigten wir Gebetsbänder an, die aus in weißes Tuch eingeschlagenem Tabak bestanden, und diese Bänder hängten wir an die Weidenäste, die das Gerüst der Hütte bildeten. Dann bedeckten wir das Ganze mit Decken, und jetzt sah es aus wie eine umgestülpte Schale.

Gegen zehn Uhr am Abend wurde es dunkel, und die Sterne kamen heraus. RT rief uns zusammen und leitete das Gebet an die vier Himmelsrichtungen. Er rief die Hüter der vier Weltgegenden auf, uns zu schützen und zu leiten. Dann berührten wir einer nach dem anderen mit der Stirn die Erde und betraten die Hütte.

Drinnen erläuterte RT, die Hitze in der dunklen Hütte würde alles Unreine wegschmelzen, durch das wir so zersplittert waren und das uns vom Weg der Erde und der Natur entfremdet hatte. Dies sei die Ursache aller Krankheiten. Wir seien wie Kinder, die nicht auf ihre Mutter hörten und ihre Fülle zurückwiesen und dafür lieber die Wälder und Meere plünderten und ausraubten. Wir müssten uns vom destruktiven Dominanzgebaren des weißen Mannes lossagen.

Die Zeremonie zog sich über Stunden hin. Irgendwann hielt ich nicht mehr nach, wie oft wir nach draußen gingen und wieder in die Hütte zurückkamen. Ein Gang nach draußen und zurück wurde als »Tür« bezeichnet. Dazu erklärte RT: »Wer nach draußen geht, ist ein anderer als beim Eintreten.« Tiefer und tiefer folgten wir einem spiralförmigen Weg hinunter in die Erde, zurück in den Schoß der Mutter. Es ging letztlich darum, erneuert zurückzukehren, wiedergeboren zu werden.

Etwa auf der Hälfte der Zeremonie begannen einige von uns, Lichter im Dunkel der Hütte flackern zu sehen. RT sagte, das seien Krankheiten verursachende Energien, die unseren Körper verließen. Sie sahen aus wie umherfliegende Funken, die durch die Öffnung im Dach verschwanden. Das dauerte ungefähr eine halbe Stunde, und dann wurden alle sehr still, sogar der Vorsänger, dessen Singsang im ersten Teil der Nacht ständig zu hören gewesen war. RT intonierte ein Gebet in einer Sprache, die ich noch nie gehört hatte, und je länger seine Rezitation anhielt, desto heller wurde es in der Hütte, als dämmerte der Tag. Ich wusste aber, dass es noch mitten in der Nacht sein musste. Urplötzlich war mir klar, dass nicht der Raum heller geworden war, sondern die Menschen. Ein seltsames Leuchten ging von jedem Einzelnen aus. Sobald ich genau hinsah, war das Leuchten weg, aber wenn ich den Blick etwas unscharf hielt, nahm ich ein Glosen um jeden Einzelnen wahr, wie man um eine Kerzenflamme einen Hof sieht, wenn man den Blick nicht scharf stellt. Nach der Zeremonie fragte ich RT, was ich da ähnlich wie einige andere gesehen hatte. »Das war ihr Licht«, sagte er.

Das Wiracocha, ging es mir durch den Sinn. Das wahre Ich oder die Seele eines Menschen.

Während ich nach der letzten »Tür« nackt und schweißüberströmt draußen vor der Hütte stand, fiel mir plötzlich auf, dass sich meine Haut abschälte. Ich hatte mir am Tag zuvor einen Sonnenbrand geholt, und jetzt konnte ich mir die Haut in Streifen abziehen, als würde ich mich häuten wie eine Schlange. Als ich mich umsah, stellte sich heraus, dass es nicht nur mir so ging. RT lachte.

»Das ist gut«, ließ er uns wissen.

Ich fühlte mich wie ausgedörrt und trank Unmengen Wasser. Durch die körperlichen Strapazen war ich endlich einmal nicht so sehr in meinem Kopf. Ich fühlte mich leichter; wahrscheinlich hatte ich einiges an Flüssigkeit verloren, aber das meine ich nicht. Ich fühlte mich leicht und doch irgendwie fest gefügt. In Frieden. Alles, was mich an Irritation oder Frustration oder Aggression belastet haben mochte, war weg.

»Ja«, sagte ich, als ich zum Mond aufblickte, wie er hinter den Wolken hervorkam und seinen breiten Lichtschwall über das Land warf. »Ja, es ist gut. Es ist richtig gut.«

Es war nicht dieses vorübergehende selige Einssein, das ich schon früher gelegentlich empfunden hatte, aber ich fühlte mich diesem Zustand nahe. Wieder einmal wurde mir bewusst, dass es viele Wege dorthin gibt, viele Landkarten, an denen man sich orientieren kann, wenn man dorthin möchte. Und es gibt zahlreiche praktische Ansätze für die Begegnung mit dem Heiligen, die alle sehr wirkungsvoll sein können.

Ob Sie den von mir in diesem Buch vorgeschlagenen Ansatz nutzen möchten oder sich für etwas anderes entscheiden, lassen Sie sich auf jeden Fall darauf ein, damit Ihre innere Meisterin oder Ihr innerer Meister erwacht und wir alle etwas davon haben.

Alles Unbrauchbare abstreifen

Wir müssen nicht nur unsere persönlichen Geschichten ablegen, sondern auch die kollektiven. Es geht also nicht nur um die Erzählungen von unseren persönlichen Schmerzen, sondern auch um die Geschichten, aus denen die maskuline Raubtiermythologie besteht, unter der die Menschen und die Natur weltweit leiden. Wir werden diese Storys zeremoniell verbrennen und dabei das Licht neuer Möglichkeiten freisetzen, das in all diesen Tragödien geboren wurde.

Wir müssen jedoch auch von all den Geschichten ablassen, die goldene Käfige geworden sind und die wir uns gern bewahren würden, weil sie so wohlige Gefühle vermitteln. Wir tun das, um leer zu werden und dann Gefäße für neue Erfahrungen sein zu können. Sobald wir sterben, werden diese Geschichten ohnehin wieder freigesetzt und gehen in den uns allen gemeinsamen Schatz unbewusster Weisheit und Erinnerung ein. Wenn wir uns heute bei der Feuerzeremonie von alldem lösen, wird sich zeigen, dass die Leere doch nicht ganz so leer ist. Sie birgt ein ungeheures schöpferisches Potenzial für neue Überzeugungen, Ideen und Mythologien.

Denken Sie an Umstände, einen Glaubenssatz oder eine Betrachtungsweise, die Ihnen nichts mehr bringen und sich irgendwie erdrückend anfühlen. Vielleicht empfanden Sie Ihren Vater als gleichgültig und konnten es ihm nie verzeihen. Vielleicht haben Sie das Gefühl, nirgendwo dazuzugehören und einsam zu sein, vielleicht handelt die Geschichte davon, dass niemand Sie wirklich zu schätzen weiß. Möglicherweise sind Sie in eine Gesellschaft oder Gemeinschaft eingebunden, die sich etwas darauf einbildet, anders oder in irgendeinem Sinne überlegen zu sein. Eventuell spielt in Ihrer Geschichte die »Wir-gegen-sie«-Mentalität eine Rolle. Lösen Sie sich von all den Narrativen, Überzeugungen oder Identitäten, durch die Sie sich an die Vergangenheit gefesselt fühlen. Entledigen Sie sich dieser Dinge, auch wenn Sie sich dann erst einmal völlig desorientiert fühlen. Vertrauen Sie sich dem Transformationsprozess an.

Wie die Schlange ihre unbrauchbar gewordene Haut abstreift, sollten Sie Ihre Geschichten von alten Verletzungen ablegen und dem Feuer endgültig die Fabel von all den Leuten übergeben, die Sie nach Ihrer Einschätzung nicht so annehmen, wie Sie sind. Legen Sie alle Ihre Beschwerden über Ausnutzung und Respektlosigkeit dazu, Geschichten von Druck, Gewalt, Grausamkeit und Ausbeutung überall auf der Welt, Geschichten, nach denen Ihre Mutter immer noch nicht wirklich hinter Ihnen steht und es Ihnen in Ihren Beziehungen besser ginge, wenn Ihre Eltern brauchbarere Vorbilder geboten hätten, die Geschichte, Ihre Eheprobleme hätten nichts mit Ihren Eltern oder Großeltern zu tun – und schließlich den Glaubenssatz, dass Sie in Ihrer Ehe nur deshalb Probleme haben, weil Sie aus der Beziehung zu Ihren Eltern so verkorkst hervorgegangen sind.

Denken Sie auch an die golden schimmernden Erzählungen, die Sie sich erhalten möchten, weil sie so viel Trost bieten. Was gut und wahr ist, wird Ihnen erhalten bleiben, weshalb Sie auch diese Geschichten jetzt einfach mal lassen können. Lösen Sie sich von der Story, in der Sie als guter Vater oder gute Mutter, als engagierter Heiler oder lebenserfahrener weiser Mensch auftreten. Lösen Sie sich von den Mythen, die davon erzählen, wie Ihr Volk aus aller Not und allem Unglück gestärkt hervorgegangen ist. Lösen Sie sich von all den Sagen, die vom Stolz auf Ihre Identität, Ihre Leistungen, Ihren Besitz und Ihre Zugehörigkeit zu einer Gemeinschaft erzählen, die Bewundernswertes geleistet hat. Legen Sie die Geschichte weg, die erzählt, wie Sie altern werden und welchen absehbaren Tod Sie schließlich sterben werden, weil der Fluch Ihrer DNA Ihnen nicht die Möglichkeit gab, an Ihrem ererbten Schicksal etwas zu ändern. All das können Sie verbrennen.

Zelebrieren Sie die Zeremonie mehrmals (das gilt auch für die übrigen Feuerzeremonien in diesem Buch). Sollten Sie einmal den Impuls spüren, zu einer früheren zurückzugehen, dann hören Sie auf Ihre Eingebung und wiederholen Sie diese Zeremonie, bis Sie sich zur nächsten in der Reihenfolge von Schlange, Jaguar, Kolibri und Adler bereit fühlen. Sie können diese Zeremonien auch zusammen mit anderen durchführen, wobei jeder aussprechen sollte, welche Geschichten er entlassen möchte.

Bei den Feuerzeremonien in diesem Buch müssen Sie in einem heiligen Raum arbeiten. Sie können ihn mit der im Anhang abgedruckten Anrufung öffnen und schließen. Halten Sie auch zu jeder dieser Feuerzeremonien immer ein Tage- oder Notizbuch mit Stift bereit, das Sie bei eventuellen Gesprächen mit dem Krafttier, dem Sie auf der Insel begegnet sind, verwenden können. Sie haben darin ein Zeugnis Ihrer Arbeit, das Sie bei der Erweckung Ihrer natürlichen Instinkte unterstützt und Weisheit bereitstellt, die Ihre Entwicklung fördern kann. Dafür eignet sich die Zeit nach dem Ende der eigentlichen Feuerzeremonie, bevor Sie den heiligen Raum schließen. Bei dieser und den folgenden Feuerzeremonien müssen Sie Reisig oder kleine Stöckchen bereithalten, auch Zahnstocher genügen, die Sie für den Fall, dass Sie sich nicht im Freien an einer Feuerstelle befinden, an der Funkenflug kein Problem ist, in einer Kerzenflamme oder einer kleinen Schale verbrennen. Im Amazonasgebiet übergeben die Schaman*innen dem Feuer sogenannte Todespfeile – Stäbe, denen sie die Geschichte oder Energie dessen, was sie ablegen möchten, eingehaucht haben. Das Feuer verzehrt diese Energien und verwandelt sie. Dem lässt die Schamanin Lebenspfeile mit Vorhaben und Träumen folgen, auf deren Verwirklichung man hofft.

Halten Sie etwas bereit, mit dem Sie Ihr kleines Zimmerfeuer löschen können, sollte es so stark werden, dass die Gefahr des Übergreifens auf andere Objekte besteht. Das könnte ein wenig Wasser sein, mit dem Sie die bei dieser Zeremonie verwendete Kerze löschen, die in einer Schale steht.

Die Feuerzeremonie der Schlange

Bereiten Sie Ihre Feuerzeremonie wie oben beschrieben vor. Entnehmen Sie Ihrem Vorrat ein Stäbchen oder einen kleinen Ast und hauchen Sie ihm das mit der Geschichte verbundene Gefühl ein, das Sie preisgeben möchten. Fangen Sie mit Geschichten an, die Sie wirklich satthaben und von denen Sie wissen, dass sie nur noch hinderlich sind. Legen Sie zuerst persönliche und danach kollektive Geschichten ab. Bei Letzteren kann die Schwierigkeit darin bestehen, dass sie nicht so leicht zu erkennen sind, weil schmerzliche und tragische Geschichten, die wir mit anderen teilen, mitunter ein tröstliches Gefühl von Zusammengehörigkeit vermitteln. Geteiltes Leid verbindet, aber auch solche Storys von kollektiven Leiden müssen in Flammen aufgehen. Entsorgen Sie ebenfalls Geschichten, welche die ganze Menschheit betreffen. Der Geist möchte, dass wir uns von diesen Erlebnissen lösen, von diesen Erinnerungen an Schmerzen, die wir einander, aber auch Mutter Erde und ihren Lebewesen zugefügt haben. Die Schamanen der Anden legen beispielsweise die Geschichte der Conquista sowie der Verfolgungen und Folterungen ihrer Vorfahren bewusst ab, damit die Energie dieser Leiden in Heilkräfte umgemünzt werden kann.

Während Sie sich durch Ihr Bündel von Stäben oder Zweigen hindurcharbeiten, können Sie irgendwann zu den herzerwärmenden Geschichten übergehen, die Sie gern behalten würden. Lösen Sie sich von Ihren persönlichen Errungenschaften und den zugehörigen Geschichten. Danach gehen Sie zu den Geschichten Ihrer Gesellschaft oder Ihres Volks über, die einmal Ihr Stolz waren und ein Zusammengehörigkeitsgefühl begründeten. Vertrauen Sie sich diesem Geschehen an, während Sie die Geschichten eine nach der anderen immer neuen Zweigen einhauchen.

Verfahren Sie ebenso mit Ihrem genetischen Erbe, das Ihnen vielleicht Demenz und Herzerkrankungen voraussagt. Lösen Sie sich von der Vorstellung, dass Ihnen Krebs blüht und Sie unter Qualen sterben werden, ohne richtig gelebt zu haben.

Wenn Sie den Todespfeilen alle diese Erzählungen und zugehörigen Ängste eingehaucht haben, wird es Zeit, sie dem Feuer zu übergeben. Sie müssen dabei nicht wissen, für was jedes einzelne Zweiglein steht. Es ist sogar besser, das nicht zu wissen – schließlich möchten Sie ja all das samt und sonders entlassen. Falls Sie mit Zahnstochern arbeiten, halten Sie jedes Hölzchen zwischen Daumen und Zeigefinger in die Spitze der Flamme. Sehen Sie zu, wie das Stäbchen Feuer fängt und wie die Flamme es dann langsam verzehrt, zusammen mit Ihrer Geschichte.

Ist das Stäbchen verbrannt, fahren Sie mit der Hand einmal kurz durch die Flamme, es kann auch etwas darüber sein, um dann mit der Hand die Stirn so zu berühren, dass die Verwandlungskraft des Feuers in Ihr »Drittes Auge« oder Stirn-Chakra gelangt, das Zentrum der Weisheit. Wiederholen Sie das, um die Hand dann auf das Herz-Chakra zu legen, Ihr Liebeszentrum. Und noch einmal wiederholt sich das, nur dass Sie die Energie des Feuers Ihrem zweiten Chakra über dem Nabel zuführen, um Ihre Instinkte zu heilen und Ihre

Kreativität zu wecken, die Fähigkeit, Ihre höchsten Träume zu verwirklichen. Auf diese Weise führen Sie sich Energien aus dem weiten Feld der Möglichkeiten zu.

Jetzt sind Sie mit den Todespfeilen durch und können zu den Lebenspfeilen übergehen. Nehmen Sie drei Stäbchen oder Zweige und hauchen Sie dem ersten die Heilung ein, die Sie sich für Mutter Erde, die Natur, die Tiere und die Wälder wünschen. Stellen Sie sich die Flüsse, die Meere und die Luft sauber vor, sehen Sie die Menschen in Frieden mit der Natur leben. Dem zweiten Stab hauchen Sie die Intention ein, dass ein geliebter Mensch das an Frieden und Heilung bekommt, was er braucht. Im dritten Stab verankern Sie mit Ihrem Atem die Intention, selbst so viel Gesundheit und Mut zu haben, dass Sie Schönheit und Frieden in die Welt tragen können.

Nehmen Sie ein viertes Holz in die Hand, das jetzt ein Lebenspfeil für Sie selbst sein soll, für die Erneuerung Ihres Körpers und Ihrer DNA, für Ihren Wunsch, etwas Neues und anderes zu hinterlassen, und für die Schaffung eines neuen Ichs, das von jetzt an ein neues Leben führen wird.

Übergeben Sie Ihre Lebenspfeile einen nach dem anderen dem Feuer, sodass es die Energie dem Wind mitgeben und der Geist sie in Form überführen kann. Damit tauschen Sie die in den abgelegten Geschichten enthaltene Kraft gegen etwas Besseres ein, nämlich die Kraft, zu heilen und etwas Neues zu schaffen. Teilen Sie Ihre Sehnsüchte, und seien sie auch noch so vage, dem Geist mit und sagen Sie sich, dass Ihre Weisheit im Feld des Möglichen auf Geister treffen wird.

Jetzt rufen Sie Ihr Krafttier an, Ihnen bei allem Weiteren zu helfen. Nehmen Sie Ihr Notizbuch zur Hand, teilen Sie die Seite mit einem senkrechten Mittelstrich. In die linke Spalte schreiben Sie die Frage, die Sie von Ihrem Krafttier beantwortet haben möchten:

Gibt es noch etwas, was ich dem Feuer übergeben muss, um der Herausforderung der Schlange zu genügen und ihre Heilungs- und Weisheitsgaben zu erhalten?

Auf der rechten Seite notieren Sie die Worte und zeichnen die Bilder, die Ihnen in den Sinn kommen. Das ist Ihre Antwort. Wenn Ihr Krafttier erkennen lässt, dass noch etwas zu verbrennen ist, erzeugen Sie einen weiteren Todespfeil und übergeben ihn dem Feuer.

Stellen Sie Ihrem Krafttier noch einmal die gleiche Frage und notieren Sie alles, was Ihnen dann bewusst wird. Wenn Ihr Krafttier jetzt erkennen lässt, dass noch etwas vorgebracht oder erfahren werden muss, um der Herausforderung der Schlange zu genügen, machen Sie daraus einen Lebenspfeil, den Sie anschließend verbrennen.

Dieses Gespräch können Sie so lange fortsetzen, wie Sie das Gefühl haben, Sie müssten Ihr Krafttier noch etwas fragen. Wenn Sie den Impuls dazu verspüren, hauchen Sie den Lebens- oder Todespfeilen die Energie ein, die in Austausch mit dem Feuer gehen soll. Es gilt, von Ihrem Krafttier zu erfahren, wo Sie noch Widerstände haben, damit Sie Vorbehalte gegenüber anstehenden Veränderungen überwinden können.

Sobald Sie spüren, dass alles in Ordnung ist, haben Sie für heute genug getan. Bedanken Sie sich bei Ihrem Krafttier für die Anleitung. Schließen Sie den heiligen Raum und bedanken Sie sich bei den Himmelsrichtungen für die Hilfe, die Sie bekommen haben. Rufen Sie sich in Erinnerung, dass Sie beim Werk des Weisheitsrads nie allein sind. Sie bekommen immer Hilfe aus den unsichtbaren Bereichen.

Die Götter mit den tausend Gesichtern und ihr Lebensraum

Der Mythenforscher Joseph Campbell glaubte, dass die in Mythen agierenden Gestalten universaler Natur und die Götter mit ihren tausend Gesichtern und unzähligen Namen lokale Ausprägungen der Menschheitsarchetypen seien. Amchi sagte zu mir, die Gottheiten aller Religionen bewohnten verschiedene Bereiche des Kosmos, und jede Religion oder Tradition beschreibe die Wege und Prüfungen, durch die man in den jeweiligen »Himmel« gelange. Bei seinen Worten sah ich einen Wochenmarkt vor dem inneren Auge: Du gehst einfach zu dem Stand, an dem du kaufen möchtest. Mir war klar, dass Amchis Sicht der Dinge auf dem buddhistischen Glauben an »Buddha-Felder« oder »reine Länder« beruht, in denen man wiedergeboren wird und die unter dem Schutz bestimmter Buddhas stehen. Die Welt, in der wir gegenwärtig leben, ist eines dieser Felder und untersteht dem Schutz des Buddhas Gautama.

Einmal sprachen Amchi und ich abends am Feuer über meine katholische Erziehung und darüber, dass die Geschichten meiner Kindheit mir nicht mehr viel sagten. Ich erklärte, ich wolle auf keinen Fall auf der katholischen Himmelsleiter enden, denn da würde ich nach meinem Tod sehr lange warten müssen (wirklich sehr lange, nämlich bis in alle Ewigkeiten), bevor endlich der Tag des Gerichts und der Auferstehung anbräche.

Er sagte: »Die Leute scheuen sich, das in der Kindheit Gelernte infrage zu stellen.«

Ich merkte, dass es mir mehr darum ging, jetzt schon den Himmel auf Erden zu schaffen.

Die Wegbeschreibung des tibetischen Buddhismus sagte mir sehr zu, da wurde man bald nach dem Verlassen des gegenwärtigen Körpers in einer Familie wiedergeboren, die sich dem Dharma, der buddhistischen Lehre, verpflichtet fühlte. Und wer Erleuchtung fand und sein Leben dem Wohlergehen anderer und der Erde weihte, kann dann schnurstracks eins der reinen Länder aufsuchen. Man kann sich auch dafür entscheiden, wieder zur Erde zurückzukehren und dort sein Bestes zu tun, also ein Bodhisattwa zu werden.

Bei unserem Weg über nepalesische Bergpfade dachte ich über unsere verschiedenen Arten von Landkarten nach. Da gibt es politische Karten mit lauter Grenzen, die nur in den Köpfen der Menschen existieren, topografische Karten, denen die Höhen und Niederungen der Landschaft zu entnehmen sind, und Klimakarten, auf denen Sie Wüstengebiete von Gegenden mit gemäßigten Wetterbedingungen unterscheiden können. Gab es wohl Übereinstimmungen zwischen den Landkarten der Buddhisten mit ihren Himmeln und reinen Ländern und den Landkarten der Schamanen? Wenn die schamanischen Traditionen Amerikas und die Himalajaregion einen gemeinsamen Ursprung in der Zeit vor etwa 50 000 Jahren hatten, und DNA-Vergleiche deuten darauf hin, musste es bei den unsichtbaren Welten irgendwo Kongruenzen geben. Im gleichen Sinne können in einer Karte vielleicht die Wege und die Umrisse eines

Berges wiedergegeben sein, in einer anderen die Wasserwege und Seen und in einer dritten die Höhenverhältnisse, und doch handelt es sich auf allen drei Karten um den gleichen Berg.

Die erste Gemeinsamkeit auf einer Landkarte des Heiligen, die wir alle verwenden können, ist die Schlangenenergie. Sie hält uns in den Geschichten unserer Kultur oder Gesellschaft oder Lebensgemeinschaft gefangen, die davon erzählen, wer wir sind und wer wir sein können.

Mutter der Gewässer

Yakumama ist der Geist der Anakonda, hundertfach vergrößert. Die Anakonda kann bis zu zehn Meter lang werden, aber Yakumama ist wirklich gigantisch. Der Legende nach ist sie Mutter und Hüterin allen Lebens im Amazonasbecken, sie kann Stürme herbeizitieren und in den Flüssen tödliche Strudel erzeugen, die Fischer mitsamt ihren Booten verschlingen. Die Invasion der Holzfäller trieb Yakumama tief in die Wälder, und sie zeigt sich jetzt nur noch selten, um mit den Menschen eine Rechnung für ihre Vergehen an der Natur zu begleichen. Manchmal zerstört sie ganze Siedlungen von Goldsuchern.

Ich hatte von den Legenden über Yakumama gehört. Jedes Kind kennt sie. Ich sah so etwas wie Märchen darin – bis ich selbst der großen Schlange begegnete.

Wir befanden uns mit unserem Freund Agustín Rivas im Amazonasgebiet. Er ist ein begnadeter Künstler (ich besitze ein paar seiner Skulpturen, und sie bedeuten mir viel), ein erstklassiger Ayahuasca-Schamane, aber ein schrecklicher Musiker, der darauf bestand, zu jeder seiner Zeremonien die Harmonika zu spielen.

An diesem Abend arbeiteten wir an einer Hütte am Ufer des Yarinacocha-Sees in Peru. Unsere Maloca, eine Hütte auf Pfählen mit Schilfdach und ringsum mit Moskitonetzen geschützt, stand über 100 Meter vom Ufer entfernt, aber es herrschte gerade Regenzeit, und das ganze Umland stand unter Wasser.

Ich hatte eine Gruppe von Freunden und Studenten aus den Vereinigten Staaten und Europa mitgebracht, um ihnen das Erlebnis von Zeremonien mit Agustín zu verschaffen, der im Unterschied zu anderen Schamanen nie den Regenwald verlassen hatte und in die Städte gegangen war, sondern nach wie vor tief im Dschungel lebte. Er konnte die Geister des Waldes und die Wächter des Amazonas rufen, und sie folgten seinem Ruf. Er war der einzige Schamane, den ich je kennengelernt hatte, welcher den Jaguar zur Zeremonie herbeizitieren konnte. Meist trat er dann in Geistform auf, aber immer wieder mal auch als Tier aus Fleisch und Blut.

Es war eine sehr beeindruckende Zeremonie. Als Agustín zu den Jaguaren sang, sahen wir in der dunklen Hütte ringsum ihre Augen, strahlend gelbe Augen, Hunderte, die in unsere blickten. Da wussten wir, dass der Jaguar – der Totemgeist des Ayahuasca – bei uns war.

Und dann zückte Agustín seine Mundharmonika und spielte ein Weihnachtslied. Mehr schlecht als recht.

Ich kannte Agustín schon Jahrzehnte und wusste, dass er dieses Zwischenspiel ganz gezielt als Unterbrechung setzte, um die Leute von den Reisen zu den Jaguaren zurückzuholen und auf den nächsten Teil der Zeremonie einzustimmen. Da hieß es für mich, die Zähne zusammenzubeißen, denn ich mochte mich noch nicht so recht von dieser wunderbaren Begegnung mit den großen Raubkatzen trennen. Ich ging nach draußen, um zu den Sternen aufzublicken. Ich trat durch die mit dem Moskitonetz bespannte Tür auf den Steg, dessen lose Planken unter meinem Gewicht ein wenig nachgaben. Der Nachthimmel mit seinen Sternen spiegelte sich im See. Frieden lag über der Welt, und mit der feuchten Amazonasluft atmete ich die Vollkommenheit dieses Augenblicks ein. Dann öffnete ich die Augen und sah draußen auf dem See eine Bewegung der Oberfläche, die sich in Richtung Maloca bewegte. Ich war fest entschlossen, den Frieden und die Vollkommenheit, die ich gerade erlebte, durch nichts stören zu lassen. Ich kannte mich mit den durch Ayahuasca induzierten höheren Bewusstseinszuständen gut genug aus, um zu wissen, dass ich mich meinem Atem überlassen musste und nicht von der Angst vereinnahmen lassen durfte. Als die Oberflächenbewegung näher kam, musste ich mir jedoch eingestehen, dass meine Atempraxis nicht anschlug. Ich fühlte, wie sich die Angst im Bauch verknotete. Schließlich war dieses Wesen nah genug, dass ich es als gigantische Anakonda erkennen konnte, ungefähr das Zehnfache meiner Körperlänge und auch im Umfang der Gürtellinie eines Mannes entsprechend. Die Schuppen sahen für mich aus wie gewaltige Türkise; und als die Schlange den Steg erreichte, sperrte sie das Maul so weit auf, dass ich das Waschbrettmuster des Gaumens gut erkennen konnte.

»Atme«, ermahnte ich mich, aber es ging nicht.

Das nächste Kommando meines Gehirns lautete: »Lauf!«, doch ich konnte mich nicht bewegen.

Da war ein Impuls, das Tier zu berühren, seine Schuppen zu fühlen, es zu streicheln, etwas erschreckend Erotisches und Sinnliches.

Aber ich konnte keinen Finger rühren, und das Einzige, was ich überhaupt noch zustande brachte, war, ständig die Worte »Es tut mir leid« zu wiederholen.

Die Schlange wich zurück und beschrieb in etwa 30 Metern Entfernung Kreise, als wollte sie sehen, was ich tun würde.

»Es tut mir leid« lautet im Spanischen »Lo siento«. Das bedeutet auch »Ich fühle es«.

Ich bedauerte mein Leben im Allgemeinen, außerdem schossen mir Millionen Einzelheiten durch den Kopf; und jetzt fühlte ich die Schlange immer deutlicher in mir. Die Scham, die ich beim ersten »Es tut mir leid« empfunden hatte, begann zu schmelzen und sich aufzulösen. An ihrer Stelle entstand ein zunehmendes Gefühl von Zugehörigkeit zum Regenwald, verbunden mit seltsamen Lustgefühlen in der Leistengegend.

Ich verneigte mich zu der großen Schlange hin, aber sie war verschwunden.

Ich kehrte zur Gruppe zurück und erzählte Agustín von dem, was ich gerade erlebt hatte.

»Das war Yakumama«, sagte er. »Geh wieder raus und ruf sie. Sie hat etwas mitzuteilen. Aber pass auf, dass sie dich nicht frisst.«

Ich wollte seiner Anweisung folgen, merkte aber, dass ich am ganzen Körper schlotterte. Ich konnte mich nicht vom Fleck rühren. Ich sackte in mich zusammen und zog mir den Poncho über den Kopf. Die Nacht war warm, und trotzdem hatte ich Frostschauer und konnte den Unterkiefer nicht stillhalten. Außerdem hatte ich mir in die Hose gemacht.

Agustín kam herüber, packte mich an der Schulter und schüttelte mich. »Du musst zurückgehen.«

»Lass mich«, gab ich zurück. Ich bat ihn, seine Mundharmonika zu spielen, um den Bann zu brechen.

Am nächsten Morgen erzählte Agustín, dass die Flussbewohner, die im Fluss lebten und nicht wie die Menschen an seinen Ufern, »Yacuruna« genannt werden. Sie sind das Anakonda-

Volk, Urzeitwesen, die sich am liebsten in den Tiefen des Flusses aufhalten. Mitunter kommt es zur Paarung mit einer Menschenfrau. Oder sie verschleppen einen Schamanen für die Paarung mit einer der Ihren und bringen ihn eine Woche später zurück.

»Das ist ziemlich abgefahrenes Zeug«, sagte ich. »Du erwartest doch nicht, dass ich das glaube, oder?« Unsichtbare Wesen, die sich mit Menschen paaren, meine Güte …

»Wieso nicht?«, fragte er. »Wie war das denn mit Maria und Gott?«

»Das ist doch ganz was anderes!«, wehrte ich ab.

»Na klar, na klar«, nickte er.

Die Schlange lässt uns alles ablegen, was uns nicht zu sehen erlaubt, welche Erfahrungen sonst noch möglich sind. Sie öffnet einem den Blick für das große Ganze: die innige Verbundenheit der Menschen, der Erfahrungen, der Mythologien. Sie lässt uns erkennen, dass wir uneins mit uns selbst sind, wenn wir untereinander uneins sind – und umgekehrt. Deshalb ist der Gedanke, die Welt zu heilen, gar nicht so abwegig. Es klingt nach einem gewaltigen Unternehmen, steht aber durchaus in unserer Macht; denn wenn wir uns selbst heilen, heilen wir die Welt.

Wenn wir aufhören, das Weibliche und die Sinnlichkeit als böse wahrzunehmen, wenn wir uns die Anteile unserer selbst wieder aneignen, die wir in den Schatten verstecken, wenn wir unsere Leidenschaft verkörpern, werden wir auf eine Art des Umgangs mit der Kundalini-Energie stoßen, die uns und anderen zugutekommt. Und wie der Flügelschlag eines Schmetterlings ein reinigendes Unwetter auf der anderen Seite des Globus auszulösen vermag, das eine Dürre beendet, dürfen wir dann darauf vertrauen, dass unsere Entscheidungen und unsere Heilung etwas bewirken.

6

Westen: Die Weisheit des Jaguars

In Charang befanden wir uns in einem Raum aus Lehm und Stein, unmittelbar vor Ghar Gumba, Guru Rinpoches Tempel, an dessen Bau der Legende nach zweihundert Männer beteiligt waren. Was sie jedoch tagsüber bauten, wurde am Abend von zweihundert Dämonen wieder eingerissen. Guru Rinpoche musste ihnen mit dem Phurba, seinem Ritualdolch, drohen, um sie zur Räson zu bringen. Anfangs hatte er gekämpft, aber immer wenn einer der Dämonen zu Boden ging, entstand an der gleichen Stelle sofort ein neuer. Da blieb ihm nichts anderes übrig, als sie zu Verbündeten und Dharma-Beschützern zu machen, zu Beschützern der buddhistischen Lehre.

Ich fand, das seien sehr nützliche Metaphern, auch für Psychologen. Da geht es ja häufig darum, alte Verletzungen auszugraben und zu sezieren, aber für jedes schmerzliche Erlebnis, das wir dabei aufarbeiten, ist gleich wieder ein neues da. Vor Jahren schon hatte ich die Geduld mit der Psychotherapie verloren, weil da alles so endlos dauert und so anstrengend ist und man sich am Ende in einen lebenslangen Patienten verwandelt sieht, der zwar genau weiß, weshalb er sein Leben nicht in den Griff bekommt, aber nichts daran ändern kann.

Heute hatten wir einen 3962 Meter hohen Pass überquert. Auf der Passhöhe waren Steine dem uralten Brauch nach zu einem mannshohen Haufen geschichtet. So hielten es die Pilger und Kaufleute auf der Seidenstraße, die sich hier ausruhten, schon immer. Geschmückt war das Ganze mit windzerfetzten Gebetsfahnen an einem Pfahl, der sich aus der Mitte des Steinhaufens erhob. Als wir ihn erreichten, sprachen wir ein Dankgebet, und jeder legte einen Stein ab, wie es schon alle vor uns getan hatten. Wir fanden eine windgeschützte Stelle, an der wir uns zur Rast hinsetzten und über unsere Tüten mit Studentenfutter hermachten. Marcela jedoch, die disziplinierte, blieb beim Steinhaufen, nahm einen der Steine sacht in die Hände und hauchte ihn an, den beißend kalten Wind schien sie nicht zu bemerken.

»Ah, eine ernsthafte Praktizierende!«, rief Joan. Ich blickte bewundernd zu Marcela hinüber. Wieder einmal zog sie eisern das durch, wozu sie hergekommen war: Sie wollte Augenblicke einer heiligen Verbundenheit erleben, auch unter erschwerten Bedingungen. Am Abend in unserem Zelt in Ghar Gumba wurde mir bewusst, an wie vielen heiligen Orten ich es bereits versäumt hatte, aus ganzer Seele zu beten. Gar zu leicht ließ ich mich von meiner Knabbermischung und scherzhaften Kabbeleien unter Freunden ablenken.

Das würde ich jetzt ändern.

Als ich mich in meinen Schlafsack einmummelte, fühlte ich die Wärme, die von Marcelas Schlafsack neben mir ausstrahlte. Ich betete mich mit Guru Rinpoches Mantra in den Schlaf, das Amchi uns beigebracht hatte und das den Wor-

ten buddhistischer Meister zufolge Hindernisse beseitigen und unseren Körper, Rede und Geist mit dem Göttlichen verbinden kann: »Om Ah Hum Vajra Guru Padma Siddhi Hum.«

Beim Aufwachen erinnerte ich mich an einen Traum vom Schneelöwen, ein herrliches Lebewesen mit roter Mähne, das auf mich zugelaufen kam und dann im letzten Moment über mich hinwegsprang. Im Traum blickte ich auf und sah den Bauch. Es war ein Weibchen mit sechs Zitzen.

Sie sprach mich auch an und sagte: »Ich werde dir den mittleren Weg zeigen.«

Diesen Traum erzählte ich Carol, unserer Bön-Expertin, von der ich mir eine Deutung versprach. Sie sagte: »Die Schneelöwin ist ein Symbol des Buddha Shakyamuni. Sie ist furchtlos, und es heißt, dass ihre Milch Körper und Seele heilt.«

»Und was ist mit dem mittleren Weg?«, fragte ich. Ich wusste, dass der Buddha ein Asket gewesen war, der sich alle weltlichen Dinge versagt hatte, sogar Nahrung. Als er bereits dem Hungertod entgegensah, wurde er von einer jungen Frau gerettet, die ihn mit Yakmilch wieder gesund machte. Da war ihm klar, dass extremer Verzicht ihm nicht die Freiheit eintragen würde, auf die er aus war. »Keine Extreme« war die Lehre, die er daraus zog. Das schließt aber auch das andere Extrem des übermäßigen Wohllebens und der Sinnesfreuden ein. Am besten sei der Weg in der Mitte dazwischen.

»Den mittleren Weg gehen heißt, dass man dem von Buddha gewiesenen Weg der Befreiung folgt«, sagte Carol.

Vier Wahrheiten, an denen nichts Kompliziertes ist: Im Leben leiden wir, sagen die Buddhisten. Leiden entsteht durch Anhaftung. Beendigung der Leiden geschieht durch

Überwindung der Anhaftungen. Und zur Überwindung der Anhaftungen kommt es, wenn wir den »Achtfachen Pfad« des Buddhismus gehen. Damit sind acht Formen des »rechten« Umgangs mit uns selbst, mit anderen und mit der Welt ringsum gemeint.

Ich dachte: »Ja, es gibt einen mittleren Weg, wenn du dich selbst so lieben kannst, wie du bist.«

Ich musste daran denken, wie ich im Rahmen meiner katholischen Erziehung dem Irrglauben verfallen war, es sei gut, sich selbst zu bestrafen. Das hatte ich zumindest innerlich sehr lange getan. Dieser Traum von der Schneelöwin gab mir offenbar zu verstehen, dass ich mich annehmen sollte, wie ich bin, und von der Milch der Wildkatzenweisheit trinken. Wir sind hier, um zu lieben und gesund zu werden, nicht, um unsere Wunden zu vergleichen, unsere Leiden auf einer Skala einzuordnen und zu einem Fetisch zu machen, der uns irgendwie als etwas Besonderes und Höheres erscheinen lässt.

Amchi will heute eine Initiation des Medizin-Buddhas mit uns machen, um die in uns wirkenden geistigen Gifte auszuleiten. Gutes Timing, fand ich. So viele meiner Schmerzen fügte ich mir selbst zu. Solch eine Einweihung konnte ich gut gebrauchen.

In der westlichen Kultur schätzen wir an unserem denkenden Verstand, dass er uns die Welt und unsere Erlebnisse erklärt. Aber dieser Verstand ist nichts, was wir haben oder besitzen, sondern er hat oder besitzt uns. Die Herausforderung des Jaguars innerhalb des Weisheitsrads verlangt nicht, dass wir unser Gehirn abschalten oder zum Feind erklären. Wir sollen es vielmehr optimieren – es entgiften und upgraden, damit wir die Weisheitsgabe des Jaguars entgegennehmen können: die Überwindung unserer existenziellen Urängste, insbesondere unserer Todesfurcht und der Angst vor Verletzungen aus Liebe. Ängste und Befürchtungen binden uns an Dinge, die wir sterben lassen müssen. Angst hält uns davon ab, mit der Selbstverständlichkeit eines Jaguars ins Unbekannte aufzubrechen. Angst lässt uns versuchen, andere zu beherrschen und unserem Willen zu unterwerfen, wo es eigentlich darum gehen würde, Hand in Hand zu arbeiten und das Fehlende gemeinsam zu erschaffen – dic Domäne des Göttlich-Weiblichen.

Tibetische Göttinnen, die Dakinis, werden häufig mit einem Mondsichel-Messer in der einen Hand und einer Schädelschale in der anderen dargestellt. Ich fand diese Bilder schon immer faszinierend und fragte mich, weshalb sie in der Himalajaregion so verbreitet waren. Als ich von Schamanen des Amazonasgebiets, die sich für ihre Reisen der Todesliane Ayahuasca bedienten, in den Weg des Jaguars eingeführt wurde, fing ich an, mich für die Dakinis zu interessieren. Dakinis repräsentieren die Vereinigung von Weisheit (symbolisch als Schädelschale dargestellt) und geschickten Mitteln (deren Symbol das Messer ist). Die Dakinis stehen außerdem für die Abkehr von weltlichen Anhaftungen – von allem, was das Gehirn wahrnimmt und begehrt –, damit es zur Erleuchtung kommen kann.

In der Welt der Wissenschaft identifizieren wir uns mit dem denkenden Verstand und mit dem Gehirn als Sitz des Bewusstseins. Jetzt fragte ich mich, ob die Dakinis wohl andeuteten, dass man das Gehirn ganz abschreiben muss, um Erleuchtung zu finden. Dazu fiel mir ein, dass man im alten Ägypten alle Organe des Körpers außer dem Gehirn einbalsamierte, damit der verstorbene Pharao sie im Jenseits wieder benutzen konnte. Das Gehirn wurde durch zwei in die Nasenöffnungen gesteckte Strohhalme abgelassen.

Das Gehirn und sein Verstand können hinderlich werden, wenn bestimmte Reiseziele zu erreichen sind.

Vom Jaguar bekommen wir die Kraft und den Mut, die wir brauchen, um uns über den Wunsch nach Geborgenheit in dieser Welt einmal hinwegzusetzen und dem Unsichtbaren oder nicht Absehbaren anzuvertrauen. Und der Jaguar ist auch unser Verbündeter und Begleiter beim Abstieg ins Dunkel von Mutter Erde, wo wir in den Bauch des Göttlich-Weiblichen gelangen, damit das an uns geheilt werden kann, was noch von Schmerz umklammert ist.

Hier in diesem dunklen Schoß finden wir die Liebe der ewigen Mutter, die uns nie verlässt, die uns bis ans Ende unserer Tage halten wird und die uns Mittel und Verbündete bereitstellen wird, wenn wir von unserer Angst lassen und uns ihrer liebevollen Heilkraft anvertrauen. Sie hält die Saat des Wachstums für uns bereit, unendlich viele Möglichkeiten, Liebe zu finden und entstehen zu lassen. Wenn diese Saat aufgeht, werden wir von den Menschen, die wir lieben, nicht mehr erwarten, dass sie diese Liebe so erwidern, wie wir es gern hätten. Dann sind wir die Liebe.

Und dies ist des Jaguars Geschenk: Unsere Angst vor Trennung durch gescheiterte Liebebeziehungen, Entfremdung und Tod wird in dem Glauben aufgehoben sein, dass die Liebe unendlich viele Möglichkeiten kennt, sich zu erneuern. Wir sind soziale Wesen, die ohneeinander nicht auskommen können. Wir können nur zusammen mit einem anderen Menschen ganz wir selbst sein, ungeschützt und doch in Sicherheit. Ich werde nie das intensive Verbundenheitsgefühl vergessen, als ich zusammen mit Marcela während der Pandemie aus der Isolation kam, einen alten Freund wiedersah und ihn umarmte. Das wäre früher eine völlig normale Begrüßung gewesen, aber jetzt spürte ich die ganze Wucht dieses Geschehens und dachte unwillkürlich an die Lehre des Jaguars, dass nämlich die Liebe überall ist und sich immer und immer wieder neuen Ausdruck sucht. Niemand muss sich sorgen, dass sie verschwinden könnte.

Der großen Angst die Tür weisen

Wir fürchten den Tod des Körpers, weil es aus unserer Sicht ja sein könnte, dass dann stirbt, was wir sind – mit allem, was wir geleistet, erlebt, geliebt und geglaubt haben. Werden wir ganz weg sein, wenn unser Gehirn nicht mehr arbeitet und unser Herz nicht mehr schlägt? Sind unsere Erinnerungen dann gelöscht? Werden die Zurückbleibenden sich an uns erinnern? Wie lange? Es ist gewiss nicht einfach, sich der größten aller Ängste zu entledigen: der Angst vor dem Tod und dem Verlust unseres Ichs und all dessen, was wir gekannt und geliebt haben. Solange wir jung sind, fühlen wir uns unsterblich. Wenn wir geliebte Menschen verlieren oder unser Körper erste Anzeichen des Alterns zeigt, kommen wir nicht mehr an der Einsicht vorbei, dass die Endrunde unseres Lebens begonnen hat, dass es in absehbarer Zeit sein jähes und nicht unbedingt stilvolles Ende finden wird. Ich erinnere mich an ein Gebet meiner Kindheit, das meine Großmutter mir beigebracht hatte: »Wenn ich vor dem Morgen sterbe, sei der Herr meiner Seele Erbe.« Ich weiß nicht mehr, wie viele Nächte ich bis zum Morgengrauen durchgebibbert habe, um zu verhindern, dass ich im Schlaf sterbe. Und wenn ich zum Herrn beten musste, dass er meine Seele nimmt, was für andere Räuber mochten da noch lauern, um bei passender Gelegenheit mit ihr durchzubrennen? Was, wenn der Herr mal frei hatte oder im Urlaub wäre? Wer würde sich dann meine Seele schnappen und sie wohin verschleppen?

Sie sind zu etwas emotional Anspruchsvollem eingeladen: sich Ihrer Sterblichkeit zu stellen und von der alles färbenden und Ihr Leben schmälernden Angst, sich selbst zu verlieren, frei zu werden. Im tibetischen Buddhismus wird das als »Praxis der Vergänglichkeit« bezeichnet. Die Zeit vergeht so schnell, Chancen kommen und gehen. Die Praxis besteht aus zwei Teilen. Zuerst lassen Sie einfach die Angst und Traurigkeit angesichts des Unabänderlichen zu, nämlich dass Sie eines Tages alles verlieren werden, was Ihnen etwas bedeutet, mitsamt den Menschen, die Ihnen lieb und teuer sind. Und zweitens müssen Sie Ihre Trauer in eine Praxis der Präsenz überführen, in der Sie für den jeweiligen Augenblick dankbar sind. Das durchgängige Bewusstsein Ihrer Vergänglichkeit befreit Sie aus dem Klammergriff der Urangst vor Tod und Ich-Verlust. Das erspart Ihnen auf dem Sterbelager das so verbreitete Bedauern darüber, dass Sie nicht mehr zusammen mit Ihren Lieben unternommen haben. In den späteren Jahren ist das Kindergebet »Wenn ich vor dem Morgen sterbe« nicht mehr so weit hergeholt. Wir wägen ab, wie wahrscheinlich es wohl ist, im Schlaf zu sterben, und sagen uns dann, dass Pessimismus nicht angebracht ist. Sicher werden wir noch lange quietschvergnügt unterwegs sein. Doch ist das wirklich so?

In irgendeinem Winkel unseres Herzens bleibt die Sorge bestehen. Wir haben die Angst zwar in die Tiefen unseres Unbewussten verbannt, aber sie wirft einen langen Schatten über uns und kann von jetzt auf gleich wieder akut werden, wenn uns etwas an unsere Sterblichkeit erinnert. Könnten wir diese Urangst freisetzen, sie aus ihrem Versteck locken und dem Sonnenlicht aussetzen, wäre alles Erforderliche getan, damit wir wieder Sinn für jeden Augenblick und die von ihm gebotenen Möglichkeiten bekommen. Eine dieser Möglichkeiten ist die, dass Sie vielleicht länger leben werden, als Sie für möglich halten, und das bei guter Gesundheit. Ist es nicht merkwürdig, dass die ständig zunehmende statistische Lebenserwartung die Anzahl der Krankheitsjahre und der Bettlägerigkeit vermehrt, aber nicht dazu führt, dass wir mit neunzig noch Ski fahren? Wir könnten aufhören, den Einfluss unserer Lebensweise zu bagatellisieren, und unsere Kenntnisse über das Gehirn und unser Energiefeld so nutzen, dass die Expression unserer DNA sich ändert und wir länger gesund bleiben können.

Eine andere Möglichkeit wäre es, unser angstvolles primitives Gehirn so weit zu beruhigen, dass wir wieder genüsslich an Blüten schnuppern, jeden Atemzug genießen und Chancen wahrnehmen, welche anderen entgehen, die nicht im Augenblick leben, sondern ihre Vergangenheit bedauern und sich dazu noch Sorgen um die Zukunft machen. Für mich bedeutet der Aufruf zu erwachen, dass wir die höher entwickelten Regionen des Gehirns, den Neokortex und die präfrontalen Lappen, stärker ins Spiel bringen müssen, um uns besser in Furchtlosigkeit zu üben und klar zu erkennen, wann und wo der Weg zur Erfüllung unserer Wünsche von Dunkelheit überlagert ist. In früheren Büchern habe ich ausführlich über die Neurowissenschaft der Erleuchtung geschrieben, über die Ernährungs- und Lebensweise, die das Erwachen unterstützt. Meditation, Ritual und Zeremonie und das häufige Eintauchen in die Natur kann den primitiven Anteil des Gehirns beruhigen, der sich gern über Vergangenes grämt, eigene Entscheidungen immer infrage stellt und sich mit allem unter Stress setzt, was morgen passieren könnte. Auf dem Weg des Jaguars winken noch weitere Vorteile, etwa in der Form von Möglichkeiten, mehr Liebe in Ihr Leben zu bringen. Das Werk des Westens erlaubt Ihnen, Verluste, Kränkungen und

Leiden, die Sie in Ihren Liebesbeziehungen selbst erlitten oder zugefügt haben, wieder heilen zu lassen. Dann sehen Sie auch klar, was Sie noch hinnehmen können, und finden den Mut, Ihrer Wege zu gehen, wenn das nicht mehr der Fall ist.

Der Jaguar-Weg, der Präsenz im Augenblick lehrt, befreit Sie auch von Nostalgie und dem Zwang, unbrauchbar gewordenen Normen zu genügen, die vorgeben, was Menschen Ihres Alters zu tun, zu denken und zu fühlen haben. Selbst wenn wir noch kein einziges graues Haar haben, gehen wir oft davon aus, dass wir alle unsere Chancen schon hatten. Der Tod liegt auch im Verlust unserer Vitalität, und das kann in stetigen kleinen Schritten geschehen, vielleicht merken Sie es nicht einmal. Für die Schamanen ist nicht der Tod des Körpers der eigentliche Tod, sondern das Absterben unserer Unschuld und der Offenheit für die Geheimnisse des Lebens. Dieser Tod rafft Sie portionsweise hin, Sie verlieren Ihren Optimismus und leben in dem Gefühl, alles gelernt zu haben, was zu lernen war, und jetzt einfach nur noch den Status quo zu wahren und dabei möglichst lange zu bleiben, bis der Tod Sie schließlich doch holt. Wir reden vom Tod der Zukunftshoffnung. Setzen Sie sich mit Ihren Ängsten auseinander, und Sie werden sehen, dass Ihr Wiracocha, Ihr wahres Ich, bestehen bleibt.

Wenn die Leute anfangen, sich verbraucht zu fühlen und pessimistisch zu werden, kommt gern eine rückwärts gewandte Wehmut auf, die Trost zu spenden scheint. Sie vergessen die schlimmen Erlebnisse und denken nur noch an die gute alte Zeit. Sie kauen endlos die goldenen Jahre durch, bevor alles so schlimm wurde und in die Binsen ging. Um in dieser als tröstlich empfundenen Geistesverfassung bleiben zu können, versuchen sie lieber nichts Neues mehr. Sich in ihrer Nähe aufzuhalten kann wirklich anstrengend sein, aber der Angsthase in uns, dem die ersten Falten sehr wohl aufgefallen sind und dem auch nicht entgeht, dass die Knie bei langen Fußwegen nicht mehr so mühelos mithalten wie früher einmal, möchte sich vielleicht anschließen und ihnen Gesellschaft leisten.

Andere nehmen eine zynische Haltung ein und wollen eigentlich gar nichts mehr wissen. Sie verbittern oder sind ständig geladen. Sie reden fast nur noch von ihren Wehwehchen und erlittenen Kränkungen und sind kaum noch in der Lage, für das Gute in ihrem Leben dankbar zu sein. Vielleicht ist ihnen nicht klar, dass sie auch eine Zukunft haben könnten, die sie zum Nutzen aller mitgestalten. Warum nicht mit 85 eine App entwickeln, Ideen zum Klimawandel und zum nachhaltigen Wirtschaften beisteuern oder sich verlieben? Man muss sich dem aber bewusst überlassen, nur dann kann es ein Abenteuer werden.

Sich der Unsicherheit überlassen

Angesichts der globalen Herausforderungen fragen sich immer mehr Menschen besorgt, wohin die Gesellschaft steuert und was in den kommenden Jahren zur Vermeidung von Katastrophen getan werden kann. Man scrollt zum Beispiel irgendeine Nachrichtenseite durch, und da ist ganz bestimmt von Todesfällen die Rede. Der Tod gehört einfach zum Leben, und Unsicherheit über die Zukunft kann uns ein tiefes Erschrecken einjagen. Die Arbeit des Westens besteht darin, sich in diese Unsicherheit zu fügen und sich von Annahmen und Überzeugungen zu lösen, die uns Lebenskraft und Kreativität abzapfen und uns zynisch und unlebendig machen. Damit möchten wir uns für neue Abenteuer bereit machen, die für uns und andere eine Schicksalswende einleiten.

In der alten Zeit wussten die Menschen um die Kraft der Jaguar-Weisheit, die uns Mut zum Anfängergeist macht, die uns das Gewöhnliche mit kindlichem Staunen empfangen lässt und die uns in den großen Schatz der noch nicht entdeckten Weisheit eintauchen lässt. Sie müssen da für das Mysterium des Unbekannten aufgeschlossen sein, Sie müssen den Sprung von der Felskante in den Nebel wagen und darauf vertrauen, dass Sie sicher auf der anderen Seite des Abgrunds landen und nicht in die Tiefe stürzen werden.

Der Nebel, den ich meine, ist wie die Nebel von Avalon, die sich nur teilen, wenn wir in Unschuld und ehrfürchtigem Staunen kommen, wenn wir für eine Weisheit aufgeschlossen sind, die über unsere hinausgeht, über alles, was wir in der sichtbaren Welt erleben. Im Sagen- und Märchengut der Anden wird von der goldenen Stadt Vilcabamba, einem heiligen Ort, erzählt, der sich im Laufe der Zeit in den Dunst zurückzog und für gewöhnliche Sterbliche nicht mehr erreichbar ist. Für die Schamanen ist der Jaguar das Symbol der Regenbogenbrücke von dieser Welt in die unsichtbare und zum mythischen Vilcabamba, wo wir Zugang zur Weisheit der Wissenden aller Zeiten haben. Einer meiner Lehrer aus dieser Gegend, Don Manuel Quispe, erklärte mir, die Flagge der Inka sei der Regenbogen, weil wir Menschen aus Licht und Erde gemacht sind. Das wissen wir nicht mehr, weil unser Licht, unser Wiracocha oder wahres Ich, von Enttäuschung und Verzweiflung verdunkelt ist. Die Schamanin ist darauf aus, sich aus dem Griff der Angst zu befreien, damit ihr Licht wieder leuchtet und sie im Sterben die Regenbogenbrücke passieren kann. Sie geht über den Rücken des Regenbogen-Jaguars, der unsere sichtbare Welt mit der unsichtbaren verbindet. Mit ihrem wiedergefundenen Licht vergeht ihre Todesfurcht, und sie kann ihre Heilungsarbeit und die heiligen Zeremonien kraftvoller und wirkungsvoller ausführen als je zuvor.*

Abstieg ins Dunkle und Freundschaft mit den eigenen Dämonen

Nach patriarchalischem Weltverständnis sind wir von Mutter Erde und ihrer nährenden Fürsorge getrennt. Wir haben Vater Sonne, das Licht, zur Ausleuchtung unserer Umgebung, doch wenn uns etwas erschreckt, lassen wir es lieber im Schatten, weil uns das Weiterkommen dann leichter erscheint. Wir haben gelernt weiterzugehen, immer bereit, die Feinde niederzuringen, die unser Vorankommen behindern. Aber wir denken dabei nicht an unsere noch ungeheilten Verletzungen. Wir stellen uns den äußeren Herausforderungen und möchten uns nicht von den inneren ablenken lassen.

An Herausforderungen können wir wachsen, und sie sind ja auch nicht zu vermeiden. Sie können sich in der Welt den Ruf eines wackeren Kriegers verdienen, der sich nicht scheut, bei Gefahr sein Schwert zu ziehen; doch dabei besteht die Gefahr, dass Sie gar nicht erst zur mythischen Geschichte kommen. Entscheiden Sie sich lieber bewusst für eine Heldenreise, die vielleicht mit keinerlei Glanz und Ruhm verbunden ist. Sie werden ins Dunkel des Mutterschoßes stürzen und sich dabei

* Vielleicht können Sie sich vorstellen, wie erstaunt ich war, als der Oberpriester des Bön-Klosters erzählte, in ebendiesem Tempel habe ein großer Lehrer den »Regenbogenkörper« erlangt. Ich fragte ihn, was er damit meine, und er sagte, dieser Lehrer sei ein Erwachter gewesen, der um die Unsterblichkeit seines lichtvollen Wesens in Verbindung mit einem Körper aus Fleisch und Blut gewusst habe.

mit Ihren inneren Dämonen auseinanderzusetzen haben. Das macht nicht so viel her wie das Töten von Drachen, bei dem Sie den bewundernden Zuschauern Ihren Schmiss und Mut beweisen.

Sie werden die Dämonen, auf die Sie da vielleicht stoßen, nicht erschlagen. Sie tragen kein Schwert an der Seite. Sie werden Freundschaft mit ihnen schließen und sie mit Weisheit und geschickten Mitteln dazu bringen, Ihnen freiwillig zu geben, was sie zu bieten haben. Ähnlich den Nagas werden sie das nur tun, wenn Sie die Aufgaben bewältigen, die sie Ihnen stellen werden.

Mahatma Gandhi wurde gefragt, wie er die britische Kolonialherrschaft beenden wolle, wenn sein Volk doch von der Bewaffnung her so weit unterlegen war. Er sagte, er werde die Briten zum freiwilligen Abzug bewegen. Viele fanden diesen Plan wahnsinnig und selbstmörderisch, aber er funktionierte großartig. Nicht, dass Gandhi und seine Leute den Briten eine unwiderlegbare rationale Begründung für die Notwendigkeit ihres Abzugs vorgelegt hätten, der ihnen keine andere Möglichkeit ließ, als zuzustimmen und augenblicklich ihre Sachen zu packen. Aber Gandhi wusste einfach um die sanfte Kraft des gewaltfreien Widerstands, der an das bessere Wissen des Gegners appellierte. Gewaltfreier Widerstand bedeutete in diesem Fall nicht, dass den Indern Gewalt und Tod erspart blieben, aber vermutlich kamen weniger Menschen ums Leben als in einem längeren Krieg gegen das deutlich stärkere British Empire.

In Nord- und Südamerika sind uns Kriegs- und Kampfmetaphern so geläufig, dass wir uns kaum noch an die Möglichkeit erinnern, andere mit der Kraft der Worte eines Besseren zu belehren und das Denken auf eine höhere Ebene zu heben. Aber wenn unsere Aussichten schlecht sind, bekommen wir die Chance, Mittel zu wählen, die aus der tiefen Weisheit des unsichtbaren Bereichs schöpfen und das Denken erneut zur schöpferischen Zusammenarbeit mit dem Geist bewegen.

Wenn wir die Angst überwinden können, in der wir das Leben als Schlachtfeld wahrnehmen, könnte dieser Funke auf andere überspringen. Dann werden wir niemanden mehr zwingen wollen, die Dinge so zu sehen, wie wir sie sehen. Dann sehen wir einander eher als Leute, die am gleichen Strang ziehen könnten. Dafür müssen wir aber zuerst unsere persönlichen Dämonen in Verbündete verwandeln. Wir müssen ihnen Liebe und Verständnis entgegenbringen, statt sie niederringen zu wollen. Die Dunkelheit, die Sie beim Werk des Westens erleben könnten, ist die fruchtbare Dunkelheit der Erde, genauer der unteren Welt, wo die Geheimnisse der Vergangenheit und traumatische Erinnerungen verwahrt werden. Die scheinbaren Dämonen, die uns etwas tun wollen, erweisen sich dann als Anteile unserer selbst, die Liebe brauchen, zuvor aber erst einmal erkannt und anerkannt werden müssen. Es ist wie bei Guru Rinpoches Tempel: Was man am Tag aufbaut, reißen die Dämonen in der Nacht ein – bis man Freundschaft mit ihnen schließt. Man kann sie weder ausschalten noch überrennen, sie bleiben stur da und verstellen einem den Weg, bis man sein Schwert senkt und bereit ist zu lernen, was sie vermitteln möchten.

Das Dunkel zu erkunden, in dem unsere persönlichen und kollektiven Dämonen ihr Unwesen treiben, ist nicht gerade eine verlockende Aufgabe. Aber wir alle müssen uns dieser Aufgabe irgendwann unterziehen, sosehr wir uns auch sträuben mögen. Es ist klug, das nicht bis zum Ende unseres Lebens aufzuschieben. An Ihren letzten Tagen möchten Sie sich bestimmt nicht ständig fragen, wie Ihr Leben anders hätte laufen können, um dann noch Buße für Ihr Fehlverhalten zu tun.

Haben wir nicht alle schon mal innerlich geschnaubt, wenn

wir ärgerlich, gekränkt oder voller Kummer waren und jemand dann »Kopf hoch« sagte? Widersetzen Sie sich ruhig diesem Drängen, die Dinge nicht so ernst zu nehmen. Dieses bemühte Positivsein hat gern Angst zum Hintergrund, Angst vor dem Blick ins eigene Dunkel, und es kann ansteckend sein. Das ist magisches Denken und etwas ganz anderes als das, was Schamanen tun. Wenn Sie dem nachgeben und so tun, als wären Sie gut drauf, während Sie in Wirklichkeit Ihre Vergangenheit keiner allzu genauen Prüfung unterziehen möchten, entgeht Ihnen die Möglichkeit einer heilenden und befreienden und am Ende auch freundschaftlichen Begegnung mit Ihren Dämonen.

Solche Dämonen können sein: niemandem dadurch Anlass zu Unmut geben, dass Sie Ihren eigenen Weg gehen, Bedenken gegen die Treue zu sich selbst oder Scham, wenn es nicht gelingt, ein Ziel zu erreichen oder jemandes Beifall zu bekommen. Bei solchen Dämonen handelt es sich nicht um konkrete Geschehnisse, sondern um eine Haltung oder um Glaubenssätze, zu denen Sie gelangt sind, um irgendwie mit seelischer Verletzung fertigzuwerden. Sie entziehen sich Ihrer bewussten Wahrnehmung, bleiben jedoch aktiv und wirksam und zwingen Sie letztlich dazu, weiter einem unbefriedigenden Weg zu folgen.

Auf der Entdeckungsreise in die eigene Dunkelheit dringen Sie weit genug in die Tiefe, um auch das an sich zu lieben, was aufgrund von Beschämung verstummte. Sie werden dabei den Schmerz, den Zorn und die Traurigkeit über all das erleben, was Sie zurückließen, als Sie sich sagten, es sei besser, Ihr Leben fortzusetzen und nicht bei dem zu bleiben, was Sie so quälte. Sie sind bei dieser seelischen Aufräumarbeit allein. Sie ist nicht angenehm, aber notwendig. Ringen Sie sich dazu durch, bei der Hässlichkeit des Unterirdischen mit seinen Wurzeln und Würmern und dieser schrecklichen Enge zu bleiben, auch wenn sich das alles so anfühlt, als würden Sie am Leben gehindert.

Die Dämonen Ihrer im Dunkeln verborgenen Gefühle haben Wichtiges mitzuteilen. Nehmen Sie das Unbehagen des ehrlichen Blicks auf sich selbst, Ihre Vergangenheit und Ihre Entscheidungen in Kauf. Die Dämonen stellen Ihnen dafür Nährendes für die Samen bereit, die im Dunkeln keimen und etwas Neues und Wunderbares sprießen lassen. Der ganze alte »Mist« kann einfach zu Kompost werden, damit die Saat des Wandels zu keimen vermag.

Im Dunkeln begegnen Sie dem großen Schmerz, der Sie seit früher Kindheit begleitet und den auch Ihre Mutter und die Mutter Ihrer Mutter bis ans Ende ihrer Tage hatten, und Sie werden sehen, dass Ihr Mitgefühl und Ihre Großzügigkeit dort entspringen. Es gilt, einfühlsam und freundlich anderen gegenüber zu werden; und das ist Ihnen jetzt möglich, weil Sie wissen, was Schmerz bedeutet. Wenn Ihre tiefe Wunde dann zu heilen beginnt, werden Ihre Kraft und Ihre Energie zunehmen. Mit der Hilfe der liebevollen und nährenden Kraft des Göttlich-Weiblichen werden Sie eine große Wandlungsfähigkeit entdecken und wie der Jaguar Neuland erkunden.

Alte schmerzliche Erinnerungen brauchen Sie nicht zu löschen. Viele sind ja nicht einmal Ihre persönlichen Erinnerungen, sondern gehören zu früheren Generationen oder sind Bestandteil der Geschichte. Sie können diese Erinnerungen und ihre Wirkung auf Sie verändern und in Ihr heutiges Sein und Ihre Zukunft integrieren. Der Dämon des Schmerzes kann ein Engel der Wahrheit werden. Der Dämon des Stolzes kann ein Engel der Großzügigkeit werden. Und sollten die Ereignisse früherer Jahre Ihnen das Herz gebrochen und Ihr Leben beklemmend eng gemacht haben, können Sie nach diesem Werk der Heilung trotzdem wieder ein Mensch sein, der kühn ins Unbekannte aufbricht.

Schließen Sie Freundschaft mit den Dämonen, die sich zu Ihnen gesellt haben, als Sie vor langer Zeit so furchtbar gekränkt wurden, und Sie können sich Unschuld und Anfängergeist zurückerobern. Dann brauchen Sie das alte Misstrauen gegenüber anderen und den Glauben, dass Ihr Liebesverlangen nicht erfüllt wird, nicht mehr auf die Gegenwart zu projizieren. Ihr Herz und Ihr Geist werden aufgeschlossen sein. Auch wenn Sie Betrug oder Verrat erlebt haben, jetzt vertrauen Sie wieder, Sie lieben trotz aller erlittenen Verluste, Sie sind wieder neugierig und gehen Risiken ein, mögen die früheren Fehlschläge noch so kostspielig gewesen sein.

Im dunklen Schoß der Mutter geht Ihnen auf, dass Sie im Grunde doch geborgen sind. Sie haben außer den Angstmonstern im Nebel keine wirklichen Feinde, gegen die Sie kämpfen müssten. Sie müssen nichts an sich verleugnen, um Schmerz und Peinlichkeit zu vermeiden. Sie können das alles wieder als Ihr Eigen annehmen und so einbinden, dass Sie wieder ganz werden. Was in Ihnen schmerzt, wartet einfach auf Ihre Liebe.

Aber Ihr Gehirn ist auf Angst und Befürchtungen programmiert, und Sie müssen es jetzt umtrainieren. Sie müssen der Dakini den Dolch aus der Hand nehmen und Ihr eigenes Denken damit aufschlitzen.

Die Schamanen der Anden haben ein ähnliches Messer, das sie »Tumi« nennen. Dieses Zeremonialmesser besitzt eine halbmondförmige Klinge aus kostbaren Metallen. Man findet es in antiken Begräbnisstätten. Die Archäologen wissen nicht, welchen praktischen Nutzen dieses Schneidwerkzeug hatte. Vielleicht steht es für das Zerschneiden der Dunkelheit, die uns von Vilcabamba trennt, dem heiligen Ort zwischen den Welten.

Nach meiner Überzeugung müssen wir, wenn wir diesen Ort erreichen möchten, erst den Verstand verlieren und zur Besinnung kommen. Unsere natürlichen Sinne sind in der Lage, uns eine Realität wahrnehmen zu lassen, die ganz anders ist als das, was wir derzeit als real erleben.

Wie unser Kopf Realität erzeugt

Jaguar-Medizin oder auch Jaguar-Weisheit ist das Heilmittel für jene Falle unseres Denkens, die uns auf sicherem Boden festhält, immer in der Angst vor allem, was passieren könnte, wenn wir den Bereich des Bekannten verlassen. Dabei werden wir eigentlich alle mit dem Drang und der Fähigkeit geboren, neue Welten zu erforschen. Es ist in unserer DNA angelegt und wird von der Lebenskraft aktiviert, die ein Gehirn hervorbringt, das sowohl psychosomatische Krankheiten als auch Gesundheit und Wohlbefinden schaffen kann. Unser Gehirn vermag Illusionen zu erzeugen, die so überzeugend wie die Realität sind. Wenn Sie Schauspieler fragen, ob sie wirklich traurig sind, wenn sie jemanden spielen, der gerade einen geliebten Menschen verloren hat, werden sie das bejahen. Es sind Gefühle, die wirklich empfunden und ausgedrückt werden, auch wenn es sich nur um Film oder Theater handelt. Die Tränen sind echt, auch wenn das Drehbuch und die Personen fiktiv sind. Wir alle sind in der Lage, Gedanken und Gefühle in uns entstehen zu lassen, die entsprechende Reaktionen des Körpers auslösen.

Und nachts im Schlaf träumen wir, und die Träume erscheinen uns sehr real. Sind sie das? Wenn das Gehirn so leicht dazu bewegt werden kann, Imaginäres als real zu erleben wie ein Schauspieler oder wie durch Zauberei, ist dieses Gehirn dann dumm oder geradezu genial? Wenn der Körper auf eine innerlich generierte Realität reagieren kann, wäre es da nicht gut, diese Fähigkeit zu schätzen und sie nutzbringend anzuwenden?

Die Schamanen sagen, dass wir mit dem Feld der unendlichen Möglichkeiten, zu dem wir gehören, ganz direkt arbeiten können, dass es uns gegeben ist, mit Schlangen-, Jaguar-, Kolibri- und Adler-Medizin das Unmögliche möglich zu machen. Wir können als Mitschöpfer eine Welt hervorbringen, die schöner ist als das, was uns blühen könnte, wenn wir den gegenwärtigen Trend nicht unterbrechen: das Aussterben des Menschen.

Man sagt den Balams, den Jaguar-Priestern der Maya, nach, sie könnten ungehindert zwischen der sichtbaren und der unsichtbaren Welt, zwischen dem Reich der Lebenden und dem der Toten hin- und herpendeln. Ich glaube, die Zeit ist reif, das wieder zu lernen, damit wir eine neue Welt ins Sein rufen können, da die alte vor dem Zusammenbruch steht. Aber wenn diese Beschwörung gelingen soll, reicht es nicht, fromme Wünsche zu äußern oder einen Zauberstab zu schwingen. Hier werden sich viele Menschen beteiligen müssen, deren Gehirne in höchstem Maße funktionstüchtig sind, damit das Wirklichkeitsfeld, zu dem wir alle gehören, von einer gemeinsamen Intention und Zielstrebigkeit erfüllt sein kann. Dazu werden wir ein Bewusstsein entdecken müssen, das sich vom bisher bekannten unterscheidet.

Stellen Sie sich auf höhere Bewusstseinszustände ein

Damit uns die höheren Bewusstseinsebenen erreichbar werden, von denen ich spreche, müssen Sie den am höchsten entwickelten Teil Ihres Gehirns benutzen, den präfrontalen Kortex im Stirnbereich. Zur Vorbereitung des Gehirns auf die Erweckung dieser Fähigkeit, die Ihnen erlauben wird, das Einssein mit dem Geist und mit der gesamten Schöpfung zu erfahren, muss der Teil des Gehirns beruhigt werden, der für Angstreaktionen zuständig ist: das limbische Gehirn. Dieser Teil wird Sie sonst dazu überreden, das Vorhaben immer wieder aufzuschieben, sich abzulenken und sich gar nicht erst ernsthaft zu fragen, wer Sie sind, was Sie werden können, was Sie verloren haben, was Sie gewinnen können und wie Sie zu dem für uns alle anstehenden Evolutionsprozess beitragen können.

Eine der Aufgaben des präfrontalen Kortex besteht darin, das limbische Gehirn zu hemmen, diesen sehr alten Anteil, der in Angst vor Mangel lebt. Dieser Gehirnteil bewertet seine eigenen Einschätzungen höher als die Fakten und ist auch nicht durch Beweise vom Gegenteil zu überzeugen. Hier haben Stressreaktionen wie der Kampf-oder-Flucht-Reflex und der Totstell-Reflex ihren Sitz, von hier geht die Aktivierung der Hypothalamus-Hypophysen-Nebennierenrinden-Achse oder Stressachse aus.

Zu einer Stressreaktion des limbischen Systems kommt es nicht nur dann, wenn wir um unser Leben fürchten, sondern auch wenn unser Ruf auf dem Spiel zu stehen scheint: Die wilde Bestie, die Sie jetzt gleich zerfleischen wird und die Ihr Herz wie wild schlagen lässt, ist einfach Ihr Chef, der Ihnen vorhält, Sie seien nicht produktiv und effizient genug. Die Angst angesichts einer Bedrohung, vor der Sie nicht fliehen und gegen die Sie nicht kämpfen können, aktiviert Ihr sympathisches Nervensystem und lässt es in diesem eingeschalteten Zustand erstarren. Hier bewahrt Ihr Nervensystem Sie nicht vor körperlichem Schaden, sondern macht Sie fertig und schaltet eben die Strukturen und Funktionen ab, die Sie zur Bewältigung einer Bedrohung bräuchten.

Im Kampf-oder-Flucht- beziehungsweise Erstarrungsmodus ist Ihr Blut mit Stresshormonen gesättigt. Das ist erst einmal sinnvoll, weil es Ihren Körper befähigt, zu fliehen oder wild entschlossen zu kämpfen. Aber wenn die Adrenalinflut nicht wieder zurückgeht, kommt es zu Zellschäden in allen Organen.

Von außen zugeführte Giftstoffe reichern sich zusammen mit abgestorbenen Zellen und natürlichen Stoffwechselprodukten beziehungsweise hormonellen Abbauprodukten im Gehirn an. Dadurch wird das Entgiftungssystem des Körpers überlastet und das Immunsystem beeinträchtigt. Gehirn und Körper werden träge, sie bekommen etwas Erstarrtes, und die Gifte und Schlacken, die unter normalen Umständen abgebaut und ausgeschieden werden, bleiben jetzt im Körper und werden im Fettgewebe eingelagert, was die Bildung neuer Neuronen im Gehirn behindert. Bedenken Sie, dass Ihr Gehirn zu 70 Prozent aus Fett besteht, sich aber nicht als Zwischenlager für Toxine eignet.

Um diese Negativkaskade biochemischer Reaktionen auf Angst und Stress zu unterbrechen, müssen Sie lernen, Ihr sympathisches Nervensystem zu beruhigen und das parasympathische Nervensystem einzuschalten, das Ihnen erlaubt, sich zu entspannen und Reparaturen auf der Zellebene geschehen zu lassen – und das häufig zu tun. Meditation kann hier sehr wirkungsvoll helfen, besonders wenn Sie länger ausatmen, als Sie eingeatmet haben.

Die nachfolgende Übung verdanke ich meinen Lehrern im Amazonas-Regenwald, die mich wissen ließen, dass der Jaguar zwar keine Fressfeinde hat, aber manchmal trotzdem so erschrocken und verängstigt ist, dass er auf einen Baum klettert und lange nicht wieder herunterkommt. Da muss er sich erst einmal beruhigen und entspannen, bis er wieder die Sicherheit hat, dass die Dunkelheit ihn schützt und er immer Futter finden kann. Auch wir sind manchmal wie die Katze im Baum und fühlen uns bedroht, auch wenn dazu kein Anlass besteht. Da können wir uns noch so gut zureden, unser Nervensystem bleibt einfach im Erstarrungsmodus. Das wird auf der körperlichen Ebene als »chronischer Stress« bezeichnet.

Menschen sind die einzigen Lebewesen auf diesem Planeten, die keinen Reset-Mechanismus für ihre Stressreaktion haben. Selbst der Hirsch, der im Scheinwerferlicht Ihres Wagens wie festgefroren dasteht, verfügt über ein automatisches Reset, das sofort einsetzt, wenn Sie langsam und vorsichtig vorbeigefahren sind. Ein Beben geht von der Nasenspitze bis zum Schwanz durch den ganzen Körper, und plötzlich ist der Hirsch wieder die Ruhe selbst und grast gemächlich weiter. Das menschliche Gehirn ist dafür zu kompliziert. Wir reden uns ein, die Gefahr bestehe weiterhin, und die so erzeugte innere Realität gibt uns den Eindruck, in einer Welt voller Gefahren und räuberischer Wesen zu leben – und für diesen Glauben finden wir von jetzt an jeden Tag Bestätigungen.

Nutzen Sie die folgende Übung, um Ihr parasympathisches Nervensystem einzuschalten und zu Ihrer höheren Vernunft zu kommen. Außerdem wird sich Ihr Puls durch diese Übung auf den Herzschlag von Mutter Erde einstimmen, sodass Sie sich mit ihr verbunden fühlen und liebevoll von ihr getröstet werden können.

Sich mit dem Herzschlag von Mutter Erde verbinden

Nehmen Sie eine bequeme Sitzhaltung ein und zählen Sie beim Einatmen innerlich bis drei. Halten Sie den Atem eine Sekunde an, um dann bis fünf auszuatmen. Dieser Atemrhythmus gibt Ihrem sympathischen Nervensystem den Impuls, sich zu entspannen.

Legen Sie Ihre rechte Hand auf Ihr Herz-Zentrum und bedecken Sie sie mit der linken. Können Sie Ihr Herz fühlen? Verschieben Sie jetzt die rechte Hand auf die Stelle am Bauch gleich unterhalb Ihres Nabels. Hier am zweiten Chakra sind Sie über eine unsichtbare Nabelschnur mit Mutter Erde verbunden. Stellen Sie sich vor, Sie könnten Ihren Herzschlag mit der linken fühlen, während Sie sich auf den großen Trommler Ihres Körpers einstimmen. Stellen Sie sich zusätzlich vor, Sie könnten den Herzschlag von Mutter Erde fühlen. Lassen Sie zu, dass Mutter Erde Ihren Puls auf ihren eigenen abstimmt, als wären Sie ein Neugeborenes, das auf der Brust der Mutter liegt. Lassen Sie Ihr zweites Chakra wissen, dass alles gut wird beziehungsweise schon ist, denn Ihre Mutter sieht nach Ihnen. Geben Sie Ihrem zweiten Chakra die Anweisung, sich zu entspannen. Sie sind in Sicherheit, und so wird es auch weiterhin sein.

Legen Sie die Hände jetzt wieder vor dem Herzen zusammen und danken Sie der großen Mutter dafür, dass Sie so wunderbar gehalten werden.

Sie können diese Übung auch zusammen mit einem sehr vertrauten Menschen machen. Lassen Sie diese Person auf dem Rücken liegen und schieben Sie die linke Hand mit der Handfläche nach oben unter die Stelle zwischen den Schulterblättern, wo sich das Herz-Chakra befindet (wie Sie vielleicht wissen, sind die Chakren ebenso von hinten wie von vorn zugänglich). Stellen Sie sich lebhaft vor, Sie fühlten den Herzschlag von Mutter Erde. Bringen Sie jetzt Ihre rechte Hand unter das zweite Chakra der anderen Person, das sich im Bereich des Kreuzbeins befindet. Lassen Sie den Herzschlag von Mutter Erde in Ihr Herz und dann durch Ihre Hand in das Herz Ihrer Partnerin oder Ihres Partners gelangen. Sprechen Sie zum zweiten Chakra wie zu einem Kind: »Alles wird gut. Dir kann nichts passieren. Alles in Ordnung. Mutter ist da. Alles gut.« Setzen Sie das fort, bis Sie spüren, wie dieser geliebte Mensch sich entspannt und tiefer atmet.

Am Ende legen Sie Ihre Hände wieder auf Ihr Herz-Zentrum und bedanken sich bei Mutter Erde. Sie hat den Jaguar auf einen tieferen Ast herunterklettern lassen, wo er sich jetzt so weit entspannt, dass nur noch die Schwanzspitze zuckt. Von hier aus betrachtet er die Welt und erkennt, dass alles gut ist.

Ist das Kampf-oder-Flucht-System einmal eingerastet, bekommen wir Schlafprobleme. Doch guter Schlaf ist wichtig, damit sich der Körper regenerieren und auf der Zellebene alle notwendigen Reparaturen vornehmen kann. Wenn wir uns an den Herzschlag von Mutter Erde anschließen, finden wir Frieden und strahlen Frieden aus, als wäre ein Schalter betätigt worden, der das parasympathische Nervensystem aktiviert und den Jaguar vom Baum herunterlockt. Sie schlafen immer besser. Sie können den Jaguar auch dadurch vom Baum locken (also das parasympathische Nervensystem einschalten), dass Sie Ihre Ernährung besser auf die Bedürfnisse Ihres Gehirns abstimmen.

So machen Sie Ihr Gehirn fett und glücklich

Unser Gehirn besteht weitgehend aus fettartigen Substanzen; und wenn Sie sich wirklich gut ernähren möchten, bieten sich gute Fette an, wie sie in Avocados und Olivenöl enthalten sind. Das Gehirn verwendet jedoch auch Zucker als Treibstoff, also einfache Kohlenhydrate. Unsere zuckerreiche Ernährung richtet unser Gehirn darauf ab, diesen zweitrangigen Brennstoff zu verwenden. Das mit Zucker ernährte Gehirn hat kaum eine Möglichkeit, Giftstoffe und Schlacken wie verknäulte Proteine auszuscheiden, die das frühzeitige Einsetzen einer Demenz begünstigen. Wenn Sie in einer chronischen Kampf-oder-Flucht-Haltung sind und Ihr Gehirn dann auch noch mit Süßigkeiten füttern, dürfen Sie mit geistiger Verwirrung und Vergesslichkeit rechnen und gewöhnen sich an, das emotionale Zentrum des Gehirns Ängste und Befürchtungen erzeugen zu lassen.

Zum Glück kann eine Ernährungsumstellung mit Supplementierungen von DHA (einer gesundheitlich sehr wertvollen Omega-3-Fettsäure) und intermittierendem Fasten Ihren Hippocampus wiederherstellen und Ihr Gehirn daran gewöhnen, seinen Brennstoffbedarf mit gesunden Fetten zu decken. Die stammen von Nüssen, Kernen, Avocados sowie aus dem Fleisch von Fischen und Tieren, die so leben konnten, wie es die Natur für sie vorgesehen hat, also mit viel Bewegungsfreiheit in ihrer natürlichen Umgebung. Wenn Sie industriell verarbeitete Nahrungsmittel wie raffinierten Zucker und einfache Kohlenhydrate meiden und Obst nur in seiner ballaststoffreichen natürlichen Form genießen, während Sie Getreide in Maßen und lediglich als biologische Vollkornprodukte zu sich nehmen, unterstützen Sie Ihr Gehirn bei seinen Bemühungen, sich selbst zu reparieren und in eine gesunde Ausgangssituation zurückzuversetzen. Ernähren Sie sich überwiegend pflanzlich, und Sie können der Schädigung Ihrer Zellen sowie der Ablagerung von Abfallprodukten in Körper und Gehirn entgegenwirken. Falls Sie keinen Fisch essen, überlegen Sie mal, ob Sie Ihren Speiseplan nicht doch mit etwas Fisch anreichern können. Fisch ist Gehirnnahrung, er enthält gesunde Omega-3-Fette, die in der westlichen Ernährung nicht so reichlich vorkommen – ganz im Unterschied zu ungesunden Fetten und viel zu großen Mengen an Omega-6-Fetten.

Mit dem intermittierenden Fasten können Sie Ihr Gehirn darauf trainieren, Fett als Brennstoff zu benutzen. Es geht ganz einfach: Essen Sie nichts mehr nach 18 Uhr und frühstücken Sie am Morgen nicht vor 11 Uhr. Ihr Körper greift dann zur Ernährung Ihres Gehirns auf Speicherfette zurück. Seien Sie bei der Umstellung geduldig und sichern Sie sich möglichst die Hilfe einer Ernährungsberaterin. Sie dürfen in dieser Zeit auch mit Kopfschmerzen und anderen körperlichen Unannehmlichkeiten rechnen, die sich mit der Zeit als deutlich mehr Energie und als klarer Kopf bezahlt machen.

Haben Sie Ihr Gehirn und Nervensystem einmal mit diesen Maßnahmen umtrainiert, werden Sie sich viel leichter von den Ängsten trennen, die Ihnen nicht erlauben, abenteuerlustig loszuziehen wie ein Jaguar im Regenwald. Achten Sie darauf, wann Sie wieder in Ihre alten Gewohnheiten verfallen, und fassen Sie immer wieder neu den Entschluss, keine Rückschritte zuzulassen.

Den Schritt tun

Wenn wir länger und gesünder leben möchten, als unsere Programmierung es eigentlich zulässt, müssen wir also gewisse Veränderungen vornehmen. Da lässt sich einiges von den Menschen in den sogenannten »blauen Zonen« der Erde lernen, in denen ungewöhnlich viele Leute auch im Alter gesund bleiben. Hier ist der Zusammenhalt unter den Menschen größer, auch zwischen den Generationen. Die Jüngeren lernen von den Alten und umgekehrt. Den Älteren ist bewusst, dass sie für das Neue aufgeschlossen bleiben müssen.

In den blauen Zonen wissen die Menschen, wie wichtig es ist, für den alten Mann bereitzustehen, der kaum noch gehen kann, aber auch hinter den jungen Leuten zu stehen, die den ganzen Tag beschäftigt sind und trotzdem noch die Nacht durchmachen können. Alle Lebensstadien werden als wertvoll angesehen. Alle Meinungen eignen sich als Gesprächsstoff für das abendliche Beisammensein am Feuer. Besonders wichtig ist es aber, für die Weisheit der Menschen in unserer unmittelbaren Umgebung aufgeschlossen zu sein, für den Beitrag derer, die man vielleicht übersehen hat. Halten Sie sich bereit für ein neues Denken und neue Formen der Wahrnehmung, so hat die Liebe gute Chancen.

Beim inneren Werk des Jaguars freunden Sie sich mit Ihren Dämonen an und begegnen ihnen mit Liebe, um sich von Ihren Ängsten zu befreien. Dann tun Sie sich leichter, Rechthabern, Maulhelden und all den schwer erträglichen Besserwissern mitfühlend zu begegnen, weil Sie einfach wissen, dass Sie manchmal auch so gewesen sind. Gespräche und die Suche nach Problemlösungen werden leichter, wenn Sie sich zu Ihren eigenen Schwächen bekennen und auch mal über sich selbst lachen können.

Sobald Ihnen nicht mehr davor graut, dumm dazustehen oder sich völlig bedeutungslos zu fühlen, können Sie eine gesunde Beziehung zu Ihrer Angst aufbauen. Dann wird Ihre Angst etwas, was Sie leitet, ohne einen Kampf-oder-Flucht-Reflex auszulösen oder Sie in die Erstarrung zu treiben. Sie lösen sich von Ihren Mangelgefühlen und von der Befürchtung, dass alles den Bach hinuntergeht, wenn Sie sich nicht an das klammern, was Sie haben.

Seien Sie mutig, tun Sie den Schritt in den Nebel.

Widmen Sie sich der Jaguar-Zeremonie oft, um Ihre Ängste zu lösen und sich Ihre Vitalität, Ihren Mut, Ihre Neugier und Ihre Aufgeschlossenheit für noch nicht kartografiertes Neuland zu bewahren. Und wie gesagt, am besten widmen Sie sich dieser Arbeit in einem geweihten Bereich, verwenden die im Anhang wiedergegebene Anrufung und halten für das Gespräch mit Ihrem Krafttier im Anschluss an die Feuerzeremonie Notizbuch und Stift bereit.

Die Feuerzeremonie des Jaguars

Bereiten Sie sich nach der Anleitung für die Feuerzeremonie der Schlange im vorigen Kapitel vor. Hauchen Sie zuerst einem Todespfeil Ihr Bedauern über eine Liebesbeziehung ein, die es Ihnen jetzt schwer macht, von ganzem Herzen zu lieben und der Heilkraft der Liebe zu vertrauen. Damit können Sie den Schmerz entlassen und das Gelernte ganz verkörpern. Geht es da um einen Menschen, der Sie nach Ihrer eigenen Einschätzung verlassen oder verraten, der Sie getäuscht oder sein Versprechen gebrochen hat, oder ist es jemand, dem Sie so etwas angetan haben? Sprechen Sie den Namen laut aus, um zu bekunden, dass diese Erinnerung nach wie vor Macht über Sie hat. Und jetzt werfen Sie den Stab oder Stock, der die Energie dieser Liebesbeziehung enthält, ins Feuer.

Geben Sie einem weiteren Todespfeil Ihre Befürchtung mit, für immer von anderen und von der Liebe getrennt zu sein. Werfen Sie ihn ins Feuer, damit diese Gefühle verwandelt werden.

Als Nächstes erzeugen Sie einen Todespfeil für Ihre Angst vor den Folgen der Wiederholung psychischer Muster in Ihrer Familie, die immer wieder zu Krankheiten und sogar Todesfällen führten. Hier könnten Sie sich von Herzschmerzen und Herzkrankheiten oder auch von zehrendem Ärger und sogar Krebs lösen.

Falls Sie nicht wissen, welche Familienmuster Sie weiterspinnen, die vielleicht auf Krankheit und Tod hinauslaufen, sprechen Sie einfach die Worte: »Ich übergebe dem Feuer den Tod, der mich vielleicht aufgrund meiner genetischen Ausstattung oder ungesunden Lebensweise erwartet.« Hauchen Sie das einem Todespfeil ein, damit es vom Feuer verwandelt werden kann.

Auch von dem mutlosen Glauben, es stehe Ihnen ein bestimmter Tod oder Todeszeitpunkt bevor, weil daran nichts mehr zu ändern ist, müssen Sie sich lösen. Sollten Sie so einen Glauben haben, hauchen Sie ihn mindestens einem Todespfeil ein, damit er in Flammen aufgehen kann. Sprechen Sie Ihre Überzeugung hörbar aus, zum Beispiel: »Ich übergebe dem Feuer diesen Tod, den ich für unvermeidlich halte, weil es zu spät ist, mich oder meine Gewohnheiten zu ändern.«

Danach gehen Sie zu den Lebenspfeilen über.

Dem ersten Lebenspfeil hauchen Sie Ihren Wunsch ein, neue Ideen für tagtägliche Lebensentscheidungen zu finden, die für Ihre Gesundheit, Ihr Wohlbefinden und Ihre Beziehungen von Bedeutung sind. Sind Sie bereit, ohne Bedingungen und vorgefasste Anschauungen zu lieben, ohne Vorstellungen davon, wie Liebe auszusehen hat? Können Sie sich vorstellen, eine neue Haltung zu Ihrer Gesundheit einzunehmen, zu der Frage, wie Sie altern und sterben werden – damit Sie Ihren Körper erneuern können? Sind Sie dafür zu haben, ein lebendigeres Leben zu führen, um wieder das Gefühl von Vitalität zu erleben? Nehmen Sie es sich vor und hauchen Sie es dem Lebenspfeil ein, den Sie anschließend verbrennen.

Halten Sie sich vor Augen, dass jeder Lebenspfeil die Absicht birgt, anders zu leben, anders zu lieben und der Frage nachzugehen, was noch aus Ihnen werden kann. Das alles wird nämlich vom Feuer in die reine Energie des Wandels transformiert.

Hauchen Sie einem weiteren Stab oder Stecken die Intention ein, ohne Angst und Bedauern zu sterben, nichts soll ungesagt, nichts ungetan bleiben. Vertrauen Sie das dem Feuer der Verwandlung an.

Nehmen Sie Stift und Notizbuch zur Hand, um ein Gespräch mit Ihrem Krafttier zu führen und aufzuschreiben. Sind noch weitere Todes- und Lebenspfeile zu erzeugen? Wenn nicht, bedanken Sie sich bei Ihrem Krafttier und schließen Sie den heiligen Raum.

7

Norden: Die Weisheit des Kolibris

Ghar Gumba ist ein unauffälliger Tempel inmitten einer öden Sandweite. Der Aufseher, der an die Tür kam, war ein alter Mann, dem ein Frontzahn fehlte und dessen ebenfalls betagtes Mönchsgewand von verschossenem Rot durch allzu viele Wäschen im Fluss fadenscheinig geworden war. Da er Amchi kannte, öffnete er uns den Tempel. Es waren keine anderen Besucher da, aber drinnen brannten gewiss zwei Dutzend Butterlampen und warfen ihre bleichen Schatten auf Thangkas und Buddhastatuen, unter denen sich auch eine Statue von Padmasambhava oder Guru Rinpoche befand.

Amchi lud Marcela, mich und unseren Freund Stephan zum Besuch einer geheimen Sammlung alter Malereien ein. Es waren Gemälde der Mahasiddhas, jener großen Lehrer, die Erleuchtung erlangt und außerordentliche Kräfte entwickelt hatten, zum Beispiel die Fähigkeit zu fliegen. Ich kenne Stephan seit Jahrzehnten, und wir sind wie Brüder, aber dass er seit vielen Jahren mit einem Mantra Guru Rinpoches praktizierte, das angeblich Hindernisse beseitigen kann, wusste ich trotzdem nicht. Ich hatte dasselbe Mantra von einem

Meister-Schamanen bekommen, der außerdem ein Lama des tibetischen Buddhismus war. Mir hatte er dazu gesagt, das Mantra sichere dem, der es anwende, Kraft und Schutz, aber vor allem unterstütze es einen auf dem Weg durch den Bardo, den Zwischenzustand zwischen Tod und Wiedergeburt, in den man nach dem Ende des gegenwärtigen Lebens gelangt.

»Om Ah Hung Vajra Guru Pema Siddhi Hung.«

Es heißt, man dürfe dieses Mantra erst an jemand anderen weitergeben, wenn man es selbst hunderttausendmal rezitiert habe. Ich bin mir sicher, dass ich mindestens diese Zahl erreicht habe.

Am Hauptaltar gingen wir durch eine Seitentür, die für kleine Leute gemacht zu sein schien. Wir mussten uns bücken. Danach folgten wir Amchi durch ein Gewirr von Gängen aufwärts in ein Obergeschoss, dessen Boden teilweise eingebrochen war.

»Wir sind da«, sagte Amchi beim Betreten einer schwach beleuchteten Halle, in der zahlreiche kleinformatige Gemälde an den Wänden hingen. Sie zeigten grausige Wesen mit Feuerzungen sowie Meditierende von erhabener Ausstrahlung, die über den Wolken levitierten.

»Hattest du irgendwelche Hilfen, was das Fliegen angeht?«, fragte ich Amchi. Ich hatte Ian Bakers Das Herz der Welt *gelesen, in dem er von seinen Reisen in Tibet erzählt, auch von einem Abstecher nach Pemako, wo er unter anderem einen Abschnitt des Flusses Tsangpo erkundete, an dem noch kein Westler gewesen war und der durch eine Schlucht von der dreifachen Tiefe des Grand Canyon fließt. Hier soll es einst ein legendäres geheimes Reich gegeben haben, ein verlorenes Paradies. Baker und seine Leute entdeckten da Gruppen wild wachsender psilocybinhaltiger Pilze. Waren solche*

psychedelischen Substanzen vielleicht das Geheimnis der fliegenden Mahasiddhas, ähnlich wie der gemeine Fliegenpilz, der den weisen Frauen Nordeuropas erlaubt hatte, auf Besenstielen zu fliegen?

Amchi sah das nicht so. »Nur Meditation«, sagte er.

Als tibetischer Arzt kennt Amchi seine Heilpflanzen und Kräuter und hat sicher auch schon mit bewusstseinsverändernden Pflanzen zu tun gehabt, auch wenn er sie vielleicht selbst nicht ausprobierte. Ich hatte von den unterschiedlichsten Arten von Bewusstseinsgebräu, die im Amazonasgebiet verbreitet sind, viele selbst verkostet und dabei auch Geistflüge erlebt, bei denen man sich wie ein über den Wolken schwebender Adler fühlen kann. Einmal war ich sogar ein Kondor, hoch am Himmel über alten Inkatempeln. Ich war mir ziemlich sicher, dass die Mönche, die durch ihre Forschungsreisen im Reich der Seele so vollendete Kartografen der unsichtbaren Welt geworden waren, auch Psychedelika verwendet hatten.

»Nur Meditation«, wiederholte Amchi.

»Okay«, sagte ich. »Dann gehen wir jetzt doch mal meditieren. Ich möchte ausprobieren, wie das mit dem Fliegen ist.«

Wir gingen durch das Gewirr von Gängen zurück in den Tempelraum. Dort warteten Joan und der Rest der Gruppe bereits darauf, dass Amchi uns bei einer Zeremonie der Ermächtigung zur Praxis des Medizin-Buddhas anleitete. Wir suchten uns Plätze am Boden und mieden dabei die unmittelbare Nähe der etwas instabil wirkenden Deckenstützen. Als ich meinen Platz einnahm, fiel mir auf, dass mein Kissen direkt unterhalb der Statue von Guru Rinpoche lag.

Joan vergewisserte sich, dass wir alle gut zuhörten, denn

sie würde uns jetzt erklären, was hier zu sehen war. »Der Medizin-Buddha wird mit blauer Haut dargestellt, weil er die geistigen Gifte aller Lebewesen stellvertretend in sich aufnimmt und gelobt hat, allen Leidenden oder Kranken zu helfen.« Sie fuhr fort, Amchi werde uns jetzt einen Geschmack von der Kraft und Weisheit dieses Buddhas geben, damit wir alle von seiner heilenden Weisheit profitieren könnten.

Mir ging durch den Sinn, dass ich ein bisschen Weisheitsheilung ganz gut gebrauchen könnte. Was Joan gestern Abend vor dem Essen gesagt hatte, klang noch in mir nach: »Der Dalai Lama sagt, dass seine Religion das Mitgefühl ist.« Mir fiel dazu ein, dass der erste Dalai Lama vor fünfhundert Jahren von einem mongolischen Herrscher und Schamanen namens Altan Khan eingesetzt worden war. »Da treffen sich unsere Traditionen«, dachte ich.

Weniger ist mehr. Das weiß Joan, und das macht sie zu einer hervorragenden Lehrerin. Nach ihrer kurzen Einleitung stimmte Amchi eine Anrufung an und ging dann zu jedem Einzelnen von uns, um uns Wasser aus einem Kupfergefäß auf den Kopf zu sprenkeln und dann mit einem Fächer aus Pfauenfedern über die Stirn zu streichen.

Ich fühlte überhaupt nichts, keinen Umschlag in einen veränderten Seinszustand. Dann jedoch fiel mir auf, dass es ganz schön war, nichts zu fühlen, und in dem Moment hörte das Plappern in meinem Kopf auf. Leer und doch froh, der Kritiker verstummt. Und der Anthropologe in mir, der immer beobachtete und Notizen machte, war nicht etwa vollkommen präsent und nah am Puls des Lebens, sondern er schlummerte.

Diese Erleichterung! Immer schon war mein eigenes Denken das Gift gewesen, diese endlos sich spinnenden Gedanken – nur ja nicht einfach nur sein.

Ein letzter Gedanke: »Bitte, Medizin-Buddha, lass diesen Verstand endlich mal den Mund halten. Lass mich Stille erfahren.«

Und dann war es so. Nichts mehr, keine Wellen auf dem Wasser. Ruhe.

Kolibri-Medizin ist die nächste Station und ein weiteres Geschenk im Rad der Weisheit. Hier werden Sie darauf eingestimmt, selbst die Lösung zu sein, statt eine Lösung zu suchen und sich das Gehirn zu zermartern, um sich etwas Geeignetes einfallen zu lassen. Durch die Gabe des Kolibris erkennen Sie, dass Sie selbst das Problem sind, für das eine Lösung gefunden werden muss. Wenn Sie sich und Ihr Bedürfnis, obenauf zu sein, aus der Gleichung herauskürzen, können sich Heilung und Harmonie spontan einstellen. Doch es ist hier wie in allen vier Himmelsrichtungen: Der Kolibri stellt Ihnen eine Aufgabe – sich von dem Bedürfnis nach persönlicher Heilung zu lösen, um dann viel mehr heilen zu können als nur die persönlichen Schmerzen eines einzigen Menschen auf diesem Planeten.

Die Lehren des Kolibris

Wenn wir in der Kolibri-Weisheit sind, wissen wir, wann es Zeit ist zu sprechen und wann Schweigen besser ist, wann Handeln angezeigt ist und wann schlichtes Beobachten. Wir stehen uns nicht mehr selbst im Weg, wenn wir auf unsere ursprüngliche Anlage zurückgreifen, Schönheit und Harmonie zu schaffen und uns auf eine Weisheit zu besinnen, die über unsere eigene hinausgeht. Dann ändert sich unsere Definition des Wortes »Arbeit«. Wir verwechseln Beruf und Laufbahn nicht mehr mit dem, was wir hier eigentlich zu tun haben. Wir alle sind hier, um zu sein, zu lernen, zu lehren, zu heilen, zu inspirieren und so weiter, und dieses Werk kann viele Formen annehmen und sich mit der Zeit ändern.

Wenn wir regungslos wie ein fliegender Kolibri zu bleiben lernen und verfolgen, was wir dabei erleben, ordnet sich die äußere Welt ganz von selbst neu, es bedarf keiner Anstrengung unsererseits. Und wenn wir doch etwas tun, dann eher in Übereinstimmung mit unserem ureigenen Sinnen und Trachten als aus dem Bedürfnis, die Welt ringsum in Ordnung zu bringen, damit sie unseren Erwartungen entspricht.

In der griechischen Mythologie fährt Helios, die männliche Energie der Sonne, jeden Tag von Ost nach West über den Himmel. Die Verehrung männlicher Gottheiten kam schon in der Antike etwas in Verruf, aber der Aktionismus prägt das abendländische Denken und seine Philosophie bis heute. Wenn irgendeine Zwangslage entsteht, neigen wir dazu, Angriffspläne zu schmieden. Wir setzen uns Ziele, die durch bestimmte Aktivitäten erreicht werden sollen. Dabei gäbe es Alternativen: Wir könnten alle möglichen Formen der gemeinsamen Arbeit an einer Lösung wählen, für Impulse des Geistes offen sein und andere einbeziehen, die Hand in Hand mit uns arbeiten möchten, wir könnten uns für fein abgestimmte Formen der Zusammenarbeit entscheiden. Wir könnten auch unseren Aktionsdrang und das planende Denken einmal stilllegen und uns für die Weisheit des unsichtbaren Bereichs öffnen, um so vielleicht zu einem großen »Aha!« zu kommen, das eine neue Daseinsform einleitet. Der bescheidene Kolibri ruft uns in Erinnerung, dass unsere Lebensweise aus dem Gleichgewicht ist, dass wir zu sehr auf alltägliche Belange und unsere persönlichen Bedürfnisse und Sehnsüchte bedacht sind. Dieses winzige Vögelchen hat uns eine Menge zu lehren.

Die meisten Kolibri-Arten sind nur ein paar Zentimeter groß, legen aber jedes Jahr den langen Weg von Kanada nach Südamerika zurück, wobei sie während der weiten Strecken über das Meer nur zur Nahrungsaufnahme in Kuba haltmachen. Sie lassen diese Wanderung nie aus, wie beschwerlich der Weg auch sein mag, und überall, wo sie zur Nahrungsaufnahme rasten und mit ihren langen Schnäbeln den Blütennektar saugen, hinterlassen sie Pollen von anderen Blüten. Hier haben wir ein Beispiel für das Prinzip der Gegenseitigkeit: Die Kolibris beziehen Nahrung von den Blüten und sorgen im Gegenzug für Bestäubung. Sie sammeln nicht mehr Nektar, als sie gerade benötigen.

Das Geschenk der Kolibri-Medizin besteht in dem Vermögen, unser Leben als eine mythische Reise zu sehen, die schon von vielen unternommen wurde und auf die sich noch viele begeben werden – eine große Reise, bei der sich nur die Details und die Namen ändern. Wir kennen vielleicht nicht mehr die Namen und Gesichter unserer Vorfahren, die große Mühen auf sich nahmen, als sie von zu Hause aufbrachen und übers Meer segelten oder unwirtliche Gegenden durchquerten und alles aufs Spiel setzten, um Träume von einem besseren Leben zu verwirklichen oder einfach ihrem Forscherdrang zu folgen. Und wir werden vielleicht nie die Geschichten all derer zu hören bekommen, die zum Schutz ihrer Dörfer und Sippen kämpften und eigentlich nur ihre Lebensweise zu bewahren versuchten, während andere darauf aus waren, sie auszulöschen, um ihren Lebensraum zum Sammeln und Jagen zu übernehmen. Aber wir erkennen die Möglichkeiten, die sich uns durch mündlich überlieferte (und später niedergeschriebene und sogar verfilmte) Sagen und Märchen bieten.

Manchmal ergehen wir uns in Fantasien, in denen wir uns als etwas Besonderes oder als Anführer sehen. Dazu kommt es, wenn wir uns nicht damit begnügen mögen, einfach nur ein wackerer »Durchreisender« unter anderen zu sein; wenn wir lieber jemand sein möchten, von dem oder der auch lange nach unserem Tod noch gesungen und erzählt wird. Es ist nichts dabei, uns Erfolg und Lob zu wünschen. Doch in der abendländischen Kultur bringt die Ausrichtung auf individuelle Großtaten viele in Bedrängnis, weil sie nicht mehr einsehen können, dass man durchaus eine wichtige Rolle spielen kann, ohne an der Spitze der Pyramide von Macht und Einfluss stehen zu müssen. Wir wären gern der große Zampano. Die Kolibri-Medizin lässt uns erkennen, dass kleine Taten, die kaum auffallen, schier unglaubliche Fernwirkungen haben können. Auch die geringfügige Untätigkeit, in der wir einfach als Zeugen wahrnehmen, was ist, und nichts tun, als Frieden auszustrahlen, kann eine Menge bewirken. Es geht nicht darum, durch Großtaten etwas in der Welt zu bewegen. Die Bewegung kommt auf natürliche Weise in Gang, und es sind mehr Menschen als nur Sie und ich daran beteiligt.

Anerkennung für individuelle Leistungen zu bekommen ist eine patriarchalische Regung: Wir wissen nicht mehr, was für eine Ehre und wunderbare Sache es ist, auch nur eine bald vergessene Nebenrolle in der großen Menschheitsgeschichte zu spielen. Sind wir dagegen in Tuchfühlung mit unseren matriarchalischen Instinkten, haben wir viel Sinn für den Wert unseres individuellen Beitrags im Einklang mit den Leistungen anderer und denen unserer Zeit. Dann sehen wir, dass das Leben kein Wettkampf ist, bei dem es um Sieg und Niederlage geht; viel wichtiger ist das Zusammenwirken für gemeinsame Ziele. Wir werden aktiv und verfolgen dann schweigend alles, was in der Stille daraus folgt. Wir tun Schritte vor und zurück und wissen um das Zusammenspiel von Geben und Nehmen, und so ergibt sich ein harmonischer Tanz von ausgesuchter Schönheit.

Bei unserem Bemühen, uns und die Erde zu heilen, kommt es vielleicht vor allem darauf an, diesen rastlosen Denkapparat zu beruhigen. Wenn wir zum Stillstand kommen, wie der Kolibri scheinbar regungslos in der Luft hängt, wird in uns ein großer Zeuge wach, und endlich erkennen wir, in welche Story wir uns da verheddert haben, und wir verfolgen sie einfach im stillen Raum unseres Herzens und hauchen sie an und beurteilen weder uns selbst noch die Menschen, die für unsere Leiden oder auch die der Erde und ihrer Kreaturen von Bedeutung waren. Wir alle haben dieses Leben gesucht, um miteinander etwas auf die Beine zu stellen. In der Stille werden wir Heiler und Wissende, denen klar ist, wann es angezeigt ist zu handeln und wann man das Geschehen besser nur verfolgt. Letzteres hat nichts von Untätigkeit; wir bleiben in tiefer Gelassenheit präsent und sind stets bereit, bei Bedarf aktiv zu werden.

Im Norden, der Richtung des Kolibris, können wir in den mythischen Garten Eden kommen, das Paradies, aus dem wir vertrieben wurden und in dem wir, ohne Strafe fürchten zu müssen, vom Baum der Erkenntnis des Guten und Bösen essen können. Es ist der Garten, in dem die Wissenden ihre Weisheit groß werden lassen können. In diesem üppig grünen Land mit seinem fruchtbaren Boden sehen wir mit neuen Augen, was wir in unserer Ganzheit sind und wie es sich anfühlt, so zu sein, wie wir von Natur aus gemeint sind. Wir gehen in Schönheit, sprechen mit den Flüssen und Bäumen und Wolken wie einst, wir halten Zwiesprache mit dem Geist wie damals im Paradies. Wir erkennen unsere partnerschaftliche Wechselwirkung mit dem Göttlichen und fassen den Entschluss, in Ayni, in Harmonie zu leben.

Ayni und das Ja zum Möglichen

Unsere Beziehungen zu anderen und zur Welt sollen wie das Geben und Nehmen zwischen Kolibri und Blüte aussehen, ein harmonisches Miteinander. Hilf der Erde, wie sie dir hilft. Tu etwas zum Wohl des Planeten und der Menschen, ohne dass es gleich Schlagzeilen machen muss. Gib nicht der Befürchtung nach, dass Mangel und Unheil ausbrechen werden, wenn du dich, deinen Kopf oder deinen Keller nicht jetzt sofort vollstopfst. Vertrau darauf, dass dir auf deinem Weg durch dieses Leben immer das geeignete Wissen und genügend Nahrhaftes zur Verfügung stehen wird. Sag Ja zum Möglichen und achte nicht auf deinen patriarchalischen Instinkt, genau wissen zu müssen, was möglich ist und was nicht. Sei offen für das mystische Erleben des gemeinsamen Schöpfungswerks.

Im Einklang mit Himmel, Erde und dem Quantenfeld des Möglichen leben – wenn wir das beherrschen, werden wir das Mangelbewusstsein los. Wir erkennen, dass Fülle und Schönheit uns zuströmen, wenn wir alle an allem reichlich teilhaben lassen. Der Nektar, den Sie brauchen, wird da sein. Pachamama ist freigebig, nur vergessen wir das leider immer wieder.

Nach dem Schöpfungsmythos der Mapuche in Zentralchile, bei denen meine Frau Marcela gelernt hat, war das erste göttliche Wesen eine Frau, die einen Jaguar gebar. Doch dieser Jaguar knurrte seine Mutter irgendwann an, lief davon und verschwand in der Wildnis. Das zweite Kind dieser Göttin war ein Puma, der an der Brust seiner Mutter saugte. Das dritte Kind war ein Mensch, mit dem die Bevölkerung der Erde ihren Anfang nahm. Diesem Mythos können wir entnehmen, dass die zuerst geschaffenen Wesen wilde Kreaturen waren, denen das Recht der Erstgeborenen zufiel. Bei der zweiten Welle, die mit dem Puma begann, handelt es sich um Lebewesen, die sich auf eine Beziehung zum Menschen einließen und von ihm domestiziert werden konnten. An dritter Stelle kommen die Menschen. Dem lässt sich zweierlei entnehmen: erstens, dass wir unsere Mutter ehren sollen, wenn wir hinaus in die Welt streben, ohne je zu vergessen, dass wir bei ihr immer Nahrung finden werden. Und zweitens ist es unsere Aufgabe, alles Wilde zu schützen. Wir bekommen von der Natur, aber wir geben ihr auch und kümmern uns um ihr Wohlergehen, wir leben in Ayni. Das wünscht sich Mutter Erde von uns.

In Ayni zu leben bedeutet, dass wir uns frohen Herzens dem Gesamtgeschehen unterordnen, an dem wir zusammen mit dem Quantenfeld als Mitschöpfer beteiligt sind. Dieses Feld ist darauf bedacht, Ordnung aus dem Chaos zu schaffen, und es hilft uns mit Rat und Tat bei der Ausgestaltung einer neuen Vision für die Menschheit. In Ayni zu leben heißt auch, dass wir Irrtümer eingestehen, aber andererseits unseren Standpunkt wahren, wenn wir das Gefühl haben, dass wir richtigliegen, und wenn unser Beitrag wertvoll ist. Indem Sie anderen vor Augen führen, dass Sie lernbereit sind, offen für Zusammenarbeit und schöpferisches Tun, für Heilung und gutes Zuhören, ändern Sie das Feld so, dass sie ein Widerhall erreicht, der sie motiviert. Und diese Leute tragen vielleicht noch mehr als Sie zur Schaffung einer besseren Welt für uns alle bei.

Zum Wohl von Mutter Erde und allem Leben müssen wir uns diesem Werk des Kolibris widmen. Wir müssen uns selbst um gute Beziehungen und um richtiges Denken und Handeln kümmern, statt uns darauf zu verlassen, dass Pachamama uns schon retten wird, oder uns einzubilden, wir müssten die Zügel führen, um sicherzustellen, dass für unsere Interessen an erster Stelle gesorgt ist.

Mutter Erde und wir

Natürlich möchte jeder Einzelne überleben und es gut haben, aber wir müssen unser Augenmerk jetzt mehr auf die Erde richten, die wir so lange so schlecht behandelt haben. Sie hat in allen Bereichen – Erde, Wasser, Wind und Feuer – mit großen Schwierigkeiten zu kämpfen. Die Böden sind ausgelaugt und mit Pestiziden und anderen Chemikalien verseucht, die auch unser Wasser belasten. Schwere Stürme, Dürren und Überflutungen lassen Störungen im Wasserhaushalt der Erde erkennen. Verheerende Stürme zeigen an, dass mit dem Wind etwas nicht stimmt. Der Wind trägt Giftstoffe aus den Fabriken in die Lunge von Menschen und Tieren. Die Pflanzen, diese natürlichen Luftreiniger, können die Massen der eingetragenen Schadstoffe nicht mehr bewältigen. Großflächige Brände zerstören die Wälder, weil wir das Land nicht mit Umsicht gepflegt haben und weil wir auch die Mühe scheuen, den Waldbränden durch kontrollierte Feuer vorzubeugen. Da mögen wir noch so viel Heilsames für uns selbst unternehmen und Frieden, Schönheit und Harmonie in unserer Familie verwirklichen, wir werden unser Zuhause und die vertraute Lebensweise doch verlieren, wenn Katastrophen über uns hereinbrechen, die durch unseren Mangel an Respekt gegenüber Mutter Erde entstehen.

Pachamama nimmt Menschen als Parasiten wahr, die man kleinhalten oder ausschalten muss. Wir sind beauftragt, für die Gesundheit der Natur Sorge zu tragen, schließlich sorgt sie für die gesunden Mikroben, die in unserem Darm leben, und für das Sonnenlicht, mit dem unser Körper Vitamin D produzieren kann und das überhaupt viel für unsere Gesundheit und unser Wohlbefinden leistet. Wie schade, dass wir unserer Verpflichtung bisher so wenig gerecht geworden sind. Um die Erde zu retten, müssen wir zuerst uns heilen, und um uns heilen zu können, müssen wir die Erde retten. Das ist das Wesen von Ayni, unserer Verflochtenheit mit Pachamama.

Jeder Mensch ist aus Erde und Geist gemacht und Bestandteil des Quantenfelds. Wie gesagt besitzt jeder Mensch ein persönliches Energiefeld, das mit dem Quantenfeld des Kosmos verwoben ist. Jetzt müssen wir uns eine Weisheit zu eigen machen, die uns bei dem Werk anleitet, für das wir angetreten sind: zum Wohlergehen aller beizutragen. Kolibri-Medizin nährt uns mit dem reinen Nektar des Lebens und sorgt dafür, dass wir uns nicht mehr so leicht von leerem, hektischem Tun ablenken lassen. Nur mit der höchsten Form von Ayni bringen wir neue Beziehungen zur Erde und untereinander zuwege.

Schier unwiderstehlich ist die Versuchung, den Helden zu spielen, der herbeieilt, um die Situation zu retten oder jemandem aus der Bredouille zu helfen, und das auch noch in dem Wahn, wir wüssten, was zu tun ist. Aber es spricht nichts dafür, blindlings herumzuwursteln, weil wir uns wichtig fühlen möchten oder von vorgefassten Anschauungen blenden lassen. Hier gilt es innezuhalten, still zu werden und nur zu beobachten, damit sich die Weisheit spontan in uns herauskristallisieren kann. Das geht leichter, wenn wir meditieren oder uns in der freien Natur befinden. Bei allzu vielen von uns ist jedoch der Körper aus seinem Gleichgewicht geraten. Unsere natürlichen Instinkte gehen in die Irre, weil unser Kampf-oder-Flucht-System auf Hochtouren läuft. Wir schlafen, aber finden kaum Ruhe und Erholung. Wir setzen uns zur Meditation hin, aber in unserem Kopf jagen sich die Gedanken. Treten wir jedoch in die Stille ein und kommen mit dem inneren Zeugen in Kontakt, kann die Hand des Geistes in der Stille an uns wirken und Ordnung aus dem Chaos erzeugen.

Aber die Haltung des Zeugen ist eines der Geschenke der Kolibri-Medizin, nicht das Gleiche wie Untätigkeit. Vielmehr lassen wir den Dingen in dieser Haltung ihren naturgegebenen Lauf, sodass Schönheit ganz natürlich und spontan aus dem Chaos hervorgehen kann, wie es ja auch geschieht, wenn wir im Ayni-Zustand und innerlich still sind. Ich denke dabei nicht an geistloses Surfen im Internet oder an das Durchscrollen Ihrer Nachrichtenkanäle. Meditation, regungsloses Dasitzen, das Anschauen eines Fußballspieles oder der neuesten Katzenvideos – das kann äußerlich alles ziemlich gleich aussehen, unterscheidet sich aber ganz erheblich. In der Meditation verschwinden Sie. Ihre persönliche Wichtigkeit fällt von Ihnen ab. Sie sagen zum Geist: »Weil ich nicht mehr existiere, bist nur noch du da.« Wenn Sie dagegen abschalten, um sich zu entspannen, geht es wieder nur um Sie und Ihre Wünsche. Die Welt und der Kosmos drehen sich um Ihre banale Selbstgefälligkeit und Ihren Wunsch nach Ablenkung und Bequemlichkeit.

Vielleicht möchten Sie das jetzt vehement abstreiten, doch in Wahrheit ist die Couch eine Verführung, und der große Wandel, den Sie sich nach eigenem Bekunden wünschen, ist womöglich nicht der, den Sie brauchen. Der Wandel besteht sicher nicht darin, dass sich die Umstände oder die anderen Menschen gemäß Ihren Bedürfnissen oder Vorstellungen ändern. Es wird vielmehr um Ihre eigene Transformation gehen.

Wie man den Rückfall in alte Gewohnheiten vermeidet

Auf unserem Weg durch das Rad der Weisheit sammeln wir Kraft, solange wir uns nicht von Habgier, Ruhmsucht und dem Versprechen sofortiger Bedürfnisbefriedigung verführen lassen. Um dem Ruf des Geistes zu folgen, müssen wir auch zu unbequemen Veränderungen bereit sein. Wir müssen das Wohlergehen des Planeten an die oberste Stelle setzen und an die zweite das seiner Lebewesen. Erst an dritter Stelle folgen die Menschen, auch die in unserem engeren Lebensumfeld. Unsere Therapien und die entschlackende Ernährung bringen nichts, wenn wir keinen Ort mehr haben, an dem wir vor den gewaltigen Umbrüchen auf der Erde geschützt sind. Wir müssen uns vom alten »Weiter so« verabschieden. Irgendwo wissen wir um unsere Neigung, alles wieder »normal« und »wie früher« haben zu wollen. Das Alte ist uns vertraut, und darin liegt eine Gefahr. Es hilft nichts, wir kommen nur nach vorn weiter, wir müssen als Menschheit evolvieren und eine neue Existenzform erfinden.

Auch wenn es so aussieht, als ginge es jetzt darum, anderen zu helfen, die Dinge in Ordnung zu bringen und alles abzulegen, was Sie daran gehindert hat, zumindest kurzzeitig Ihrer spirituellen und ewigen Natur innezuwerden – das ist es nicht, worauf es jetzt ankommt. Was Sie gelernt haben, um sich, anderen, Mutter Erde und ihren Lebewesen zu helfen, bleibt wertvoll. Aber Sie lassen es besser ungenutzt, bis Sie sicher sein können, dass es Ihnen nicht darum geht, als wichtig oder etwas Besonderes zu gelten, dass Sie nicht in erster Linie Missstände beheben möchten, die Ihnen persönlich Unbehagen bereiten. Sie müssen still werden, sich genau ansehen, worauf Sie aus sind und weshalb, um sich dann vor Augen zu führen, dass Sie nicht allein dastehen mit Ihrem Wunsch, sich für das Gedeihen der Erde, der Menschheit und Ihr eigenes Wohlsein einzusetzen.

Halten Sie sich bewusst, dass Ihre Weisheit nicht viel hermacht im Vergleich zu dem, was die unsichtbare Welt an Weisheit bietet, in der Sie sich mit der ganzen Linie von Weisheitslehrern verbinden können – den Alto Mesayok, von denen die Schamanen der Andenregion sprechen und die im Buddhismus »Bodhisattwas« genannt werden. Wann sie auch gelebt haben oder leben werden, sie sind in der Zeitlosigkeit zu Hause, und mit ihrer Hilfe können wir eine Welt erschaffen, die für unsere Kinder geeignet ist. Der alten Überlieferung nach war Pachacuti der letzte große Inka und einer, der ganz aus der Zeit heraustrat: Er wurde ein Buddha-ähnlicher Erleuchteter, der keine durch seine vielen Inkarnationen geschlagenen Wunden mehr zu heilen hatte. Im Osten würde man sagen, er habe sich von seinem Karma befreit. (*Pacha* bedeutet »Erde« oder »Zeit«, und *cuti* heißt »heraustreten« oder »herumdrehen«.) Pachacuti soll den Wendepunkt vorausgesagt haben, an dem wir jetzt sind, einen Augenblick, an dem wir uns bewusst für unsere Evolution und gegen unser Aussterben entscheiden müssen. Wir befinden uns in einer Zeit großer Umwälzungen auf der Erde, und es heißt jetzt, in Pachacutis Fußstapfen zu treten. Je mehr von uns sich für Evolution entscheiden und bereit sind, nicht mehr ausgetretenen Pfaden zu folgen, sondern den Weg in eine erstrebenswerte Zukunft zu wählen, desto besser stehen unsere Chancen als Menschheit, diese Zeit nicht nur zu überleben, sondern zu einer wirklich gedeihlichen Lebensform zu finden.

Da führt uns die Kolibri-Medizin mit sanftem Nachdruck hin.

Manches muss einfach der Vergangenheit angehören dürfen

Um in unserer Zeit mit Ayni zu leben, müssen wir erkennen, dass Veränderungen nicht zu vermeiden sind. Wir haben also bewusst hinzunehmen, dass manche Dinge enden. An den Gottheiten des Hinduismus können drei Aspekte unterschieden werden: Zerstörer, Erzeuger und Erhalter. Das Zerstörerische ist in den westlichen Religionen keine eigens erwähnte Eigenschaft des Göttlichen, wenngleich uns bekannt ist, dass Arten entstehen, eine Zeit lang existieren und dann aussterben. Manche Lebensformen hinterlassen dabei Lebensräume oder ökologische Nischen, die andere dann wieder besetzen können. Auch nach Überflutungen und Waldbränden kann neues Leben entstehen. Eben jetzt ist viel von der »alten Normalität« die Rede, die wir hinter uns lassen müssen, aber wir können uns nicht aufraffen, wir widersetzen uns dem Wandel.

Die mütterliche Energie sehen wir gern als nährend und liebend, übersehen aber ihre grimmig entschlossene Seite. Das Bild des Phönix spricht uns an, der sich aus der Asche erhebt und mit der Hoffnung verbunden ist, dass aus Katastrophe und Zerstörung neues Leben hervorgehen wird. Und Jesus, heißt es, sei von den Toten auferstanden, wie auf die Froststarre des Winters der Frühling folgt. Allzu oft vergessen wir jedoch, dass Zerstörung und Niedergang notwendig sind. Wir müssen uns also mit der Tatsache anfreunden, dass etwas sterben muss, wenn Neues geboren werden soll. Um nicht unser Aussterben zu riskieren, werden wir uns von ein paar Dingen verabschieden müssen, zum Beispiel von unserem egoistischen und wenig nachhaltigen Umgang mit den natürlichen Ressourcen der Erde.

Das Volk der Menominee im heutigen Wisconsin betreibt schon sehr lange eine gesunde Forstwirtschaft, sodass mittlerweile sogar die Nachkommen europäischer Einwanderer zu ihnen kommen und lernen möchten. Die Menominee sorgen einfach für vielgestaltiges Wachstum in den Wäldern. Alte und junge Bäume stehen zusammen, und der Artenreichtum ist groß, damit das Gleichgewicht gewahrt bleibt und Brände nicht allzu sehr um sich greifen können. Sie haben 58 000 Bäume, die über dreißig Arten angehören, genau erfasst und dokumentieren das Höhen- und Breitenwachstum. Der Wald wird sorgfältig gepflegt, damit auch künftige Generationen etwas von ihm haben.[6] Auch hier kann ein Blitz natürlich einen Brand entfachen, aber wenn wir gut mit unseren Wäldern und überhaupt mit der Natur umgehen, lassen sich große Verwüstungen vermeiden. So muss Ayni mit der Natur aussehen: Liebe, Schutz und respektvolle Fürsorge halten das Entstehen und Vergehen oder Leben und Tod in der Waage. Ayni heißt auch zu wissen, wie viel Komfort wir uns gönnen können, ohne Mutter Erde zu viel abzuverlangen, sodass sie dann gezwungen ist, Wälder abzubrennen und große Landstriche zu überfluten. Haben wir das einmal verstanden und bejaht, kann ein neues Denken über unsere Beziehung zur Erde einsetzen.

Ayni im Umgang mit den Ahnen

In unserem Verhältnis zur Natur kommt es auf praktiziertes Ayni an, und das gilt auch für unsere Beziehung zu den Vorfahren. Ich spreche nicht allein von Achtung gegenüber den Alten in Ihrer Lebensgemeinschaft oder Familie, wenngleich auch das wichtig ist. Ich spreche davon, uns die Weisheit der Menschen früherer Zeiten zu erschließen, deren Lehren verschollen oder vergessen sind. Das erreichen wir, indem wir die Identifikation mit unserem Namen und Körper einmal aussetzen, um zu sehen, was uns jenseits dieser Grenze an Rat und Wegweisung erwartet.

Hüter der Weisheit wurden in früheren Zeiten überall auf der Welt vielfach verfolgt und gefoltert, ihre Schriften vernichtet, ihre mündlichen Überlieferungen ins Lächerliche gezogen. Aber Sie können hier immer noch Anleitung bekommen, wenn Sie den Plan fassen und unbeirrbar dabeibleiben, sich für die zeitlose Stille des Zeugen empfänglich zu machen. Dann wird es möglich, die im Quantenfeld latent vorhandene Weisheit in Ihr persönliches Energiefeld zu ziehen und von dort in Ihr Lebensumfeld zu leiten. Sie bieten den Vorfahren Ayni, also Respekt und Liebe, und sie bieten Ihnen im Gegenzug als Geschenk die Möglichkeit, selbst eine Wissende oder ein Wissender zu werden.

Wenn Sie die Stimmen der Vorfahren hören, aus der gewöhnlichen Wahrnehmung mit ihren Ablenkungen einmal aussteigen und an den Visionen der Ahnen teilhaben, werden Sie sehen, dass Sie nicht alles ganz genau so nachvollziehen müssen, wie es einmal gesagt wurde. Vielmehr können Sie Ihre eigene Stimme und eigene Lieder, Ihre ganz eigene Mission und Berufung finden. Das muss jedoch in einer Haltung tiefer Bescheidenheit geschehen. Lassen Sie nicht zu, dass Überheblichkeit Ihnen in den Weg kommt.

In der Four Winds Society hatten wir einen jungen Mann, der Absolvent unseres Trainings und ziemlich schnell von Begriff war. Was es im Kurs zu lernen gab, fiel ihm nur so zu, als wäre er mit der Milch der alten schamanischen Weisheit großgezogen worden. Einmal kam er nach dem Unterricht zu mir und ließ mich wissen, ihm sei jetzt klar geworden, dass er eine Reinkarnation Pachacutis war.

»Toll«, sagte ich. »Das heißt aber auch, dass du jetzt eine Menge zu tun hast, um für die Menschheit das neue Zeitalter einzuläuten.«

Ich hatte an diesem Tag von Pachacuti als einem Archetypen gesprochen – die Alten hätten ihn als Gottheit bezeichnet –, das heißt als etwas, was wir heute als eine universale Qualität ansehen. Man kann Pachacuti-ähnlich werden und sich an der

Verwirklichung eines Zeitalters des Friedens beteiligen, ganz so, wie man auch Buddha-ähnlich werden kann. Mir war jedoch nicht klar, dass dieser junge Mann wirklich glaubte, er sei eine Inkarnation dieses Inka-Herrschers, der nicht nur Machu Picchu erbaut, sondern das größte Weltreich nach Dschingis Khan geschaffen hatte.

Ein paar Tage später erhielt ich aus Cusco einen Anruf von Don Manuel.

»Einer deiner Schüler ist hier«, sagte er. »Er behauptet, er sei Pachacuti und nach Hatun Q'ero gereist, um unserem Volk eine Botschaft zu überbringen.«

Ich bekam ein ganz flaues Gefühl im Magen. Hatun Q'ero ist das Dorf des letzten Inka-Schamanen und liegt 4000 Meter hoch. Von der nächstgelegenen Straße aus hat man drei Tage Fußmarsch vor sich, sofern man nicht unterwegs von einem Schneesturm überrascht wird, was hier sogar im Sommer geschehen kann.

»Er wollte von mir einen schamanischen Namen«, berichtete Don Manuel weiter. »Ich habe ihm den Namen ›Wayra Uma‹ gegeben, ›Der hoch fliegende Kondor‹.« Ich prustete los. Wörtlich bedeutet der Quechua-Ausdruck »Wayra Uma« nämlich »Luftikus«. Don Manuel weiter: »Die Leute im Dorf hatten Wind davon bekommen, dass wichtiger Besuch bevorstand, und sie empfingen ihn als Sohn der Sonne.«

Nach der Überlieferung der Inka wird Pachacuti eines Tages zurückkehren und sein Volk aus der Knechtschaft der Konquistadoren befreien. Er wird dann große schamanische Kräfte besitzen und zum Beispiel Kranke heilen, Regen machen und Blitz und Donner herbeirufen können. Er könne ein Abkömmling jeder Rasse oder Kultur der Welt sein und müsse nicht unbedingt zu einem Andenvolk gehören. Folglich waren die Leute im Dorf durchaus geneigt, auch einen blonden Pachacuti gelten zu lassen.

Don Manuel ließ mich auch noch wissen, dass sich der junge Mann zu ihrem König erklärt hatte. In den Anden war es gerade Hochsommer, und man wusste, dass es noch monatelang keinen Regen oder Blitz und Donner geben würde, bis es dann im Herbst wieder zu regnen begann. Deshalb baten die Dorfleute den jungen Mann, den Blitz zu rufen. Er hatte nicht damit gerechnet, dass man ihn auffordern würde, für seine Behauptung Beweise zu liefern. So blieb ihm nichts anderes, als kehrtzumachen und in die Stadt zurückzukehren. Das gab Anlass zu viel Gelächter.

Immer noch ziemlich geknickt kehrte der junge Mann später in unseren Kurs zurück. Männer lassen sich von ihrer Selbstgefälligkeit so leicht verführen wie von einer Frau oder von sexuellen Fantasien. Mein Schüler lernte jedenfalls etwas ganz Wichtiges. Und die ganze Begebenheit ließ die Legende vom blonden Pachacuti entstehen, über die heute noch überall geschmunzelt wird.

Neue Mythen

Mythen, Rituale und die Auslegung von Weisheitslehren ändern sich mit der Zeit wie die Wälder, die Ozeane und die Wüsten. Aus diesem Grund sind die Schamanen immer bereit, neue Ausdrucksformen eines alten Mythos oder Archetypen zu bejahen. Im Unterschied dazu möchten religiöse Menschen an den alten Formen festhalten und lassen als heilige Schriften nur die alten Sanskrit- oder hebräischen Texte gelten. Da bekommt der Buchstabe etwas Magisches, und die religiösen Orientierungsgestalten verbreiten die Kunde, Wörter enthielten Kraft; ihre Geheimnisse müssten sorgsam gehütet werden. Die Form gilt mehr als die Substanz.

Die Worte und ihr Gehalt ändern sich aber mit unserer Bewusstseinsentwicklung. Die Gründungsväter der Vereinigten Staaten hatten die Vision, dass alle Menschen als Gleiche erschaffen sind, aber es dauerte dann noch gut hundert Jahre, bis sich diese Vision nicht mehr nur auf männliche Grundbesitzer europäischer Abstammung bezog. Es dauerte auch seine Zeit, bis in der Bibel enthaltene Erzählungen nicht mehr so ausgelegt wurden, dass Medizinfrauen auf den Scheiterhaufen gehörten. All jene, die vor uns gelebt, die Geschichten geschrieben und die Rituale gestaltet haben, ehren wir am besten dadurch, dass wir die alten Stimmen laut werden lassen, aber ihre Botschaft zeitgemäß formulieren.

Kolibri-Weisheit ruft Ihnen Geschichten in Erinnerung, die Sie noch nie gehört haben und in denen eine Weisheit laut wird, die ihren Weg durch Sie nimmt, ohne dass Sie diese Weisheit selbst gewonnen hätten. Diese größere Weisheit erschließt neue Möglichkeiten, die den Platz antiquierter und schädlich gewordener alter Vorstellungen einnehmen können. Beispiele für solche Antiquitäten sind: »Diese Leute hier sollen Macht über alle anderen haben, die dazu da sind, denen an der Spitze zu dienen.« Oder: »Frauen sind dazu da, den Männern zu dienen, ihre Kinder zur Welt zu bringen und sie in jeder Hinsicht zu unterstützen. Und sollte der seltene Fall eintreten, dass eine Frau irgendetwas Bedeutsames leistet, dann, weil sie keinen Mann findet oder keinen Sohn zur Welt bringt.« In unseren Köpfen sind viele solcher Ideen, die alle auf den Kompost gehören. In der Stille, wenn wir zu Zeugen werden, können wir aufhören, in Büchern und Philosophien Aufschlüsse finden zu wollen. Sie können weit über Ihre Jahre hinaus wissend und erfahrend sein, doch das setzt voraus, dass Sie lange genug still sind, um das Tor der Stille zu passieren. Und wirklich still sein können Sie nur, wenn Sie durch die Jaguar- und Schlangen-Medizin geheilt und auf diesen Schritt vorbereitet worden sind.

In Ihrer Ayni-Beziehung zu den Wissenden der alten Zeit bekommen Sie Zugang zur Weisheit am anderen Ende der Regenbogenbrücke und sehen mit neuen Augen. Sie nehmen Schattierungen wahr und sehen statt Schwarz oder Weiß viele Grautöne. Das alte Entweder-oder-Denken – dies oder das, du oder ich, männlich oder weiblich, gut oder böse – weicht einem differenzierteren Verständnis der Wechselwirkungen zwischen Menschen und Energien. Sie sind dann nicht mehr auf »die Wahrheit« aus, sondern suchen in jeder Situation das, was da an Bedeutung zu finden ist oder an Heilung und Harmonie möglich ist. Sie sind dann so beschäftigt, Wahrhaftigkeit walten zu lassen und alle Lebenssituationen mit heilsamer Harmonie zu erfüllen, dass *die* Wahrheit oder *der* Weg zur Erleuchtung nicht mehr so interessant sind. Ein alter Spruch lautet: »Den Weg der Kolibri-Medizin findet man nicht durch Suchen, aber es kann sein, dass man ihn nur als Sucher findet.«

Man kann auch neue Mythen kreieren. Vielleicht verändert sich Ihr Job oder löst sich ganz auf, und Sie stehen da, als wäre Ihnen die Identität abhandengekommen. Aber vergessen Sie nicht, dass Sie auf einer mythischen Reise sind. Was Sie in diesem Leben zu tun haben, kann viele Formen annehmen. Sie können sich ändern und dann Vorhaben sinnvoll finden, an die Sie nicht einmal gedacht hatten, bevor der Wandel Sie ereilte.

Wenn wir in Ayni leben, sind wir nicht mehr so sehr darauf aus, unsere persönliche Zukunft zu sichern, sondern wir werden empfänglich für die Weisheit der Alten. Dann klärt sich, was wir zu tun haben. Dazu allerdings müssen wir erst einmal den Umgang mit Zeit und Unsichtbarkeit erlernen.

Vom Umgang mit der Zeit

Nach westlichem Verständnis ist die Zeit etwas Lineares, der Zeitpfeil trägt uns von der Vergangenheit in die Gegenwart und von dort aus in die Zukunft. Die Ursachen liegen in der Vergangenheit, Wirkungen machen sich jetzt oder später bemerkbar, und wir sind eigentlich Geiseln des Schicksals – eines Schicksals, das aus Statistik und Liebestragödien, aus dem Irrtum, unser Job sei unsere Arbeit, und aus Glaubenssätzen besteht, die unserem spirituellen Wesen und Wissen widersprechen. Schamanen erkennen, dass lineare Zeit nur einer von etlichen Zeittypen ist. Zeit kann auch zirkulär sein, also kreisförmig oder als Spirale verlaufen. Was wir jetzt erleben, kann von etwas ausgehen, was erst noch passieren wird und von der Zukunft her auf uns zurückwirkt. Alle Geschicke und Möglichkeiten können sich aus der scheinbaren Unordnung von Vergangenheit, Gegenwart und Zukunft ergeben, die sich in einem vielschichtigen und vieldimensionalen Reich jenseits der Regenbogenbrücke mischen.

Das Dumme an der linearen Zeit ist, dass sie endet. Als sich die Weisen der alten Zeit mit Alter und Krankheit auseinandersetzten, wurde ihnen klar, dass sie das Problem der linearen Zeit lösen mussten: Sie wird vom Tod heimgesucht und ist von Schicksalskräften beherrscht, die uns keine andere Möglichkeit lassen, als zu leben, zu leiden und zu sterben wie unsere Vorfahren. Die Vergangenheit bestimmt die Zukunft. In früheren Zeiten wussten die Menschen, wie man lernen konnte, mit der nichtlinearen Zeit zu arbeiten. Sie erweiterten die Kausalität um die Möglichkeit der Synchronizität und beobachteten, wie Vergangenheit, Gegenwart und Zukunft in der mittleren Welt der alltäglichen Realität von Augenblick zu Augenblick miteinander verwoben waren.

In der polychronen heiligen Zeit der unsichtbaren Welt ist es möglich, Vergangenheit, Gegenwart und Zukunft gleichzeitig zu erleben. Man kann aus der Unausweichlichkeit von Ursache und Wirkung ausbrechen. Hier bekommen wir einen Geschmack der Unendlichkeit und lassen uns von den Flüssen der Zeit in die Vergangenheit oder Zukunft tragen, wir lassen uns vorübergehend von Strudeln aufhalten, um sie zu erkunden und uns schließlich doch wieder von ihnen zu lösen.

Eine Schamanin wird Meisterin im Umgang mit der Zeit, um so herauszufinden, wer wir in 10 000 Jahren sein werden, und dieses Wissen bringt sie dann in die Gegenwart zurück. So konnten die Propheten weit zurückliegender Zeiten die Wirren vorhersehen, in denen wir uns heute befinden. Sie sahen die Schicksalslinien der Menschheit auf einen Schnittpunkt der Krisen und Katastrophen zulaufen – Klimawandel, Artensterben, Krankheit. Und sie sahen aus diesem Wendepunkt am Ende der Zeit oder eines Zeitalters, den sie – nach dem Inka-Anführer, welcher ein Meister der Zeitlosigkeit geworden war – »Pachacuti« nannten, eine neue Menschheit hervorgehen. Ihnen war klar, dass ein neuer Mensch entstehen würde, der seinen Körper so erneuern konnte, dass er anders altern, gesunden, leben und sterben würde – oder vielleicht gar nicht stürbe.

Oder wir würden aussterben.

Die Zukunft ist nicht vorherbestimmt. Aber Ihr Leben ist in gewisser Weise absehbar. Sie können einen anderen Verlauf wählen oder eher zufällig in einen anderen Verlauf hineinstolpern, der nicht auf das wahrscheinliche Ende Ihres bisherigen Weges hinausläuft. Doch wenn Sie sich bewusst für die Evolution zum neuen Menschen, zum *Homo luminosus*, entscheiden und diesen Weg einschlagen, statt auf dem zu bleiben, auf den Sie gestellt wurden, genügt es nicht, zu wünschen und zu hoffen, dass sich die Dinge zum Besseren wenden. Sie müssen lernen, still zu sein und auf Synchronizitäten zu achten. Sie zeigen uns an, dass lineare Zeit nichts weiter als eine sehr verbreitete Illusion ist, die uns in der Alltagswelt ganz real erscheint, sich aber auflöst, wenn wir in den unsichtbaren Bereich eintreten, ganz ähnlich wie im Traum. Lassen Sie zu, dass Sie Zeuge oder Zeugin werden, ganz präsent im zeitlosen Augenblick und ohne den Wunsch, hierhin oder dorthin zu steuern, sodass sich das Heilige – heilige Liebe, heilige Weisheit – in Ihnen bekunden kann.

Wenn Sie den Mut dazu aufbringen, wird Ihnen nach und nach wieder einfallen, dass Sie hier sind, um zusammen mit dem Göttlichen einen neuen Traum zu schaffen und Wirklichkeit werden zu lassen. Wenn dann etwas schiefgeht, werden Sie sich erinnern, dass das Universum nicht gegen Sie ist, sondern Sie nur sanft weiterstupst, damit Sie nicht bei Ihrem absehbaren Schicksal bleiben, sondern den Schritt in eine größere Bestimmung wagen.

Es möchte, dass wir alle zu dem heiligen Werk kommen, für das wir angetreten sind.

Es ist sicher nicht leicht einzusehen, dass Ihnen dieser Job, den Sie mochten und trotzdem verloren haben, einfach nicht bestimmt war; oder die Beziehung zu jemandem aufrechtzuerhalten, den Sie wirklich geliebt haben, der Ihre Liebe aber nicht in gleicher Weise erwidern konnte. Wenn Sie die Zeitlosigkeit verstanden haben, wird Ihnen klar, dass das Universum Sie immer in Richtung jenes Weges schiebt, den Sie mit dem Geist abgesprochen haben, bevor Sie hierherkamen. Auf diesem Weg verbinden sich Verluste, Lernerfahrungen und Liebe zu einem Tanz, dessen vielschichtige Schönheit sich erst in der Rückschau ganz erschließt.

Langsamer werden, wenn das Leben Fahrt aufnimmt

Den Umgang mit der Zeit zu erlernen und in die Erfahrung der Zeit einzutreten setzt einen Wechsel der Perspektive voraus, der einem nicht leichtfällt, wenn man ständig in Bewegung ist und durchs Leben hetzt, während man gleichzeitig alles zu managen versucht, was das Leben so mit sich bringt. Doch wie sehr die Zeit auch drängen mag, wir müssen lernen, nichts zu tun und uns in Geduld zu üben, auch wenn es so aussieht, als müssten wir den Wettlauf gegen die Uhr gewinnen.

Todesfurcht, mit der wir uns im Westen befasst haben, um uns ihrer zu entledigen, lässt uns wie verrückt rennen, um immer alles termingerecht fertigzubekommen. Sie hält uns in dem Irrglauben, wir müssten nur geschäftig genug sein, dann würde der Tod auf uns warten, bis wir alle ach so wichtigen Dinge abgearbeitet haben. Mit Kolibri-Weisheit halten wir die Uhr praktisch an, weil wir mitten in all dem Gewimmel Stille üben und einfach schauen, ohne etwas zu tun, ganz so, wie auch der Kolibri im Flug stillsteht. Wir achten auf die Räume zwischen den Atemzügen und zwischen den Schlägen unseres Herzens. Unsere Stille hält die verführerischen Ablenkungen fern, die uns in Bewegung halten, bis uns die Puste ausgeht – als wären wir zum Tun hier.

Ich fand diese Lehren anfangs schwer verständlich, da ich mich als Mann der Tat sah. Alles, was nicht den vielen Erledigungen des Tages galt, sogar das Schlafen, war für mich vergeudete Zeit – bis mir aufging, dass ich Jahrzehnte mit Vollgas unterwegs gewesen war und damit eigentlich nichts erreicht hatte. Mir fiel ein Gespräch mit Don Manuel ein, in dem er gesagt hatte, ich solle lernen zu atmen: »Atme wie ein Baby, nicht wie ein Hund, nicht hechelnd.«

Die meisten Menschen atmen heute zehn- bis vierzehnmal pro Minute ein und aus. Das lässt erkennen, dass der Körper überlastet und gestresst ist. Ich musste lernen, langsamer zu atmen, nur noch vier bis fünf Atemzüge pro Minute, und nach dem Ausatmen und vollen Einatmen immer einen Moment innezuhalten. Ich merkte bald, dass meine Welt langsamer wurde, wenn ich selbst langsam atmete, und dass ich viel mehr zuwege brachte, während ich zugleich weniger herumhetzte.

Wenn wir still werden und unsere Ungeduld im Zaum halten, wird uns offenbar, dass wir uns nicht allen Problemen immer sofort zuwenden müssen. Wir können in allem, was vor sich geht, mit Weisheit und Liebe präsent bleiben und einfach Heilung geschehen lassen, ohne herumzurennen und nach Pflaster und Salbe oder nach den passenden Worten und dem richtigen Ratschlag zu suchen. Hören wir auf zu tun, damit wir einfach mal sein können – um mit dem Blick des Zeugen zu verfolgen, wie ein Augenblick den nächsten ergibt. Das fällt uns nicht leicht, wenn wir nur zum Handy greifen müssen, um irgendwas im Internet zu recherchieren und dabei wieder auf ablenkende Fotos oder Neuigkeiten stoßen. Still zu sein heißt, den Moment abzuwarten, bis wir Anschluss an das unsichtbare Reich des Magischen und Mysteriösen finden – zwischen Vergangenheit und Zukunft in absoluter Präsenz balancierend, ohne Bedauern über Vergangenes, ohne Träume, die sich doch in Albträume verwandeln.

Don Manuel war auch immer dafür, die Dinge sein zu lassen,

wie sie sind. Was ihm auch an Widrigkeiten in den Weg kommen mochte, er ließ dem einfach seinen Lauf und gab ihm nur die Intention mit, es möge sämtlich zum Wohl aller ausschlagen. Er und mein ursprünglicher Lehrer, Don Antonio, glaubten beide, dass selbst die Conquista und die Zerstörung der großen Andenkulturen irgendeinen tieferen Sinn hatten, einen Nutzen, den nur noch niemand verstand. Sie beklagten »das Böse, das aus Europa gekommen war«, unternahmen aber nichts, um es zu korrigieren. Sie gaben die Wahrheit so weiter, wie sie sie verstanden: dass wir Hüter und Sachwalter von Mutter Erde sind, dass wir für jeden neuen Tag dankbar sein sollen, dass wir den Kranken helfen sollen. Das hieß: in Ayni mit der Zeit leben. Einmal hörte ich Don Manuel sagen, am Anfang praktizierten wir Ayni, um es unseren Lehrern recht zu machen, dann wird uns Ayni zur Gewohnheit, und schließlich praktizieren wir Ayni, weil sich unser Herz nach dem Geschmack der göttlichen Weisheit in der Zeitlosigkeit sehnt. Dann finden wir Zeit für spirituelle Praxis, weil das Leben selbst spirituelle Praxis ist.

Wenn sich unser Leben dem Ende zuneigt oder wenn wir dem Tod einmal nur mit knapper Not entkommen, wird uns unsere Sterblichkeit bewusst, und wahrscheinlich werden wir uns dann mehr auf das konzentrieren, was uns am allerwichtigsten ist. Wir entdecken nun aber auch die Kraft, die in einem Augenblick liegen kann, indem wir nichts tun. Da wird nichts erledigt, da werden keine Wissenslücken gefüllt und keine alten Geschichten erzählt oder wiedergekäut. Wir schenken uns die Analyseparalyse und lassen das Brüten einfach sein. All das Jammern, Barmen und Planen, mit dem wir uns früher beschäftigt haben, ist uns jetzt nur noch gigantische Zeitverschwendung.

Kolibri-Weisheit erzieht Sie dazu, die Dinge zur richtigen Zeit und nicht nach irgendeinem Plan zu tun. Das versetzt Sie in die Lage, in heiliger Zeit zu agieren und frühere Ereignisse noch einmal aufzusuchen, um Ihre Beziehung zu ihnen zu verändern – wie Sie die Dinge in Erinnerung haben und in Ihrem Energiefeld verwahren und in welcher Weise sie Ihr Alltagsleben beeinflussen. Sie lernen, was da zu lernen ist, und lassen Groll, Wut, Angst und Kummer los.

Wenn Sie den Umgang mit der Zeitlosigkeit erlernt haben, schaffen Sie Raum in Ihrem Leben – vielmehr erschafft er sich selbst. Sie haben Zeit für das, was wichtig ist. Sie reden sich nicht mehr ein, die Realität der Sinne sei die einzige Realität, und alles, was Sie im Reich des Unsichtbaren erlebt haben, sei irgendwie unwirklich, eine Illusion, eine angenehme Illusion, aber von Belang. Sie verstehen jetzt etwas anderes unter Realität.

Realität ist relativ

Eine unserer Befürchtungen im Zusammenhang mit der ablaufenden Zeit ist die, dass wir mitsamt unseren Erinnerungen nicht mehr existieren, wenn wir gestorben sind. Schamanen des Amazonasgebiets glauben jedoch, dass wir wie Jaguare und Katzen neun Leben (plus/minus) haben, um die Unendlichkeit zu erreichen. Wenn Sie bis dahin nicht mit der Zeitlosigkeit umzugehen lernen, werden Sie gleichsam kompostiert: Gedächtnis und Bewusstsein werden ins schwarze Loch des Todes eingesaugt und verlieren ihre Gestalt und Ganzheit. Sie haben Ihre Chance nicht genutzt. Sie betonen auch, wie schwer ein menschlicher Körper zu bekommen ist und wie hoch er deshalb geschätzt werden muss; und dass wir, um unsere Chancen zu wahren, dieses Leben nicht vergeuden dürfen.

Um die Unendlichkeit zu erreichen, also über den Tod hinaus weiterzuexistieren, empfiehlt es sich, mit einer Aufgabe befasst zu sein, bei der es um mehr als nur die eigene Person geht. Wir müssen uns da von dem Glauben frei machen, dass die Dinge, die wir sehen, fühlen, denken, tun und planen, den höchsten Wert darstellen. Da ist man dann nicht mehr so sehr in die eigene Wichtigkeit verliebt, sondern wird still und erkennt, dass man innig mit dem gesamten Kosmos verflochten ist. Das war immer so und wird immer so sein. Es steht uns deutlich vor Augen, wenn wir still werden und Zeugen dieser unlösbaren Beziehung sind.

Bringen Sie Ihr Denken zur Ruhe, und Sie sehen das wahre Wesen des Wirklichen überall ringsum gespiegelt, wie in einem still daliegenden See. Beim kleinsten Windstoß ist nur noch die Oberfläche selbst da, während der Himmel und die Bäume wabernd und verzerrt erscheinen. Sie sehen dann lediglich die relative Wahrheit, nicht mehr die absolute. Realität ist flüchtig und hängt auch noch von Ihrer Wahrnehmung ab. Außerdem können sich Ihre und meine unterscheiden. Wenn unsere subjektiv erfahrene Realität einmal die gleiche ist, sollten wir das auskosten, denn die Wechselhaftigkeit der Natur sorgt dafür, dass es nicht lange anhält. Sobald Sie gelernt haben, still zu sein, und aufgeschlossen für das Mysterium der Komplexität menschlicher Erfahrung werden, finden Sie es nicht mehr gar so wichtig, wie Ihre relative Realität im Moment aussieht. Sie bekommen mehr Sinn für Schattierungen und legen Ihr Schwarz-Weiß-Denken ab, das Ihnen in einer unsicheren Welt das tröstliche, aber falsche Gefühl gab, die Dinge in der Hand zu haben.

Jetzt kommt es darauf an, sich von Ihrer relativen Wirklichkeit nicht mehr so umtreiben zu lassen und sie auch nicht in die gewünschte Form hämmern zu wollen. Selbst wenn es gelänge, würde sich die Realität doch wieder ändern. Gewiss, wenn man krank ist, wird es nicht einfach sein, sich nicht mehr so ausschließlich auf Heilung zu konzentrieren, sondern aus der Situation einen Wendepunkt zu machen. Wenn es herauszufinden gilt, was Ihr eigentliches Lebenswerk ist, für das Sie hier sind, fällt es Ihnen sicherlich schwer, nicht mehr darüber nachzudenken, ob Sie nicht den derzeitigen Job aufgeben und sich anderswo eine ähnliche Stellung suchen sollten. Es leuchtet einem auch nicht unbedingt gleich ein, dass man seine Liebesbeziehung besser auf eine neue Basis stellt, statt den Partner oder die Partnerin zu wechseln, und dabei am besten bei sich selbst ansetzt und der Partner oder die Partnerin wird, den oder die man gern hätte. Kolibri-Medizin bedeutet also, nicht länger an den Symptomen herumzudoktern, sondern bei den Ursachen anzusetzen. Sie werden Kräfte mobilisieren und wirksam einsetzen müssen, die Ihnen zur Verfügung stehen, wenn Sie nicht mehr so sehr mit Ihrem alten Bild von sich selbst identifiziert sind. Sie stellen sich für das große Werk zur Verfügung, Sie träumen zusammen mit den Wissenden, Sie gestalten den Traum, der sich in Realität verwandelt, wenn viele ihn träumen.

Unangenehme Dinge werden Ihnen passieren, da mögen Sie noch so sehr um Vermeidung und um Sicherheit bemüht sein. Sie können Ihre Gesundheit sorgsam pflegen, ein Ass in Ihrem Job sein und alles tun, damit Ihre Ehe hält, und trotzdem kann alles in die Hose gehen, und zwar aus Gründen, die gar nichts mit Ihren Entscheidungen oder Ihrem Verhalten zu tun haben. Sie sind ja nur einer unter vielen Menschen, die zusammen die Realität erschaffen. An die acht Milliarden andere sind ebenfalls beteiligt, und nicht wenige scheinen eher an einem Albtraum zu basteln, statt sich in jenen strahlenden Traum einzuklinken, der das Wohlergehen der Einzelnen und der Menschheit vorhersieht.

Glücklicherweise ist es so, dass Sie die absolute Wirklichkeit erfahren können, wenn auch nur vorübergehend. Hier laufen alle Möglichkeiten zusammen, hier lösen sich Ihre Sorgen, Ihr Unmut und Ihr Bedauern in der Vollkommenheit des Augenblicks auf. Schmerz und Schönheit existieren nebeneinander. Das Geschenk des Kolibris liegt in der Liebe, die Sie erfahren können, wenn Sie nicht mehr so hektisch darauf aus sind, Ihr Leben zu ändern, sondern einfach dem sich drehenden Rad des Schicksals zuschauen. In der Stille liegen Frieden und die Hoffnung, dass Sie einen Eindruck von Ihrer Bestimmung erhaschen, von dem, was Sie bewirken können, wenn Sie nichts mehr bewirken wollen.

Unsichtbar werden

Die Schamanin beschwört die Macht, das Wissen und die Liebe, die im Unsichtbaren außerhalb der Zeit existieren. Sie prägen ihr Energiefeld. Sie erkennt, dass sie schon viele Inkarnationen erlebt und in vielen Körpern gelebt hat, denen Lust und Schmerz beschieden war. Sie weiß, dass das »Ich« in keine körperliche Schublade passt – Geschlecht, Alter, ethnische Zugehörigkeit und so weiter. Sie ist Sachwalterin der Zukunft und nicht Aufseherin der Vergangenheit, nicht in alten Träumen befangen, aus denen längst Nachtmahre wurden. Das alte Ich mit all seinen Dienstgraden verdampft, die Schamanin gibt ihre Identität preis.

Dazu müssen Sie das kleine Ich sterben lassen und lernen, wie man verschwindet.

Was Sie als Ihr Ich kennen, lebt in einem Körper und ist an ihn gebunden, aber *Sie* sind eigentlich bewusste Energie im großen Quantenfeld. Die Physik hat gezeigt, dass ein Elektron als Welle oder als Teilchen auftreten kann. Wenn Sie nach dem Elektron suchen, »kollabiert« die Wellenfunktion, und das Teilchen erscheint da, wo Sie nach ihm suchen. Werner Heisenberg, der das herausfand, prägte dafür den Ausdruck »Unschärferelation« (auch als »Beobachtereffekt« bezeichnet). Aufgrund dieses Effekts interagieren wir mit allem in unserer Nähe, dem wir unsere Aufmerksamkeit zuwenden, auch wenn wir davon nichts merken. Die Realität entspricht immer Ihrer Erwartung, und Ihre Erwartung ergibt sich aus Ihrer Lebenserfahrung und aus dem, was Sie zu sein glauben und für sich als möglich ansehen.

Auch das schamanische Bestreben, sich unsichtbar zu machen, geht von diesem Gedanken aus, dass wir alles, was wir betrachten, durch diese Betrachtung beeinflussen. Unser bloßes Vorhandensein und die von uns abgestrahlte Energie wirken auf das Feld störend oder ausgleichend. Die Qualität unserer »Schwingung« verändert die Wirklichkeit. Sie können sich dafür entscheiden, sich Ihrer Einschätzung der Welt und Ihrer selbst sowie Ihres Lebens und all dessen, was Sie können und was Sie tun sollten, nicht mehr gar so sicher zu sein. Was Sie ausstrahlen, wird Ihnen nämlich zurückgespiegelt. Oder um mit Heisenberg zu sprechen: Das Elektron wird immer da sein, wo Sie es suchen.

Wenn Sie schon mal mit jemandem zu tun hatten, der chronisch pessimistisch war, wissen Sie, wie es sich anfühlt, wenn die eigene Vitalität schwindet, weil der andere einfach nicht aufhört zu jammern: wie schrecklich das Wetter ist, wie arg er oder sie in der Klemme steckt, wie aussichtslos die Weltlage ist und wie überhaupt alles immer schlimmer wird. Das Universum bestätigt unsere Voreingenommenheit, unsere Vorurteile. Es führt Ihnen Situationen und Menschen zu, die zu Ihren Anschauungen über sich und die Welt passen – und Sie selbst fühlen sich davon angezogen. Sie werden immer wieder Gelegenheit bekommen, sich zu sagen, dass Sie recht hatten, dass anderen wirklich nicht zu trauen ist und die Welt sowieso den Bach runtergeht.

Wenn Sie das nachvollziehen können, wird Ihnen klar sein, dass wir alle miteinander die Welt erträumen. Alles, was wir an Gedanken, Wünschen und Gefühlen aussenden, färbt und formt unsere Welterfahrung. Leider senden sehr viele Menschen die Botschaft, dass wir abwinken können und jeder irgendwie für sich selbst sorgen muss, bis die Realität sich von allein ändert, weil offenbar keine Hoffnung besteht, dass wir etwas an ihr ändern können. Sie geben sich dann erstaunlich viel Mühe, uns alle davon zu überzeugen, dass resignierter Pessimismus gerechtfertigt ist. Und die Welt spiegelt ihnen das zurück und sagt: »Ja, ihr habt recht.«

Wir alle sind eingeladen, still zu werden und zu akzeptieren, dass das Leben ebenso wunderbar wie monströs sein kann. Da müssen Sie sich nicht mehr zuständig fühlen, die melancholische Stimmung Ihrer Freundin aufzulösen, Ihre negativen und voreingenommenen Schwiegereltern eines Besseren zu belehren und überhaupt alle Hässlichkeit, Grausamkeit und alle Leiden in der Welt zu beseitigen. All das ist da draußen immer vorzufinden. Sie müssen das nicht alles allein bereinigen; und wenn Sie das für Ihre Aufgabe halten, entgehen Ihnen womöglich die Eingebungen, die Sie bei solchen Begegnungen mit den Schrecken der Welt wissen lassen, was zu tun ist. Es gibt da ein scheinbares Paradox: Wenn Sie erst einmal unsichtbar sind und Ihren Willen nicht mehr durchsetzen müssen, nehmen Ihre Einflussmöglichkeiten rapide zu.

Praktisch gesehen können Sie sehr viel zur Verbesserung einer Situation tun, wenn Sie die Anerkennung dafür jemand anderem überlassen. Sehen Sie ab von dem Verlangen, eine wichtige Rolle für den Wandel zu spielen, denn in Wahrheit sind ja sehr viel mehr Menschen beteiligt als nur Sie und Ihre Freunde. Sie werden sich selbst zum Stolperstein, wenn Sie meinen, Sie wüssten genau, wie die Dinge anzupacken sind, wenn Sie lieber recht haben als recht handeln möchten. Unsichtbar zu werden bedeutet nicht, dass andere Sie nicht mehr sehen oder nicht wahrnehmen, welchen Beitrag Sie leisten. Es bedeutet, dass Sie nicht mehr Mittelpunkt sein und im Rampenlicht stehen müssen. Das Wir ist Ihnen wichtiger geworden als das Ich.

Unsichtbar zu werden können Sie üben, wenn Sie einmal nicht mehr »Ich möchte« oder »Ich brauche« sagen oder denken. Probieren Sie es mal eine Stunde lang aus. Dann für einen ganzen Tag. Sie können in der Zeit natürlich Ihre Mahlzeiten zu sich nehmen, sich strecken, Ihrer Arbeit nachgehen, sich um die Kinder kümmern – aber tun Sie es, ohne »Ich möchte« und »Ich brauche« zu sagen, ohne sich einzureden, Ihr Leben sei nicht gut genug oder die Menschen, die Ihnen am meisten bedeuten, lägen irgendwie schief, genau wie Sie – und dass etwas geändert oder in Ordnung gebracht werden müsste.

Wenn Sie es geschafft haben, unsichtbar zu werden, stellt sich heraus, dass nicht Information und Messdaten die Grundwirklichkeit des Kosmos bilden, wie uns die Wissenschaft einreden möchte, sondern Weisheit.

Sobald die Schamanin keine Geschichten über Vergangenes mehr braucht, nicht mehr wichtig sein muss, nicht mehr darunter leidet, dass sie nicht ausreichend gesehen oder geliebt wird, kann sie direkt von den Wissenden früherer Zeiten lernen. Sie kann selbst eine Wissende werden, ohne Lehrer zu brauchen. Sie ist dann keine Besserwisserin, die sich überall für sachverständig hält, sondern ist offen für eine Weisheit, die mehr ist als das, was sich ein Mensch im Laufe eines Lebens aneignen kann.

Bei der Kolibri-Weisheit geht es wie in den übrigen Himmelsrichtungen darum, dass Übung den Meister macht und dazu entsprechende Bemühungen erforderlich sind. Suchen Sie die Nähe zur Natur, meditieren Sie, und wenden Sie die Übungen in diesem Buch einschließlich der Feuerzeremonien an, und zwar am besten täglich. So finden Sie leichter Zugang zu Ayni mit der Natur und den Ahnen, Sie kommen schneller auf den Geschmack des Unendlichen und der Unsichtbarkeit, und all das wird Ihnen erlauben, einen neuen Traum zu träumen.

Zur Kolibri-Feuerzeremonie sammeln Sie keine Stäbe oder Stöckchen, um Todes- und Lebenspfeile daraus zu machen, sondern verwenden ein Kräuterbündel (aus Lavendel, Salbei, Rosmarin und anderen getrockneten Kräutern, die Sie zusammenbinden). Sie bringen diese Kräuter nur zum Glimmen, um falsche Tröster zu vertreiben und die von ihnen hinterlassenen Abdrücke in Ihrem Energiekörper zu löschen. Sie ziehen die Verwandlungskraft des Feuers nicht mit den Händen in Ihren Energiekörper, sondern berühren die Flamme nur kurz mit dem Kräuterbündel, um ihm die neuen Energien mitzugeben, die anstelle der alten installiert werden sollen. Sie werden auch hier im heiligen Raum agieren und sich mit Ihrem Krafttier unterreden, aber bei dieser Feuerzeremonie (und bei der für den Adler) müssen Sie sich darauf einstellen, ganz in der Leere präsent zu sein, bevor Sie Ihrem Feld die Energie zuleiten, die dort verankert werden soll. Und ganz wichtig: Lassen Sie sich darauf ein, diese Leere zu fühlen. Geben Sie nicht der Versuchung nach, die Energie einzuführen, die Sie nach Ihrer eigenen Einschätzung benötigen. Ihr Denken könnte begrenzter sein, als Ihnen klar ist. Deshalb werden Sie Ihre Ideen abbrennen und einfach transformative Energie einbringen, die Ihre natürlichen Instinkte und tiefe Weisheit wecken.

Eine Kolibri-Feuerzeremonie

Bereiten Sie die Zeremonie wie beschrieben vor, öffnen Sie den heiligen Raum, und wenn das Feuer brennt, Notizbuch und Stift zur Hand sind, das Kräuterbündel bereitliegt und Sie auch selbst bereit sind, denken Sie an leibliche Genüsse, ohne die Sie nicht auszukommen glauben. Benennen Sie sie. Berühren Sie jetzt mit dem Kräuterbündel die Kerzenflamme, um die in diesen Dingen festgelegte Energie freizusetzen. Anschließend verweilen Sie einfach in der Stille. Beobachten Sie, wie es Ihnen geht und wie die Stimmung ist.

Halten Sie jetzt das rauchende Kräuterbündel in Ihr Energiefeld, und zwar nah an den drei unteren Chakren, die so mit Feuer und Rauch gereinigt werden. Halten Sie wieder inne, um sich bewusst zu machen, was Sie erleben. Halten Sie das Bündel erneut an die Flamme, um den Kräutern die Verwandlungskraft des Feuers mitzugeben, die Sie anschließend auf Ihre drei unteren Chakren übertragen.

Als Nächstes werden Sie Ihre psychischen Tröster aufgeben – den Gedanken, dass Sie ein sympathischer und guter Mensch sind, dass Sie mit allen Herausforderungen, vor die Sie gestellt werden, zurechtkommen, dass Sie wichtig sind und in der Welt etwas bewegen können. Wenn Sie einen Lebensweg zurückgelegt haben, auf dem Sie sich angenommen und geborgen fühlen konnten – sei es, dass er von anderen für Sie ausgesucht wurde oder dass Sie ihn selbst gegen den Willen anderer durchgesetzt haben –, lassen Sie ihn jetzt los, während Sie Ihr Kräuterbündel wieder an die Kerzenflamme halten, um diesen Lebensweg in Rauch aufgehen zu lassen. Legen Sie eine Pause in Stille ein, fühlen Sie die Leere. Jetzt reinigen Sie mit dem rauchenden Bündel Ihr Herz-, Kehl- und Stirn-Chakra. Still sein. Präsent sein. Sein.

Halten Sie das Bündel wieder an die Flamme, um Ihrem Feld die Energie des Feuers, die Energie von Mutter Erde, die Energie der Möglichkeit neuer Liebe und neuer Gefühle zuzuführen. Verankern Sie sie in Herz-, Kehl- und Stirn-Chakra.

Als Nächstes geben Sie Ihre tröstlichen Gedanken über Gott und die Güte auf, den Glauben, dass am Ende alles gut wird, wenn Sie nur bei Ihrer angeborenen Herzensgüte bleiben und Ihr Bestes geben. Entlassen Sie alle Ideologien und Vorstellungen, an die Sie sich gebunden haben. All das, wofür Sie einstehen zu müssen glauben. Alles, was Ihnen eingibt, Sie müssen irgendetwas dringend tun, in Ordnung bringen oder lösen. Entlassen Sie auch eventuelle Vorstellungen von großen Aufgaben, die noch zu tun sind, bevor Sie sterben. Halten Sie dazu wieder das Kräuterbündel an die Flamme, um all das wegzubrennen und zu verwandeln. Pausieren Sie erneut. Ganz in der Stille.

Jetzt reinigen Sie mit dem rauchenden Kräuterbündel Ihr gesamtes Feld von den Zehen bis zum Scheitel, dem siebten Chakra über Ihrem Kopf. Danach verweilen Sie in der Stille, um die Leere zu erfahren, aber Sie nehmen das nur wahr, Sie urteilen nicht und interpretieren nicht, Sie schmieden keine Pläne und gehen keinen Hoffnungen nach, Sie sind einfach nur präsent.

Als Nächstes halten Sie das Kräuterbündel wieder an die Flamme, um sich die Weisheit der Wissenden früherer Zeiten zuzuführen, die großen Landkarten des Schicksals, die verloren gegangen sind oder erst noch gezeichnet werden müssen, die Ideen, die noch auf ihre Erläuterung in Worten warten. All das führen Sie von den Füßen bis zum Kronen-Chakra Ihrem Energiefeld zu. Lassen Sie es in Ihrem Energiefeld Vorstellungen von neuen Möglichkeiten formen: wie die Erde erblühen kann, wie die Menschen im Einklang miteinander und mit der Natur leben können. Achten Sie darauf, welche Rolle Sie für diese Evolution und bei dieser wunderbaren Verwandlung spielen könnten. Seien Sie still. Bleiben Sie in der Haltung des Zeugen.

Jetzt lösen Sie sich von dem Bedürfnis, eine vom Kosmos getrennte eigene Identität und Persönlichkeit zu haben, etwas Besonderes zu sein. Halten Sie das Kräuterbündel an die Flamme, um all das zu verbrennen.

Halten Sie inne. Seien Sie einfach nur da.

Säubern Sie mit dem rauchenden Kräuterbündel Ihr gesamtes Feld von den Zehen bis zum Kopf von aller Ichhaftigkeit. Machen Sie sich unsichtbar, auch für sich selbst, trennen Sie sich von dem Wunsch, etwas zu bedeuten und zu bewirken und dafür in Erinnerung zu bleiben. Wenn das geschehen ist, halten Sie einfach inne, seien Sie still.

Wenn Sie diese Leere erlebt haben, halten Sie das Kräuterbündel in dem klaren Wissen an die Flamme, dass Sie tief in das große Feld der Schöpfung eingeflochten und geliebt sind, ein Ausdruck der liebenden göttlichen Weisheit. Lassen Sie die Energie in Ihr gesamtes Feld ein, beginnend mit dem Kronen-Chakra und dann abwärts durch alle Chakren und den unteren Teil des Körpers bis zu den Füßen. Fühlen Sie Ihre Verbindung mit Mutter Erde, mit Pachamama.

Zeigen Sie sich erkenntlich dafür, dass der Geist Ihnen einen Weg bereitet, der auf Sie ganz persönlich zugeschnitten ist. Sagen Sie: »Möge ich auf diesem Lebensweg für alle, denen ich begegne, etwas Nützliches tun können, mag es auch klein und unbedeutend erscheinen.«

Jetzt werden Sie still, um sich für all die Möglichkeiten zu öffnen, die sich ringsum und in Ihnen selbst bieten.

Wenn Sie sich bereit fühlen, bitten Sie Ihr Krafttier, mit Ihnen über das zu sprechen, was Sie noch wissen müssen, bevor Sie diese Feuerzeremonie beenden. Die Antworten, die Sie bekommen, können Sie aufschreiben oder zeichnen, dann bedanken Sie sich bei Ihrem Krafttier, löschen die Flamme und das Kräuterbündel, um zuletzt den heiligen Raum zu schließen.

8

Osten: Die Weisheit des Adlers

Wir brachen bald nach Sonnenaufgang auf. Die aus einer Fertigmischung gebackenen Pfannkuchen mit ihrem Industriezuckersirup ließen wir aus, um einen Spaziergang am Fluss zu machen. Zu Hause frühstücke ich meistens nicht: In diesen frühen Morgenstunden, wenn der Blutzucker niedrig ist, entgiftet der Körper besonders effektiv, und zur Energiegewinnung wird eher Fett als Glukose verbrannt. Mit einem Gefühl von Vitalität und Klarheit im Kopf fühlte ich mich auf den vor uns liegenden Marsch bestens vorbereitet. Heute stand uns ein steiler Abstieg ins Tal bevor, ein Pfad, der über Jahrtausende von Karawanen benutzt wurde.

Die buddhistische Überlieferung ist reich an Erzählungen von Meistern ihrer jeweiligen Praxis, die in einsamen Höhlen meditierten und Erleuchtung fanden. In Nepal haben die Archäologen über 10 000 solcher Höhlen gefunden. Diese in großer Höhe von Menschen in die Hänge gegrabenen Erdhöhlen boten Schutz vor Räubern und Dieben, sodass man sich ungestört der Kontemplation widmen konnte. Viele dieser »Himmelshöhlen« säumen die steilen Hänge an der alten Seidenstraße entlang der Kali Gandaki. Ein paar Stunden von Ghar Gumba entfernt konnten wir sie hoch über uns erkennen. Der Pfad verlief hier flach durch eine baumlose Gegend, in der man in dieser Höhenlage keinen Schutz vor der Mittagssonne finden würde.

Joan bog irgendwann nach links ab, und wir folgten einem vom Fluss ausgehenden Rinnsal. Nach etwa einer Stunde begann der Abstieg entlang der steinigen Bachufer, die bald in eine enge Schlucht übergingen, in welcher der Bach offenbar von weiteren Quellen gespeist wurde, da er sich immer reißender gebärdete. Jetzt sahen wir auch immer mehr hohe Bäume, die ein wenig Schatten spendeten.

Marcela, ich und einige andere zogen uns an einem flachen Tümpel bis auf eine Lage Kleidung aus und wagten ein paar Barfußschritte in das eisige Wasser hinein. Es tat so gut und so weh, dass ich unwillkürlich aufstöhnte. Meine überhitzten und geschwollenen Füße kamen mir eine ganze Nummer größer vor als beim Aufbruch. Wir tasteten uns vorsichtig über die Steine bis zum tiefsten Teil des kleinen Tümpels vor, wo man bis über dem Kopf eintauchen konnte und die beißende Kälte den ganzen Körper kurz in Schockstarre versetzte. Alle Zellen schrien auf und wehrten sich gegen das Eintauchen, aber ich setzte es trotzdem durch, schließlich war es seit Tagen das erste richtige Bad.

In den Anden hatte ich gelernt, meinen Körper auch bei extremer Kälte zu beobachten und mir immer bewusst zu halten, dass die Kerntemperatur gewahrt blieb, auch wenn mein Gehirn mir einzureden versuchte, dass ich jetzt in Panik geraten müsse. Mich in den Atem hinein zu entspannen und länger aus- als einzuatmen, das war der Trick. Bei den ersten Versuchen schaffte ich es nicht, mich zu entspannen. Außerhalb des Zelts geriet ich selbst unter mehreren Lagen Kleidung in die Hyperventilation und schlotterte erbärmlich. Aber ich versuchte es immer wieder, und nachdem ich ausgiebig geübt hatte, schaffte ich es nach dem ersten panikartigen Schock, mich tief zu entspannen, selbst wenn ich nichts weiter als ein Hemd anhatte. Das war nicht gerade die Tummo-Praxis der Tibeter, die mitten im Winter nasse Handtücher auf ihrem Rücken zu trocknen vermochten. Aber darum ging es mir ja auch nicht. Ich wollte einfach lernen, meinen Kampf-oder-Flucht-Reflex gegen das Erfrieren im Zaum zu halten.

Dieses Training nahm ich in dem eisigen Bach an der Seidenstraße wieder auf und hielt Atemfrequenz und Puls niedrig, während ich zusah, wie meine Fingerspitzen blau anliefen. Die nach der gestrigen Zeremonie zurückgebliebene innere Stille war auch jetzt wieder da, und die Reaktionen meines Körpers auf die beißende Kälte des Wassers lösten keinen Schwall von sich überschlagenden Gedanken aus. Diesen Grad an Bewusstheit habe ich mir für den Tag vorgenommen, an dem ich dem Augenblick meines Todes entgegengehe. Leise sagte ich: »Danke, Medizin-Buddha, für diese Fähigkeit, präsent und im Zeuge-Bewusstsein zu bleiben.«

Nachdem wir uns abgetrocknet und wieder angezogen hatten, kamen wir noch einmal am Fuß des Hügels zusammen, von dem aus man zu Guru Rinpoches Höhle gelangt, und begannen unsere Sachen auszusortieren, die wir zurücklassen wollten: Tagesrucksäcke, Wasserflaschen, alles Belastende.

»Was könnte ich denn noch weglassen?«, überlegte jemand laut.

»Alle Erwartungen zu dem, was du vorfinden wirst«, witzelte Joan.

Aber es führte tatsächlich schnurgerade auf den Punkt,

dass wir unsere Entdeckungen und Erkenntnisse gern als ungemein wichtig ansehen, als Beweis dafür, dass unsere Anstrengungen sinnvoll waren. Wie Anerkennung suchende Kinder sind wir auf Belohnung aus, auf große Aha-Momente. Dadurch haben wir es unnötig schwer, uns auf ein Erlebnis einfach einzulassen, wie es sich uns bietet. Könnte ich es nicht darauf anlegen? Die Erwartung einfach nicht zu beachten, dass etwas ganz Besonderes oder eine große Offenbarung bevorsteht?

Wir betraten die Höhle, eine gewaltige Kuppel, groß wie ein Zirkuszelt. In der Mitte befand sich eine steinerne Erhebung mit, wie es schien, eingemeißelten Sitzen. Zwei stämmige Mönche am Eingang ließen uns ein. Sie trugen Kerzen, deren Licht zusammen mit dem vieler weiterer im Inneren der Höhle verteilter Kerzen ein fahles Licht an die Decke warfen. In der Luft hing der süßliche, etwas beißende Duft von Räucherwerk und überdeckte teilweise den Geruch von feuchtem Staub, der mir in der Nase kribbelte. Beim Tanz der Schatten an den Wänden kam ein Gefühl von etwas Magischem auf, von Taschenspielertricks – was würde verschwinden, und was würde stattdessen da sein? Was wird passieren, wenn ich es nicht mehr nötig habe, dass etwas passiert? Vielleicht gar nichts. Ich war offen für diese Möglichkeit.

Meine Augen hatten sich noch nicht ganz an dieses Licht gewöhnt, als ich eine Hand fühlte. Beim Blick nach oben erkannte ich meinen Freund Stephan, der mich stumm aufforderte, zu ihm hinaufzuklettern und mich neben ihn zu setzen. Stephan meditiert schon fast sein ganzes Leben, und ich fand es ganz einleuchtend, nah bei ihm zu sein und vielleicht etwas von seiner guten Schwingung einzufangen.

Kurz vor diesem Trip hatten wir gemeinsam an einer Ayahuasca-Zeremonie teilgenommen, die ein brasilianischer Heiler leitete. Stephan und ich saßen nebeneinander und warteten auf das Einsetzen der Wirkung dieses Visionengebräus. »Spürst du schon was?«, fragte ich ihn.

Er schüttelte den Kopf. »Und du?«

»Nichts, gar nichts.«

Dann traf die Medizin uns beide wie ein Hammerschlag.

Hier in Guru Rinpoches Höhle fand ich es naheliegend, ihn zu fragen: »Spürst du schon was?«

Vielleicht war es mein Tonfall, vielleicht die Erinnerung, aber es war klar, dass er Mühe hatte, sein Lachen zu unterdrücken. Auf einmal ging es mir auch so, und ich musste mich zusammenreißen, um die anderen nicht zu stören.

Und dann geschah es. Die staubig-feuchten Höhlenwände wurden auf einmal geradezu behaglich warm. Ich fühlte mich wie im Schoß der großen Mutter. Von der Erde selbst gehalten und geborgen. Was könnte ich sonst noch brauchen? Geborgen in tröstlichem Nichtwissen und dazu Frieden und ein Gefühl von unbegrenzten Möglichkeiten.

Zeitlosigkeit.

Die unendliche Weite des Kosmos und der kleine Alberto.

Als ich ein paar Minuten später die Augen wieder öffnete und in die Höhlenkuppel schaute, war es mir, als könnte ich den Nachthimmel mit all seinen Sternen sehen, jeder ein Buddha-Feld, eine vom Bewusstsein erschaffene Welt, in der sich das Chaos des kosmischen Staubs zum bekannten Kosmos verdichtete, zu Schönheit und Ordnung. Aus scheinbarem Nichts und regellosem Durcheinander wird etwas geboren, was im ewig erschaffenden Schoß des Universums heranwuchs.

Adler-Medizin lässt uns erkennen, dass wir etwas bedeuten, wie klein wir auch sein mögen. Dass jeder unserer Schritte und jedes unserer Worte ein Ausdruck der Liebe sein kann und das die Grundlage einer neuen Vision, einer neuen Daseinsform ist.

Die der Adler-Medizin teilhaftig gewordene Schamanin lebt ihr Leben mit Bergen und Tälern und der Krümmung der Erde vor Augen. Sie schwebt hoch über dem Land und sieht das Ganze, das den Einzelheiten des Lebens ihren Zusammenhang gibt. Sie sorgt sich um die Krisen, die ihre Kinder erleiden, das Ungeziefer, das eine ganze Ernte des Dorfs vernichtet, und die Schwierigkeiten, vor die sich alle ihre Leute gestellt sehen. Aber sie weiß auch, dass es ihre Aufgabe ist, zum Horizont zu blicken und die Chancen zu erkennen, die sich hinter ihm auftun. Darin ist sie wie die Menschen der alten Zeit, die dorthin schauten, wo Himmel und Erde sich in der Ferne treffen und wo sie an feinsten Zeichen erkannten, in welche Richtung sie sich wenden mussten, um ihre Bestimmung zu finden, die den Augen noch nicht sichtbar, der Seele aber sehr wohl bekannt war.

Adler-Medizin enthält das Versprechen der höheren Schau, in der wir nicht mehr so sehr an den Problemen des Lebens kleben, sondern mehr die Chancen im Sinn haben. Das ist wahrlich nicht einfach, denn wir werden von Geburt an darauf dressiert, nach Dingen Ausschau zu halten, die falsch laufen, die Schwächen anderer zu erspüren, das Unbefriedigende an den eigenen Lebensumständen zu orten und sogar die übersprungene Note in einem Musikstück zu bemerken. Wenn man sich auf das konzentriert, was nicht in Ordnung ist, wird das Universum einem das Erwartete reichlich liefern, und Sie werden dann ringsum überall Unordnung und Hindernisse erkennen.

Viele von uns glauben im Innersten, wir bräuchten nur unsere Probleme zu beheben, dann sei von da an alles gut, und unserem Glück und unserer Sicherheit stünde nichts mehr im Wege. Dabei gehört Leid einfach zum Menschsein, es ist wertvoll, es unterstützt uns beim Lernen, es dient unserer Entwicklung. Das Nichtwahrhabenwollen und die Scheinsicherheit eines in Wahrheit vergiftenden positiven Denkens braucht niemand. Jenseits der falschen Hoffnung, die Uhr könne zurückgedreht werden, um die alte Normalität wiederherzustellen, erwartet uns ganz Außerordentliches.

Wenn die Schamanin im Norden das Werk des Kolibris vollbracht, die Herrschaft über die Zeit erlangt und die Unsichtbarkeit erfahren hat, lebt sie in vollkommenem Ayni mit den drei Welten: der unteren Welt, in der sie Zugang zur Weisheit der Vergangenheit hat, der oberen Welt, wo sie mit den Wissenden der Zukunft in Kontakt kommen kann, die sie zur Frage der Anlage eines befriedigenden Lebenswegs beraten können, und der mittleren Welt, in der sie Hüterin der Erde und der Weisheit ist. Die Schau des Adlers bringt die Fähigkeit mit sich, die Landschaft meilenweit zu überblicken, aber auch das Unterschlupf suchende Mäuschen zu erspähen und mit unfehlbarer Sicherheit herabzustoßen. Alle Meditation und alle Intentionen der Welt sind kein Ersatz für Ayni mit der unsichtbaren Welt. Man kann nicht ewig in seinen Alltagsproblemen befangen sein oder auf dem Meditationskissen sitzen. Bevor Sie im Mutterschoß heranwuchsen, haben Sie die Wahl getroffen, in dieser Welt zu sein, an diesem Erdenleben teilzuhaben, Hüter und Sachwalter der Erde zu sein und mitschöpferisch an der gemeinsamen Realität mitzuwirken. Wir sind jetzt mehr denn je aufgefordert, eine neue Vision und Realität des Lebens auf der Erde zu schaffen. Folgen Sie diesem Ruf?

Um sicherzustellen, dass der Menschheit Evolution und nicht das Aussterben beschieden sein wird, brauchen sich nicht unbedingt alle Menschen die Schau des Adlers zu erarbeiten. Es müssen nur gerade genug sein, genug Menschen, die sich wandeln, entwickeln und neue Träume träumen – frei vom Würgegriff eines blinden Schicksals.

Vom Schicksal zur Bestimmung

Blindes Schicksal – dazu kommt es, wenn unser Lebensweg von dem Sog bestimmt wird, den unsere Gene im Zusammenwirken mit unserem Familiendrama entstehen lassen. Sie und ich sind als Kinder auf einen bestimmten Weg geschickt worden, dessen Anlage und Ausgestaltung überwiegend durch unsere Eltern und das größere Lebensumfeld bestimmt war. Wenn sich das als eine an Schlaglöchern reiche Straße erweist, können Sie sich eine andere aussuchen. Unsere gesundheitliche Verfassung beispielsweise hängt in erheblichem Maße von unserer Lebensweise ab. Das epigenetische Geschehen (also die Gen-Expression) wird von unserer Ernährung und anderen Faktoren beeinflusst: mit wie viel Stress wir leben, wie viel wir lachen, ob wir anderen verzeihen oder nicht. Mentale und emotionale Einflüsse spielen mit anderen Worten eine erhebliche Rolle. Nach Auffassung der Schamanen ist es entscheidend wichtig, an unserem Energiefeld ein Upgrade vorzunehmen, was sich dann wiederum auf unsere Wahrnehmung, unser Fühlen, unser Denken und unsere Grundhaltung auswirkt und damit auch auf Körper und Stimmung. Dadurch können Sie Ballast abwerfen und von dem Weg abbiegen, der Sie vorzeitig an Herzversagen oder Krebs sterben lässt oder dafür sorgt, dass Sie an Alzheimer erkranken. Solche fatalen Schicksalswenden können Sie sich ersparen.

Dabei geht es darum, sich von karmischen Einflüssen zu

befreien und alte Familienmuster zu durchbrechen. Ist es in Ihrer Familie gang und gäbe, dass die Menschen im Alter allein dastehen? Geht Job vor Familie? Mit den Augen des Adlers erkennt man, dass Liebe auch Verlust und Schmerz bedeuten kann, dies aber keinen Schatten auf künftige Beziehungen werfen muss. Der Adler zeigt Ihnen, wie Sie Kränkungen und Verletzungen durch geliebte Menschen wieder abstreifen können. Er zeigt, wie man sich selbst so liebt, dass man auch andere lieben kann. Sie entdecken hier eine Liebe, die Ihnen Flügel verleiht, mit denen Sie sich in Freude und Freiheit aufschwingen können.

Der Adler hilft uns, wenn es das Belastende an Beruf und Karriere abzuwerfen gilt, das uns nach und nach abtötet, damit wir dann unsere wahre Berufung finden können, bei der es nicht so wichtig ist, ob sie ausreichend Geld abwirft oder nicht. Das wirkt sich dann auf die Menschen in unserer Umgebung aus und macht uns Mut, Schritte zu einer Wende unseres Schicksals zu unternehmen.

Vielleicht geht es Ihnen wie vielen anderen Menschen, dass Sie durch das Werk des Adlers spirituellen Ballast abwerfen müssen, was insbesondere die Frage der religiösen Bindung betrifft. Adler-Weisheit befreit uns zu einer Spiritualität, in der wir uns nicht gezwungen fühlen, irgendetwas von dem zu leugnen, was wir in unserer freien Beziehung zum Geist erfahren haben. Wir haben nicht mehr das Bedürfnis, mit den Ideen anderer über das Göttliche und die Beziehung zum Quantenfeld konform zu gehen. Sie legen den schweren Mantel des Dogmas ab, der Sie in ein Schicksal eingeschlossen und von Ihrer Bestimmung ausgeschlossen hat.

Sie sind vielleicht auch schon selbst darauf gekommen, dass alles, was man Ihnen über die Bedeutung von Mittlern für die

Kommunion erzählt hat, nicht Ihrer Erfahrung entspricht. Ja, was Sie bei der Geburt Ihres Kindes erlebt haben, war eine mystische Erfahrung, und Ihr Waldspaziergang während einer psychedelischen Erfahrung war wirklich eine Offenbarung und ein Gotteserlebnis. Vielleicht leitete das auf Ihrer Reise einen Richtungswechsel ein. Sehen Sie sich also ruhig einmal Ihr religiöses Gepäck an und sorgen Sie dafür, dass es leichter wird, damit Ihnen die vielleicht nötigen Kehrtwendungen gelingen.

Wie ein Adler fliegen und die Welt wieder heilig machen

Viele meinen, das Heilige und das Alltägliche seien zweierlei – oder sie handeln zumindest so. Sie möchten sich und andere lieben, aber wenn das Wochenend-Retreat vorbei ist oder sie aus dem Wald kommen und wieder ins Auto steigen, rastet die alte Gewohnheit ein, die Welt so zurechtzubiegen, dass sie den eigenen Erwartungen entspricht. Der Adler ruft uns, die Vision der Schönheit in unser Alltagsleben zu tragen und es zu resakralisieren, also wieder heilig zu machen. Wie es im Nightway Song der Navajo heißt:

Möge der Pfad des Friedens ihr Heimweg sein,
mögen sie immer alle glücklich zurückkehren,
in Schönheit gehe ich.
Mit Schönheit vor mir gehe ich.
Mit Schönheit hinter mir gehe ich.
Mit Schönheit über mir und um mich gehe ich.
In Schönheit ist es vollendet.
In Schönheit ist es vollendet.

Durch die Erfahrung der Adler-Medizin wird unsere Welt wieder heilig, und wir sehen Schönheit auch dann, wenn wir vor etwas Grauenhaftem stehen. Die Natur hat gewaltsamen Tod, Dürre und Feuer, und die sind nötig für die Erschaffung von Neuem und für die Evolution, aber es sind nicht die einzigen Kräfte. Wenn wir nicht in Ayni sind, sehen wir nur, was genommen wird: das herrlich sandige Ufer, das mit dem steigenden Wasserstand verschwindet, die süßen kleinen pelzigen Nager, die von der Eule zerfleischt und verschlungen werden. Wir vergessen, dass die Natur immer Neues an die Stelle des Verschwundenen stellt, dass sie ein neues Ufer gestaltet und die Population der Tiere wiederherstellt. Unsere Urangst lässt uns eher auf den Verlust starren als auf den übergreifenden Prozess des Schöpferischen, des Wandels und der Evolution in der Welt und in unserem Leben. In dieser Urangst übersehen wir gern unsere Ur-Anlage und Pflicht, Mitschöpfer dieser Wirklichkeit zu sein.

Don Manuel hat mich einmal gefragt, ob ich wie ein Adler fliegen oder wie ein Hahn flügelschlagend auf dem Misthaufen stehen möchte. Wollte ich gern hoch über dem Land schweben, oder genügte mir ein Hof voller Hühnerkacke und Federn? Natürlich wählte ich Ersteres. »Dann wirst du auf den Komfort des Hühnerstalls, auf regelmäßiges Futter und auf Schutz vor Wind und Wetter verzichten müssen«, lautete sein Bescheid. »Du kannst dich dann auch nicht mehr darauf verlassen, dass der Bauer dir mit der Schrotflinte den Fuchs vom Hals hält.«

Das klingt jetzt nicht gerade nach einem Opfer, das man gern und mühelos erbringt. Ich hing durchaus an meinem damaligen Job an der Universität, obwohl mein Dekan mir regelmäßig den Rauswurf androhte und es überhaupt darauf abgesehen zu haben schien, mir das Leben möglichst schwer zu machen. Er glaubte einfach nicht an mich oder an meine damalige Arbeit. Ich mochte auch mein behagliches Familienleben, obwohl meine Ehe wirklich schwierig war. Aber du musst dich lösen, wenn du fliegen willst.

Wir hängen an allem, was uns dieses Dasein erleichtert und ein Gefühl von Vertrautheit und Überschaubarkeit gibt. Verunsichert uns etwas, definieren wir das als krankhaft und beeilen uns, etwas gegen diese Symptome zu finden. »Wer wie ein Adler fliegen will«, sagte Don Manuel zu mir, »der muss sich von seiner unstillbaren Gier nach Komfort verabschieden.«

Oder anders gesagt: Für das Geschenk der Adler-Medizin haben wir uns ein paar Herausforderungen zu stellen.

Versuchungen widerstehen, Anhaftungen lösen

Im Buddhismus gilt, dass man sich auf dem Weg zur Erleuchtung von seinen Anhaftungen lösen muss. Wir machen uns klar, dass wir uns irgendwann sowieso von allem verabschieden müssen, was uns in diesem Leben etwas bedeutet. Selbst wenn wir unseren Ruf, unsere Lieblingsbeschäftigungen und sogar unsere geistige Klarheit irgendwie bis zum letzten Atemzug durchbringen, anschließend müssen wir sie doch loslassen. Anhaftungen sind verführerisch. Schon wenn sie auch nur einen Hauch von Sicherheit und Behaglichkeit bieten, kann es sein, dass sie uns im Alten festhalten.

Gegen die Annehmlichkeiten des Lebens haben wir natürlich alle nichts einzuwenden, aber sie können uns von dem ablenken, was wir alle hier vorhatten: unsere Medizin, unsere Gaben, aktiv werden zu lassen und dem großen Ganzen zu dienen. Deshalb müssen wir unser Haften an allen Annehmlichkeiten loslassen – und dazu gehört auch die Überzeugung, wichtig zu sein.

Die Vorstellung, eine Bestimmung zu haben, kann uns ein bisschen großspurig machen, wenn sie mit Tagträumen einhergeht, in denen wir die Probleme der Welt lösen. Sicher, manche Menschen bleiben in Erinnerung, weil sie etwas erfunden, eine breite Bewegung in Gang gesetzt, das Heilmittel für eine Krankheit gefunden oder sonst irgendetwas Bemerkenswertes geleistet haben. Aber wenn Sie sich jetzt einmal fragen, was Sie noch über all die historischen Helden wissen, von denen in der Schule die Rede war, werden Sie vermutlich feststellen, dass Sie die meisten vergessen haben. Und wer wird in hundert oder gar tausend Jahren noch irgendetwas von denen wissen, die heute als Neuerer gefeiert werden? Kurzum, bei den allermeisten Menschen ist es so, dass ihre Bestimmung nicht in den Geschichtsbüchern erscheint.

Wir sind versucht, uns eine Bestimmung zu wünschen, die mehr hermacht als das Leben, das wir wahrscheinlich führen werden. Dieser Versuchung sollten Sie widerstehen, dann werden Sie die Gelegenheiten, etwas Bahnbrechendes zu tun, einfach ungenutzt lassen und vergeuden nicht die Energie, die Sie dafür aufwenden müssten.

Versuchungen erwarten uns überall. Im Reich der Schlange, dem Lebensraum Ihres stofflichen oder physischen Ichs, kann die Versuchung in leckerem Essen, einem schönen Haus mit Zentralklimatisierung und atemberaubenden Ausblicken in die Natur, in tollen Sexabenteuern oder einem fantastischen Gehalt mit sagenhaften Zusatzleistungen bestehen. Bedenken wir aber auch, dass man all das bekommen kann, ohne daran zu hängen. Ich dachte immer, ich könne nicht ohne Kaffee sein, und beim Duft von frisch gebrühtem Kaffee und frisch Gebackenem kann man ja auch wirklich schwach werden, aber ich weiß auch, dass ich ohne das auskommen kann. Wenn wir jedoch mit Unwägbarkeiten zu tun haben und nicht wissen, ob unser Lieblingscafé je wieder öffnen wird oder unsere Verdauung so weit in Ordnung kommt, dass wir uns wieder Kaffee und Kuchen gönnen können, hängen wir umso mehr an diesen kleinen Trösterlein. Wir tun uns schwer mit der Ungewissheit. Aber wenn Sie es schaffen, entsteht Raum für kleine Freuden, zu denen es kommt, wenn Sie erkennen, dass Sie auf vieles durchaus verzichten können, ohne sich von Ihrem wahren Wesen zu entfernen. Sie sind ein spirituelles Wesen, das gerade eine Verkörperung als Mensch auf der Erde erlebt, und an deren Ende ist Ihnen bestimmt, dorthin zurückzukehren, woher Sie gekommen sind, ins Reich des Unsichtbaren. Solange Sie hier sind, werden Sie sich wohl den Annehmlichkeiten und Freuden zugeneigt fühlen, die es hier gibt, und sie sogar genießen, ohne sich von dem ablenken zu lassen, was Sie hier eigentlich vorhaben: eine Bestimmung zu leben, die den Vorfahren gerecht wird und auch denen, die hier sein werden, wenn Sie längst weg sind. Sich einem heiligen Plan einzuordnen, in den alles Leben auf der Erde eingebunden ist.

Im Reich des Jaguars besteht die Bestechlichkeit unserer Gefühle und Gedanken in dem Wunsch, angenommen zu sein und sich zugehörig fühlen zu können. Sie wünschen sich nichts anderes so dringend, als unter Menschen zu sein, die Sie mit Liebe überschütten und Ihnen immer wieder sagen, wie klug, wie wunderbar und wie liebenswert Sie sind. Aber haben Sie sich vielleicht dazu verführen lassen, in Beziehungen zu verharren, die Ihnen und dem jeweils anderen Leid zufügen? Nur wenn Sie bereit sind, auf Beziehungen zu verzichten, in denen Sie mehr bekommen, als Sie geben, werden Sie sich in der Beziehung zu diesem Menschen oder zu anderen wirklich öffnen können. Oft erscheint es einem einfacher, neue Liebespartner, eine neue Familie oder einen neuen Freundeskreis als Ersatz zu suchen. Wenn Sie dann aber an Ihren Vorstellungen von Seelenverwandtschaft oder der perfekten Familie festhalten, werden Sie auch in neue Beziehungen immer wieder die alte Dynamik einbringen. Dann sehen Sie sich um und denken: »Wieso habe ich jetzt wieder dasselbe Drama in neuer Besetzung, wo ich doch dachte, diesmal sei alles anders? Und wieso bin ich jetzt wieder von Freunden umgeben, dic sich über die gleichen Themen zanken wie damals meine Eltern und Geschwister?« Na, weil Sie sich verschwiegen haben, dass *Sie* sich ändern müssen, und es nicht genügt, das Personal auszutauschen.

Auf der Kolibri-Ebene gibt es viele Wege und Wegbeschreibungen, aber wenn Sie sich an eine zu sehr binden und meinen, Sie hätten darin eine wichtige Rolle zu spielen, verpassen Sie vielleicht die Chance, etwas wirklich Nachhaltiges für alle zu tun. Sie und Ihre Freunde haben vor, die Welt zu verändern, doch dann geht es so sehr um Nebengesichtspunkte – wie die Slogans lauten sollen, wer Sprecher sein soll und so weiter –, dass es zu Misshelligkeiten kommt, hinter denen das eigentliche Anliegen in Vergessenheit gerät, weswegen die Bewegung schließlich eingeht. Man lässt sich so leicht von der Idee einer Bewegung mitreißen und übersieht dabei, dass jeder andere Wünsche und Bedürfnisse hat, an denen sich Konflikte entzünden und man so heftig aneinandergerät, dass die Leute schließlich tief verletzt und verärgert auseinandergehen.

Sie dürfen sich auch von allem verabschieden, was Sie über Herrschaft und Hierarchie geglaubt haben, ganz gleich, ob da von einer allwissenden und allmächtigen Gottheit oder von Rationalität und Wissenschaft die Rede ist. Das Werk des Adlers hilft Ihnen, der Falle des Rückzugs in die spirituelle Praxis zu entgehen, um sich vor den Herausforderungen des Alltags zu drücken, und das alles den anderen zu überlassen. Außerdem werden Sie davor bewahrt, beschränkten Vorstellungen von der Natur der Wirklichkeit und Ihrem von der Religion und Naturwissenschaft beschriebenen Platz darin auf den Leim zu gehen. Es kann sein, dass Sie zu bestimmten Wegbeschreibungen tendieren, aber wenn Sie einer Ideologie so verfallen, dass Sie zu anderen Beschreibungen keinen Zugang mehr finden, werden Sie sich wieder in die alten Geschichten verwickeln, die Sie loswerden wollten, und in Kämpfe, denen Sie eigentlich abgeschworen hatten, als Sie sich auf das Werk des Medizinrads einließen.

Das Ende des Konkurrenzkampfs um die Stellung des Platzhirschs

Allzu lange haben allzu viele von uns das abgedroschene Spiel des Konkurrenzkampfs mitgespielt und den Wert der Zusammenarbeit nicht erkannt. Aus Kindertagen erinnere ich mich noch gut, wie ein Junge zum anderen sagte: »Mein Vater würde deinen windelweich schlagen.« Manche möchten dann später auch noch sagen können: »Mein Land kann deins doch in die Tasche stecken.« Patriarchalisches Denken ist nicht ganzheitlich. Es teilt das Land, spaltet Gemeinschaften und hetzt Nachbarn gegeneinander auf. Wettkampf kann auch sein Gutes haben, aber wenn wir uns die Evolution zum *Homo luminosus* wünschen, müssen wir als Menschheit an einem Strang ziehen und mit den anderen Arten zusammenwirken, damit es uns auch in der Zukunft gut geht. Wir müssen uns überlegen, ob Konkurrenzkampf wirklich das Prinzip unseres Handelns und Überlebens sein soll und ob wir dabei bleiben wollen, das Leben als Wettbewerb zu sehen: wer wichtiger ist, wer mehr gelitten hat oder was es auch sei. Damit würden wir uns nämlich von unserer eigenen natürlichen Sensibilität abspalten, die uns zu zwischenmenschlichem Zusammenhalt und zum Zusammenwirken mit dem Quantenfeld motiviert.

Wir leben in einer Zeit, in der die weiblichen Kräfte – das Nährende und der Sinn für ganzheitliche Lebensweise – wieder mehr Geltung bekommen. Jetzt fällt uns auch wieder ein, dass Informationen und Kenntnisse etwas anderes sind als Wissen im Sinne von Weisheit. Wir lassen die Gefühle, Überzeugungen und Wahrnehmungen anderer gelten und wissen zugleich, dass wir alle befangen sind und unser Denken und unsere Ansichten davon geprägt sein können – sogar ohne dass wir es merken.

Weisheit versteht, dass selbst der netteste Mensch nicht ohne Vorurteile ist. Wahrnehmung und Denken haben ihre Grenzen – wir sind hier einfach auf Hilfe aus höherer Quelle angewiesen. Diese Quelle können wir nicht mit unseren äußeren Sinnen wahrnehmen oder mit dem gewöhnlichen Denken erfassen. Wo es um Weisheit geht, müssen wir auf unsere natürlichen Instinkte zurückgreifen, die uns sagen, dass wir im Feld alle miteinander verbunden und alle voneinander abhängig sind. Nur so erschließt sich uns die absolute Wahrheit anstelle der relativen, die wir immer einfach als »die Wahrheit« ansprechen, obwohl wir unter dem Einfluss von Vorurteilen stehen.

Viele sagen sich irgendwann, dass sie die Dinge künftig aus wissenschaftlicher Perspektive betrachten wollen. Wir nehmen gern an, dass Ängste und Vorurteile in der Wissenschaft keine so große Rolle spielen, dass sie uns einen klaren Blick auf die Welt und auf unsere Erfahrung erlaubt. Wenn Sie sich von der Religion abwenden und dann von der Wissenschaft erwarten, dass sie alles erklärt, sind Sie nach wie vor im dogmatischen Denken befangen. Wissenschaft ist keineswegs frei von Schwächen oder von Voreingenommenheit. Erstens sind Forscher beim Aufbau ihrer Karriere einem hohen Konkurrenzdruck ausgesetzt und müssen, um sich einen guten Ruf zu erwerben, etwas wirklich Beachtliches vorzuweisen haben. Das kann ihre Wahrnehmung trüben. Richard Horton, Chefredakteur der angesehenen medizinischen Fachzeitschrift *The Lancet*, sagt dazu: »Ein Großteil der wissenschaftlichen Literatur, die Hälfte vielleicht, könnte schlichtweg unrichtig sein.« Und: »Wissenschaftler legen sich die von ihnen erhobenen Daten vielfach so zurecht, dass sie ihrer Theorie der Welt entsprechen.«[7] Wer einräumt, dass wissenschaftliche Studien fehlerhaft sein könnten und selbst die Forschungen hochgeachteter Leute manchmal von Vorurteilen geprägt sind, macht sich damit nicht unbedingt überall beliebt.

Schon die Anlage eines Experiments kann voller vorgefasster Anschauungen sein. Wir übersehen nach wie vor, dass medizinische Forschung ganz überwiegend von Weißen mit europäischer Abstammung betrieben wird und nicht unbedingt für alle Ethnien repräsentativ ist. Viele Medikamente werden nur an Männern getestet, dann aber unterschiedslos angewendet. Der in Schlafmitteln enthaltene Wirkstoff Zolpidem (zum Beispiel in dem Medikament Ambien, das in den Vereinigten Staaten im vergangenen Jahr über vierzig Millionen Mal verschrieben wurde) wird von Frauen anders verstoffwechselt als von Männern und deshalb vielfach in falscher Dosierung verordnet, und zwar so, dass Frauen etwa das Doppelte der benötigten Menge bekommen. Viele Wissenschaftler betrachten Frauen mit ihrem fluktuierenden Hormonhaushalt als Männer mit Komplikationen, wie man sagen könnte – so als würde dieser hormonelle Einfluss die Studien nur »verfälschen«, wenn Frauen daran teilnähmen. Erst in jüngster Zeit ändert sich diese Einstellung allmählich, sodass man von Anfang an bemüht ist, beiden Geschlechtern gerecht zu werden.

Wissenschaftliche Forschung und gesicherte Ergebnisse haben ohne Zweifel ihren Stellenwert, aber auch Wissenschaftler neigen dazu, sich das herauszusuchen, was ihre eigenen Ideen und Narrative stützt und ihnen das Gefühl gibt, sich vor anderen hervorzutun. Wir sehen nicht, dass wissenschaftliche Erkenntnis nicht mit Weisheit identisch ist, dass es mehr als nur eine Form des Weltverständnisses gibt und andere Arten der Medizin als die laborgebundene.

Wenn dieses Konkurrenzdenken in der Wissenschaft einmal aufhört und man nicht mehr unbedingt Platzhirsch sein muss, der einfach mehr draufhat, wird es zu mehr Zusammenarbeit kommen, zu der sich verschiedene Erkenntniswege, Betrachtungsweisen und Wege zu Heilung und Wohlbefinden verbinden. Wir werden uns dann mit Phänomenen auseinandersetzen, die zuvor unbeachtet blieben. Vor Jahren dachten die Wissenschaftler, Duplikate von DNA-Sequenzen seien einfach Fehler. Aber diese »Junk-DNA« spielt eine Rolle für das epigenetische Geschehen. Wie im 19. Jahrhundert, als viele Ärzte noch glaubten, sie bräuchten sich vor chirurgischen Eingriffen nicht die Hände zu waschen, gibt es für die Wissenschaftler auch jetzt noch viel zu entdecken – und manche Scheuklappe abzulegen.

Adler-Medizin

Gern gehen wir der Illusion der Sicherheit auf den Leim, die mit großen Ideen verbunden sein kann: Demokratie, bedingungslose Liebe, Wunderheilungen, Wissenschaft, Vernunft und dergleichen. Das alles ist natürlich gut und wertvoll, aber wo Licht ist, da ist auch Schatten. Wer klug ist, hält gerade so viel Abstand von diesen großartigen Ideen, dass er für die Weisheit erreichbar bleibt, die uns neue Wegweisung geben kann und dazu einen Kompass für unser Leben und die Zukunft. Im Tao heißt es, das Erkennungszeichen eines wahrhaft freien Menschen bestehe darin, dass er nicht den eigenen Anschauungen und Meinungen auf den Leim geht. Die Schau des Adlers befreit uns von dieser eingeengten, verzerrten Wahrnehmung und führt uns zu einem viel höheren Verstehen, als wir für möglich gehalten hätten.

Das, worauf Sie aus sind, nimmt vielleicht eben jetzt Gestalt an, während Sie darauf beharren, es ins Werk setzen zu wollen. Sie erinnern sich: Herrschaft über die Zeit bedeutet, dass wir unsere Vorstellung von Ursache und Wirkung und von einer durch die Vergangenheit bestimmten Zukunft hinter uns lassen. Wenn Sie darauf bestehen, dass jetzt gleich alles gut sein muss und nicht nach einem Zeitmaß, auf das Sie keinen Einfluss haben, weil es von etwas weitaus Größerem bestimmt wird, deutet das darauf hin, dass Sie sich vom Glauben an Ihre eigene Bedeutung haben blenden lassen. Am besten, Sie lösen sich von Ihren Überzeugungen und Anhaftungen und finden sich damit ab, dass Sie die Früchte Ihrer Mühen vielleicht niemals zu Gesicht bekommen. Verzichten Sie darauf, Ihre Anstrengungen honoriert zu sehen und unzweifelhafte Beweise dafür zu bekommen, dass Sie etwas bewegt haben.

Genau dann wird sich zeigen, was Sie bewegt haben.

Hier auf der Stufe des Adlers besteht die mögliche Verführung darin, dass es so blendend hell ist und die Erfahrung des Einsseins mit dem Geist uns in vollkommene Glückseligkeit versetzt. Wir würden zu gern in diesem Freudentaumel bleiben, doch das gibt es hier auf der Erde nicht, außer wenn wir vollkommen den Verstand verlieren und es anderen überlassen müssen, für unsere Ernährung und alles Weitere zu sorgen. Wir müssen uns hier irgendwann wieder vom Meditationskissen erheben und in angemessener Weise tätig werden, um die schöpferische, heilende Kraft des Geistes in die Welt zu tragen. Spiritualität ohne Alltag, ohne Bodenhaftung, ist wie eine Fata Morgana in der Wüste, die Wasser verspricht, aber Sie letztlich nur davon abhält, Ihrer Bestimmung zu folgen und Freude an dem zu finden, was Sie für die Erde, ihre Lebewesen, Ihre Gemeinschaft und schließlich auch für sich selbst tun.

Meditation hat ihren Platz, kann aber auch Ausdruck einer Vermeidungshaltung sein. Ich habe Don Manuel einmal erklärt, es sei für mich schwierig, im Sitzen zu meditieren. Er schüttelte nur den Kopf und witzelte: »Meine Leute meditieren nicht im Schwitzen.« Meditation, erfuhr ich dann, ist einfach achtsame Präsenz bei allem, was sich uns bietet – ob wir gerade etwas tun, sprechen, an einer Feuerzeremonie teilnehmen oder jemandem zuhören, dessen Schweigen vielleicht mehr sagt als die Worte. Meditation als etwas vom Alltag Gesondertes aufzufassen ist vielleicht erst einmal ansprechend. Sich aufs Kissen zu setzen klingt viel bequemer, als für einen Menschen, der Ihnen viel bedeutet, da zu sein, wenn er wütend ist und Sie mit allerlei bitteren Anschuldigungen überhäuft. Lassen Sie das Heilige in diesen unbehaglichen Moment einfließen und schauen Sie, was passiert, wenn Sie ihn einfach so sein lassen, wie er ist. Sie können jetzt Ihren jagenden Gedanken nachhetzen oder Ruhe geben und heiligen Boden betreten, auf dem sich Ihnen zeigt, wohin Sie kommen könnten, wenn Sie nicht mehr vor dem Unangenehmen weglaufen. Dann wissen Sie, was zu tun und was zu lassen ist. Sie fuchteln nicht. Sie treten ein in die Gnade und sehen sowohl das Vielerlei Ihres Lebens als auch das große Gesamtbild, das Sie zusammen mit dem Geist geschaffen haben.

Nach schamanischer Auffassung gelangt man nicht durch Gebete oder Brandopfer für eine liebende Gottheit außerhalb der eigenen Person und von ihr getrennt in die Gnade. Die Kraft steht vielmehr für jeden bereit, der in Ayni mit der Natur ist. Sie führen tiefe Zwiesprache mit dem Kosmos, Sie sprechen mit Flüssen, Bäumen und Gott, weil das Ihre natürliche Anlage ist. Sie üben das rechte Handeln (Yankay), leben in liebevoller Beziehung zur Natur, zu sich selbst und zu Ihren Nächsten (Munay) und praktizieren das rechte Denken (Yachay). Man fühlt sich da an den Achtfachen Pfad des Buddhismus erinnert, zu dem auch rechte Rede, rechtes Handeln und rechtes Denken gehören.

Den Raum leer machen für die Adler-Medizin

Nehmen Sie sich vor, sich von Ihrer Verführbarkeit und Ihrer Anhaftung in allen Bereichen zu befreien, um so zur Erfahrung der absoluten Wahrheit zu gelangen.

Seien Sie dazu bereit, sich auf der körperlichen Ebene von Annehmlichkeiten zu lösen, an die Sie sich gewöhnt haben: von dem, was Sie besonders gern essen und trinken, von sexuellen Genüssen, der Freude am Tanzen, am Musikhören, am Wandern, am Duft der Kiefern im Wald. Machen Sie sich auch bereit, auf den Komfort elektronischer Gerätschaften und überhaupt der ganzen modernen Technik zu verzichten. Verabschieden Sie sich ebenso vom Glauben, Ihre gute Kondition garantiere Ihnen noch viele gesunde und produktive Jahre.

Sie müssen diesen wunderbaren Dingen ja nicht für alle Zeiten abschwören, aber lösen Sie sich so lange davon, dass Sie die Leere erfahren können, in der Sie sich wie ein Adler aufschwingen.

Seien Sie auf der Ebene der Gedanken und Gefühle bereit, sich von tröstlichen Gedanken zu lösen: dass Sie ein guter, ehrlicher und arbeitsamer Mensch sind, dass Sie klug sind und alles irgendwie bewältigen, was das Leben Ihnen abverlangt, dass Sie liebenswert sind und Liebe verdienen. Alles, was Sie im Laufe der Jahre an Affirmationen verwendet haben – wer Sie sind, was Ihnen zusteht und was Sie auf jeden Fall verwirklichen möchten –, lassen Sie das alles einmal los, damit Raum für die Medizin des Adlers entsteht. Verzichten Sie auf Ihre Gefühle von Zufriedenheit und Verärgerung, auf Ihren selbstgerechten Zorn, auf den Stolz über Ihre Leistungen und Erfolge.

Sie müssen darauf wie gesagt nicht für immer verzichten, nur lange genug, um sich aufzuschwingen. Auch mythische Ideen und Überzeugungen, die Ihnen in schweren Zeiten Halt bieten und das Gefühl geben, in einer überschaubaren Welt zu leben, sollten Sie jetzt für eine Weile ablegen – etwa den tröstlichen Glauben, dass Gott sich um Sie kümmert, dass auf dieser Erde Gerechtigkeit herrscht, dass ordentlichen Menschen, die ihren Beitrag leisten, ein gesundes, glückliches und wohlversorgtes Leben winkt.

Machen Sie sich schließlich auch bereit, Ihre Anschauungen über Spiritualität aufzugeben, zusammen mit Ihrem aus jungen Jahren stammenden Glauben, Sie wüssten, was es mit dem Kosmos auf sich hat. Sie werden jedes Dogma ablegen, um Ihre innige Verflochtenheit mit diesem Kosmos erleben zu können. Sie werden sich von dem Drang des »Verstehenmüssens« befreien, um ehrfürchtiges Staunen erleben zu können, Ihre natürlichen Instinkte zu wecken und sich im tagtäglichen Leben von ihnen leiten zu lassen. Sie müssen in der Lage sein, sich von allen so sicher erscheinenden Überzeugungen zu lösen, auch beispielsweise von der, dass Wissenschaftler voreingenommen sind und spirituelle Führungsgestalten nicht. Wenn Sie dann Christ oder Jude sind oder irgendeine andere Religion praktizieren, werden Sie das Licht in den Lehren entdecken, aber nicht an sie gebunden sein.

Noch einmal: All diesen Dingen müssen Sie nicht für ewige Zeiten entsagen, aber seien Sie dazu bereit, um sich aufzuschwingen.

Das Wunderbare ist überall. Tauchen Sie ein, aber geben Sie acht, dass Sie sich nicht von dem abbringen lassen, was Sie in dieser Welt auszuloten haben und sein sollen. Irgendwer muss ja die Rechnungen begleichen, auch das, was Mutter Erde zusteht für alles, was wir ihr antun. Wenn Sie nicht an einer von Stürmen bedrohten Küste oder in einer von Waldbränden bedrohten Gegend leben, heißt das nicht, dass es sich dabei um die Probleme anderer handelt. Wir alle werden einiges ändern müssen, damit die Natur wieder ins Gleichgewicht kommt und die Erde heilen kann. Das Werk des Adlers wird auf allen anderen Ebenen zu spüren sein, der mythischen, der psychischen und der physischen.

Stellen Sie sich also darauf ein, ohne Ihren Komfort auszukommen und alle tröstlichen Anhaftungen zu lösen: an allem, was Sie mögen und was dazu führt, dass Sie sich in Ihrer eigenen Haut und Ihrer Familie und größeren Lebensgemeinschaft wohlfühlen und optimistisch in die Zukunft blicken. Nehmen Sie sich vor, diese Verluste auf allen Ebenen zu fühlen – physisch, psychisch, mythisch und energetisch oder spirituell – und in dieser Losgelöstheit präsent zu bleiben. Sie müssen den Verlust sogar betrauern, damit es zu einem Umbau der Architektur Ihres Energiefelds kommen kann.

Wenn Sie die Intention klar vor Augen haben, sich frei von Anhaftungen der Leere zu überlassen und keiner Verführung mehr nachzugeben, sind Sie bereit für die Feuerzeremonie des Adlers. Falls Sie sich jetzt fragen, wozu Sie das tun sollten und was es Ihnen bringt, müssen Sie auch diesen Gedanken unbedingt noch preisgeben, bevor Sie zur Tat schreiten.

Die Feuerzeremonie des Adlers

Treffen Sie alle Vorbereitungen nach der Anleitung für die Kolibri-Feuerzeremonie und sorgen Sie für ein sicheres Feuer; oder legen Sie eine Kerze bereit, dazu das Kräuterbündel (Lavendel, Salbei, Rosmarin und andere getrocknete Kräuterzweige, die Sie zusammenbinden) sowie Notizbuch und Stift.

Wenn Sie bereit sind anzufangen, halten Sie sich vor Augen, was Sie symbolisch verbrennen möchten. Vielleicht handelt es sich um religiöse Lehren, die zwar als unantastbar bezeichnet wurden, die sich für Sie aber nie richtig anfühlten. Vielleicht wurden Sie auf Wissenschaftlichkeit und Logik eingeschworen und sind davon starr und dogmatisch geworden. Vielleicht waren Sie so ausschließlich auf Spiritualität ausgerichtet und brauchten Ihr tägliches Quantum an meditativer Glückseligkeit, sodass Sie Ihren Verpflichtungen gegenüber sich selbst, gegenüber anderen sowie der Erde und so weiter nicht nachgekommen sind.

Jetzt halten Sie Ihr Kräuterbündel an die Flamme und entlassen die Energien, die mit diesen rigiden Extremen verbunden waren und Ihnen ein falsches Gefühl von Sicherheit gegeben haben. Halten Sie das rauchende Bündel in den Bereich Ihres Energiefelds, in dem sich die drei unteren Chakren befinden, um diese zu reinigen. Bereinigen Sie danach Ihr Herz-Chakra. Entlassen Sie alles Altersschwache und Verbrauchte aus Ihrem Feld. Jetzt halten Sie das Kräuterbündel noch einmal an die Flamme und tragen die Energie des Feuers, seine transformative Kraft, in Ihre unteren Chakren, um den Keim einer neuen Bestimmung zu empfangen und ausreifen zu lassen, einer Bestimmung, die frei ist von den Schicksalskräften, die bisher Ihr Leben bestimmt haben. Tragen Sie die Energie in alle Bereiche Ihres Feldes, vom Kopf und dem Kronen-Chakra aus bis hinunter zum Unterleib und schließlich zu den Füßen. Fühlen Sie Ihre Verbindung mit Mutter Erde, mit Pachamama. Sagen Sie sich, dass Sie frei sind von den Verführungen, die Sie daran gehindert haben, sich für die Mysterien des Lebens zu öffnen. Sie sind geläutert und dadurch frei, Ihr spirituelles Wesen und Ihre natürlichen Instinkte so zu leben, wie es sein soll.

Seien Sie dem Geist dankbar dafür, dass er Sie auf Ihre ganz eigene Reise geschickt hat, bitten Sie ihn herein, und umarmen Sie ihn mit folgenden Worten: »Möge ich auf diesem Weg und in diesem Leben etwas für die tun können, denen ich unterwegs begegne, seien es auch Kleinigkeiten, seien es auch nur Momente, in denen ich etwas ausrichten kann.«

Jetzt gehen Sie in die Stille, offen für die Möglichkeiten, die sich ringsum bieten, und für das Potenzial in Ihnen.

Wenn Sie bereit sind, beginnen Sie ein Gespräch mit Ihrem Krafttier. Hat es Ihnen etwas zu sagen, was Sie wissen sollten? Sie können jede Frage stellen, die Sie haben. Notieren Sie die Antworten. Wenn alles gefragt und gesagt ist, bedanken Sie sich für die Hilfe, löschen die Flamme und das Kräuterbündel und schließen den heiligen Raum.

So schwierig die Dinge sein mögen, die im Rad der Weisheit zu tun sind, sie leiten Ihre Evolution ein – und unsere. Wählen Sie den Weg der Heilung, den Weg der Weisheit, den Weg der Schamanen, der Hüter der Erde. Besteigen Sie den Berg Schritt für Schritt, nutzen Sie die Feuerzeremonien als Werkzeuge der Transformation. Werden Sie der/die Wissende beziehungsweise Visionär*in, die in Ihnen angelegt sind, damit Sie in Ihre Kraft hineinwachsen. Jeder Schritt zählt hier, jeder Atemzug kann ein Gebet sein, während Sie Ihre Beziehung zu Mutter Erde erneuern. Mit jedem Tun und Nichttun erwacht der innere Meister, die innere Meisterin ein wenig mehr. Es gibt keinen besseren Zeitpunkt als diesen gegenwärtigen für das Werk der Zeitlosigkeit – und um als Adler unter Adlern in große Höhen aufzusteigen.

Nachwort

Nicht lange nach der in diesem Buch geschilderten Nepal-Expedition rief mich eine Klientin an, die überall auf der Welt Öko-Resorts betreibt und außerdem eine Luxushotelkette, die sich nachhaltigen und kulturbewussten Tourismus auf die Fahne geschrieben hat. Die Anruferin wünschte sich eine schamanische Konsultation. Eines ihrer Urlaubshotels im Indischen Ozean hatte mit Problemen zu kämpfen – Wasserrohrbrüche, verstopfte und überlaufende Abflüsse, verärgerte Gäste, sinkende Belegungsquoten. Sie hatten alles Mögliche versucht, aber nichts konnte diese »Pechsträhne« unterbrechen. Jetzt wussten sie nicht weiter und hatten beschlossen, einen Schamanen einzuschalten. Schamanen sind für solche »Pechsträhnen« in der denkbar besten Position, denn sie können schlechtes Ayni sehen: gestörte Beziehungen zur Natur oder zu den Ahnen.

Ich vereinbarte mit dem Manager dieses Hotels eine Fernsitzung. Dabei erzählte er mir, sein zehnjähriger Sohn habe furchtbare Albträume, seit die Familie vor ein paar Monaten auf die Insel gekommen sei. Er träume von Schlangen, die aus dem Meer kämen und das Haus bedrohten. Kinder nehmen die unsichtbare Welt viel sensibler wahr als Erwachsene, und den Träumen dieses Jungen konnte ich entnehmen, was da vor sich ging. Als ich die Dynamik des winzigen Inselchens mit meinen schamanischen Sinnen abtastete, drängte sich mir der Eindruck auf, dass das Ökosystem durch den Bau des Hotels gestört worden war und dies die Schutz-Nagas im Meer auf den Plan rief.

Ich vereinbarte eine Intervention, bei der Amchi helfen sollte, denn er ist ein Meister, was die Kräfte der Nagas angeht. Er sagte zu, eine Naga-Puja abzuhalten, eine Zeremonie, bei der die Nagas gefüttert werden, um sie zu besänftigen. Der feierlich als buddhistischer Priester gekleidete Amchi nahm von Nepal aus teil, ich hatte meine Schamanenfreunde in den Anden hinzugebeten und schaltete mich selbst aus den USA zu. Amchi brachte bei dieser Zeremonie Yak-Milch dar und betete, während die Anden-Schamanen zu Ehren von Pachamama ein Medizinbündel aus Blüten und Samen der Saison zusammengestellt hatten. Zum Abschluss trug Amchi dem Jungen auf, eine Schale Milch zum Strand zu tragen und dort zusammen mit Räucherwerk für die Nagas abzustellen. Bevor er zurückging, sollte er ein Gebet sprechen.

Das geschah, und in dieser Nacht konnte der Junge endlich wieder friedlich schlafen. Innerhalb einer Woche waren die Rohrbrüche und Abwasserprobleme des Hotels behoben, die Bettenbelegung stieg, und ein anstehender Rechtsstreit mit den örtlichen Behörden konnte beigelegt werden.

»Könnten wir doch alle Probleme mit einer Schale Milch beheben«, dachte ich, aber natürlich war mir bewusst, dass es sich da nur um die äußere Form dieser machtvollen Zeremonie handelte, die in die unsichtbare Welt hineinwirkte, wo die Kräfte der Natur sich zu Schöpfung oder Zerstörung verbinden.

Nicht die Opfergaben besänftigen die Nagas, denn sie sind schon sehr lange als Beschützer aller Kreaturen hier. Vielmehr möchten sie, dass wir Hüter des Planeten werden und uns für alles Leben auf der Erde und ihre Wälder und ihre Lebensräume verantwortlich fühlen. Die Zeremonie galt also nicht nur ihnen, sondern uns, denn für uns kommt es darauf an, unsere Beziehung zur Natur zu verbessern. Man kann nicht einfach ein Bauunternehmen mit Baggern und Arbeitern auf eine Insel schicken, dort das ganze Ökosystem umgraben lassen und sich dann als Öko-Hotel ausgeben, weil man Plastikflaschen recycelt.

Zum Glück meint es diese Hotelgruppe wirklich ernst mit dem Ökotourismus, und sie rang sich zu grundlegenden Veränderungen durch, die dauerhaft gute Beziehungen zum Meer, zu den Wäldern sowie den menschlichen und tierischen Bewohnern der Umgebung versprachen.

Ein Evolutionssprung

Wir sind gerade Zeugen des Ausklangs einer Epoche. Vor uns liegt die Chance, dass die Menschheit bei ihrem Eintreten in die »fünfte Sonne«, wie die Wissenden Mittelamerikas diese Zeit umschreiben, zu einer ganz neuen Sicht der Dinge gelangt. Für die Anden-Schamanen ist es die Zeit der vorhergesagten Wiedervereinigung der Völker der vier Himmelsrichtungen. Zusammen mit ihresgleichen in anderen Weltgegenden bringen die Anden-Schamanen Mutter Erde Opfergaben dar. Das soll die Entstehung einer neuen Ordnung und Harmonie in der Welt fördern. Sie sind überzeugt, dass es an der Zeit ist, das heilige Feuer ihrer Tradition wiederzuerwecken und es mit der ganzen Welt zu teilen, um alle Völker zu einen.

Das Erwachen, von dem ich spreche, wird überall auf der Welt zu beobachten sein und wie ein Lauffeuer um sich greifen, sodass aus den wenigen viele werden. Über alle ethnischen Grenzen hinweg werden die Menschen zu Sachwaltern der Erde. Aber die Angelegenheit hat auch eine persönliche Seite. Wir alle sind in der Lage, unsere persönlichen Probleme aufzuarbeiten, die uns vielleicht einflüstern wollen, wir seien nicht gut genug, etwas so Bedeutendes zu tun. »Das klingt eher nach Wohlfühl-Spiritualität. Was die Schamanen da erzählen, ist irgendwie nicht ganz realistisch.« Der Glaube, nicht fähig oder nicht rein genug zu sein für dieses Werk, ist eine Form, es sich selbst gut gehen zu lassen. Das gilt auch für die Annahme, das Vorhaben selbst sei nicht so wichtig, dass Sie sich beteiligen müssten. Die Maxime lautet hier, mehr in Angriff zu nehmen, als Sie sich zutrauen. Sehen Sie die ganze Wüste in einem Sandkorn, sagen Sie Ja zu dem Ruf, der Sie schon eine Weile als ein Flüstern begleitet.

Wenn diese Regeneration der Menschheit einmal in Gang gesetzt ist, kann ein Evolutionssprung anstehen, eine Erneuerung unserer selbst und des Planeten – was jedoch voraussetzt, dass es bei jedem Einzelnen zu einer Veränderung der Wahrnehmung und zum Umbau des Energiefelds kommt, sodass uns der unsichtbare Bereich des Magischen erfahrbar wird. Am ehesten erleben wir diesen energetischen Umschwung in der freien Natur, aber er kann auch zu Hause auftreten, wenn wir aus unserer Intentionskraft, persönlichen Kraft und Liebe schöpfen, um uns mit Mutter Erde zu verbinden. Das wird »Rückkehr zur Mutter« genannt – zu der Mutter, die uns nie verlässt und die stets unser Wohlergehen im Auge hat.

Dazu müssen wir uns aber von dem ungesunden Glauben frei machen, wir hätten uns nur um uns selbst (und unsere Familie, unser Gemeinwesen, unser Land) zu kümmern. Wir dürfen auch nicht auf bestimmten Ergebnissen beharren, die für uns selbst vorteilhaft sein mögen, aber anderen vielleicht schaden. Wir haben etwas Größerem als der Erfüllung unserer persönlichen Wünsche zu dienen – nur dann wird auch für die persönlichen Wünsche gesorgt sein.

Fragen Sie sich am Ende dieses Buchs, was es für Sie zu tun und zu lassen gilt, um ein Hüter oder eine Hüterin der Erde zu sein. Sobald Sie das wissen, lassen Sie Ihr Denken einmal zur Seite treten, um aktiv zu werden und sich auf den großen Plan einzustimmen, der in den Gezeiten und Strömungen des Quantenfelds vorgegeben ist. Steigen Sie einfach in die Arbeit ein, dann wird die Medizin, die Sie gesucht haben, nicht lange auf sich warten lassen – die Medizin, die uns alle gesund werden lässt, die uns erlaubt, uns einen neuen Körper und eine neue Welt zu erträumen.

Dank

Zutiefst, ja unermesslich dankbar bin ich meinen Lektorinnen Nancy Peske, Patty Gift und Anna Cooperberg. Sie formten und gestalteten den Ton und verdienen in gleicher Weise Anerkennung für das Gefäß, das dieses Buch geworden ist. Zu Dank verpflichtet bin ich außerdem den Weisheitshütern der Anden, die ihre Geschichten und ihre Weisheit im Laufe der vergangenen fünfzig Jahre so großzügig mit mir geteilt haben.

Anhang

Arbeiten mit dem heiligen Raum

Für die schamanische Arbeit schaffe ich immer zuerst einen heiligen Raum, der frei von den Ablenkungen der mittleren Welt ist, vom Alltagsgeschäft. Hier kommt das Denken zur Ruhe, und ich kann mich ganz auf das einlassen, was Augenblick für Augenblick vor sich geht. Vom heiligen Raum aus gehe ich in den Austausch mit dem Quantenfeld, mit dem Geist in der Form seiner vier Emanationen Schlange, Kolibri, Jaguar und Adler und in der Form von Vater Himmel und Mutter Erde. Als Schamane oder Schamanin in diesem Kreis sind Sie der Punkt, in dem diese Energien zusammenlaufen und Sie bei dieser Arbeit unterstützen.

Es ist gut, diese Kräfte respektvoll herbeizubitten. Wenden Sie sich ihnen auch körperlich zu. Ich nehme die Rassel oder Trommel zu Hilfe, während ich einen heiligen Raum schaffe, und auch am Ende wieder, wenn ich mich für die Hilfe aller beteiligten Kräfte bedanke. Sie können ebenso einmal scharf rasseln oder die Trommel schlagen, wenn Sie sich der nächsten Richtung zuwenden oder sobald das Werk getan ist. Ich lege Ihnen nahe, für die in dem Buch beschriebenen Feuerzeremonien und die Arbeit mit den Krafttieren jeweils einen heiligen Raum zu schaffen. Dann können Sie damit rechnen, dass nur die höchsten der feinstofflichen Energien aus der unsichtbaren Welt Zutritt haben.

Vielen von uns ist das Beten von Kindesbeinen an vertraut,

aber beim folgenden Gebet handelt es sich um eine Anrufung, mit der wir die vier Grundkräfte der Natur bitten, sich uns anzuschließen. Sie nehmen die Gestalt unserer vier Krafttiere an, sind aber weitaus mehr. Es sind die vier Kräfte, aus denen die gesamte Schöpfung besteht. Zum Abschluss einer Zeremonie entlassen Sie diese Kräfte wieder, damit sie in ihren formlosen Naturzustand zurückkehren können. Sollten Sie vergessen, den heiligen Raum zu schließen und diese Kräfte zu entlassen, könnten sie ein großes Durcheinander anrichten, statt Ordnung und Schönheit zu schaffen.

Jetzt folgt also die Anrufung, mit der ich einen heiligen Raum schaffe. Sie können sie gern verwenden, bis Sie Ihre eigenen Worte gefunden haben.

Die große Anrufung

An die Winde des Südens
Große Schlange, Mutter des Wassers,
wir rufen dich an,
zu kommen und deine Windungen aus Licht
um uns zu legen.
Lehre uns deine Art zu sein,
die Vergangenheit abzustreifen,
wie du deine Haut abstreifst.
Lehre uns den Weg der Schönheit,
in Schönheit auf der Erde zu gehen,
gesund zu werden, den Körper zu erneuern,
damit wir uns zum *Homo luminosus* entwickeln können,
und jeden, den wir berühren, in Schönheit zu berühren.
Ho!

An die Winde des Westens
Mutter, Schwester Jaguar,
komm zu uns, geh mit uns als eine der Unseren.
Lehre uns den Weg der Furchtlosigkeit,
der Sanftheit.
Lehre uns den Weg über den Tod hinaus,
über die Furcht hinaus, damit wir
vertrauensvoll den Schritt ins Unbekannte tun
und beherzte Entdecker sein können.
Sei mit uns.
Ho!

An die Winde des Nordens
Kolibris, ihr uralten Zeugen,
Wächter und Hüter dieses Landes,
wir rufen euch.
Wir sind heute euch zu Ehren da.
Kolibris, lehrt uns die Stille im Flug und Ayni mit der
Natur und den Ahnen, damit wir aus ihrer Weisheit
lernen und selbst Wissende werden.
Wir rufen euch, ihr Großmütter und Großväter,
in eurem Namen kommen wir zusammen.
Seid bei uns.
Ho!

An die Winde des Ostens
Wo die Sonne aufgeht,
Mutter Adler, Schwester Adler, Kondor,
komm vom Gipfel her zu uns, flieg hoch hinauf mit uns,
halte uns sicher unter deinem Flügel,
lehre uns deine Art zu fliegen und zu schauen,

damit auch wir Visionäre werden
und einen neuen Traum träumen.
Ho!

Pachamama, große Mutter, Mutter Erde,
wir kommen zu dir, Mutter.
Danke für deinen Atem, für deine Gewässer
und für alle unsere Verwandten,
das Steinvolk, das Pflanzenvolk, die Krabbelnden,
die Geflügelten, die Pelzigen, die Beflossten,
alle unsere Verwandten.
Ho!

Vater Sonne, Großmutter Mond, all die Sternenvölker,
unsere Brüder und Schwestern unter ihnen,
die heiligen Berge dieses Landes, dieser Erde!
Großer Geist,
du wirst bei tausend Namen genannt
und bist der nicht Benennbare.
Du sitzt über uns und unter uns,
du sitzt im Norden und im Süden
und im Osten und im Westen.
Danke, dass du mich das Lied des Lebens
einen weiteren Tag lang singen lässt.
Ho!

ZUM ABSCHLUSS

Den Winden des Südens

Große Schlange, Mutter der Wasser,
Danke, dass du uns deine Lebensweise lehrst,
das Abstreifen der Vergangenheit,

wie du deine Haut abstreifst.
Danke, dass du bei uns bist.
Ho!

Den Winden des Westens
Mutter, Schwester Jaguar,
wir danken dir, Mutter,
dass du uns den Weg der Furchtlosigkeit lehrst,
dass du uns lehrst, ins Unendliche aufzubrechen.
Begleite uns, wenn wir jetzt
in unser Zuhause zurückkehren,
in unser Dorf und zu unseren Lieben.
Ho!

Den Winden des Nordens
Kolibri, danke, dass du uns lehrst,
tief vom Nektar des Lebens zu trinken.
Großmütter, Großväter,
wir ehren euch,
und wir versammeln uns, um die zu ehren,
die nach uns kommen,
die Kinder unserer Kinder.
Danke, dass ihr bei uns seid.
Ho!

Den Winden des Ostens,
wo die Sonne aufgeht
Adler, Kondor, danke, Mutter,
dass du uns unter deinen Flügeln geborgen hältst,
dass du uns aus dem Nest stupst, wenn es Zeit wird,
unsere eigenen Schwingen zu erproben

und Flügel an Flügel
mit dem großen Geist zu fliegen.
Ho!

Pachamama, große Mutter, Mutter Erde!
Danke für all deinen Segen,
für deinen Atem, für deine Wasser
und für alle unsere Verwandten,
das Steinvolk, das Pflanzenvolk, die Krabbelnden,
die Geflügelten, die Pelzigen und die Beflossten,
alle unsere Verwandten.
Ho!

Vater Sonne, Großmutter Mond
und alle Sternenvölker,
unsere Sternenbrüder und Sternenschwestern,
die heiligen Berge dieser Erde,
und du, großer Geist, Schöpfer von allem,
der du mit tausend Namen bekannt bist
und dessen Name nicht ausgesprochen
oder weitergesagt werden kann!
Danke für deine Segnungen aller Art.

Anmerkungen

1. Joan Halifax: *A Fruitful Darkness: A Journey Through Buddhist Practice and Tribal Wisdom*, New York: Grove Press, 1993, S. 53.

2. Alberto Villoldo und Erik Jendresen: *Island of the Sun: Mastering the Inca Medicine Wheel*, New York: Harper Collins, 1992, S. 175.

3. Brian G. Dias und Kerry J. Ressler: »Parental Olfactory Experience Influences Behavior and Neural Structure in Subsequent Generations«, in *Nature Neuroscience* 17 (2014), S. 89 – 96, doi:10.1038/nn.3594.

4. Rachel Yehuda et al.: »Holocaust Exposure Induced Intergenerational Effects on FKBP5 Methylation«, in *Biological Psychiatry* 80, Nr. 5 (2016), S. 372 – 380, doi:10.1016/j.biopsych.2015.08.005.

5. Martha Henriques: »Can the Legacy of Trauma Be Passed Down the Generations?«, BBC, https://www.bbc.com/future/article/20190326-what-is-epigenetics [abgerufen am 26. März 2019]; Andrew Curry: »A Painful Legacy: Parents' Emotional Trauma May Change Their Children's Biology. Studies in Mice Show How«, https://www.science.org/content/article/parents-emotional-trauma-may-change-their-children-s-biology-studies-mice-show-how [abgerufen am 18. Juli 2019].

6. Christopher und Barbara Johnson: »Menominee Forest Keepers«, in *American Forests Magazine*, 27. April 2012, https://www.americanforests.org/magazine/article/menominee-forest-keepers/ [abgerufen am 4. Mai 2022].

7. Richard Horton: »Offline: What Is Medicine's 5 Sigma?«, in *The Lancet* 385, Nr. 9976 (April 2015), S. 1380, https://www.thelancet.com/journals/lancet/article/PIIS0140-6736(15)60696-1/ [abgerufen am 4. Mai 2022].

Register